国家社会科学基金项目"分权视阈下我国土壤重金属污染修复基金制度设计与运行机制研究"(项目编号：18BJY085)

中南大学哲学社会科学学术成果文库

分权视阈下我国土壤重金属污染修复基金制度构建研究

周志方 曾辉祥 肖 序 李世辉 / 著

中国社会科学出版社

图书在版编目（CIP）数据

分权视阈下我国土壤重金属污染修复基金制度构建研究/周志方等著．—北京：中国社会科学出版社，2020.8
（中南大学哲学社会科学学术成果文库）
ISBN 978-7-5203-7244-2

Ⅰ.①分… Ⅱ.①周… Ⅲ.①土壤污染—重金属污染—污染防治—基金制度—研究—世界 Ⅳ.①F831.5②X53

中国版本图书馆 CIP 数据核字 (2020) 第 175040 号

出 版 人	赵剑英
责任编辑	刘晓红
责任校对	周晓东
责任印制	戴 宽
出　　版	中国社会科学出版社
社　　址	北京鼓楼西大街甲 158 号
邮　　编	100720
网　　址	http://www.csspw.cn
发 行 部	010-84083685
门 市 部	010-84029450
经　　销	新华书店及其他书店
印刷装订	北京君升印刷有限公司
版　　次	2020 年 8 月第 1 版
印　　次	2020 年 8 月第 1 次印刷
开　　本	710×1000　1/16
印　　张	25
插　　页	2
字　　数	302 千字
定　　价	138.00 元

凡购买中国社会科学出版社图书，如有质量问题请与本社营销中心联系调换
电话：010-84083683
版权所有　侵权必究

《中南大学哲学社会科学学术成果文库》和《中南大学哲学社会科学博士论文精品丛书》出版说明

在新世纪，中南大学哲学社会科学坚持"基础为本，应用为先，重视交叉，突出特色"的精优发展理念，涌现了一批又一批优秀学术成果和优秀人才。为进一步促进学校哲学社会科学一流学科的建设，充分发挥哲学社会科学优秀学术成果和优秀人才的示范带动作用，校哲学社会科学繁荣发展领导小组决定自2017年开始，设立《中南大学哲学社会科学学术成果文库》和《中南大学哲学社会科学博士论文精品丛书》，每年评审一次。入选成果经个人申报、二级学院推荐、校学术委员会同行专家严格评审，一定程度上体现了当前学校哲学社会科学学者的学术能力和学术水平。"散是满天星，聚是一团火"，统一组织出版的目的在于进一步提升中南大学哲学社会科学的学术影响及学术声誉。

中南大学科学研究部
2017年9月

前　言

"民以食为天，食以土为本"，精辟地道出了土壤对人类生存及国民经济的重大意义。但伴随着经济的高速增长，以及对森林、矿产、土地等自然资源的不合理开发利用，致使我国土壤环境质量堪忧，土壤重金属污染日趋严重，且这种态势正以一种不容忽视的速度和趋势在全国范围内蔓延。党和国家对于土壤污染治理高度重视，党的十九大报告指出要"强化土壤污染管控和修复，构建政府为主导、企业为主体、社会组织和公众共同参与的环境治理体系"。相比于大气和水污染，土壤污染滞后且隐蔽，其治理过程具有长期性且治理修复成本高昂。因此，建立土壤污染修复基金制度势在必行，且对破除融资约束，激发修复活力，健全监管体制，实现土壤污染综合整治具有十分重要的理论意义与实践价值。但该基金制度如何科学合理构建？如何高效有序运行？理论实务界尚未形成一致观点，导致目前土壤治理修复缺乏理论依据与基础，进度相对缓慢。

针对上述问题，本书立足于国内外研究成果和课题研究设计，结合可持续发展经济学、环境管理学、环境法学等学科，融合土壤污染修复义务会计核算理论、基金制度管理理论等，对比国内外研究现状，从分权视角构建了符合我国国情的土壤重金属污染修复基金制度框架。同时采用文献研究法、案例研究法、环境成本评估法、主成分分析法、博弈分析法及灰色系统理论评价法等，系统设计了土壤重金属污染修复基金的组织架构、资金架构、运行机制、管理机制、核算机制及融资模式等。

本书从理论、方法、制度、实践四个层面逐步推进，构筑科学合理的土壤重金属污染修复基金制度。研究内容主要包括以下三个方面：①剖析传统土壤污染修复方式缺陷，梳理国内外土壤污染修复基金的最新前沿理论，明确研究起点，界定相关概念及内涵特征；②构建土壤重金属污染修复制度总体框架，具体如下：首先从"组织—基金"分权视角下设计修复基金组织结构和资金构架；其次采用PPP模式探讨修复基金融资机制；再次构建土壤污染修复基金的收支预算体系及会计核算模式；最后系统构建土壤重金属污染修复基金的运行管理机制，以及二元约束管理机制、协作与保障机制；③通过竹埠港案例研究验证土壤重金属污染修复基金制度构建的科学有效性。

本书的创新点在于：①从基金框架设计、"组织—资金"分权式制度以及基金运行管理机制三方面系统设计我国土壤重金属污染修复基金制度框架；以核算管理、功能管理、使用管理为核心建立土壤重金属污染修复基金运行管理模式；基于PPP模式构筑土壤重金属污染修复基金融资机制；②引入分权理念，从组织构架和资金流转两个层面，构建科学合理、系统完整的土壤重金属污染修复基金"组织—资金"分权式制度；③从资金来源分类、资金使用分块、资金管理分层（资金三分）入手，提出财政资金困局的破解方式；确认责任主体和融资主体（两大主体），构建强制性和引导性两大约束制度（两元约束），确保土壤重金属污染修复基金高效运行；④从我国土壤污染治理及央地分权表征入手,立足于湘潭市竹埠港老工业区,验证土壤重金属污染修复基金运行机制的可行性,通过中国与西方国家的横向、纵向对比来寻求我国土壤重金属污染修复基金制度设计的优化路径。

目 录

第一章　引言 ·· 1
　　第一节　研究背景及意义 ··· 1
　　第二节　文献综述 ·· 7
　　第三节　研究目的、思路及方法 ··· 17
　　第四节　基本框架、主攻关键及主要目标 ························· 23
　　第五节　主要观点及主要创新 ·· 28

第二章　学科基础与概念内涵 ·· 32
　　第一节　学科基础 ·· 32
　　第二节　理论基础 ·· 39
　　第三节　概念界定与内涵特征 ·· 46

第三章　土壤重金属污染修复基金制度建设与对比分析 ············ 54
　　第一节　国外土壤污染修复基金制度 ································· 54
　　第二节　国内土壤污染修复基金制度分析 ························· 63
　　第三节　国内外土壤污染修复基金制度对比分析 ·············· 66
　　第四节　我国土壤污染修复基金制度现存问题及原因分析 ······ 70

第四章 土壤重金属污染修复基金制度总体框架设计 …… 77
第一节 必要性及可行性分析 …… 77
第二节 设计原则与设计理念 …… 84
第三节 设计思路 …… 89
第四节 框架设计 …… 92

第五章 基于"组织—资金"分权的土壤重金属污染修复基金组织结构设计 …… 102
第一节 土壤重金属污染修复基金组织结构设计基础 …… 102
第二节 土壤重金属污染修复基金组织机制设计 …… 111
第三节 土壤重金属污染修复基金权责机制设计 …… 120

第六章 基于"组织—资金"分权的土壤重金属污染修复基金资金构架设计研究 …… 125
第一节 土壤重金属污染修复基金资金框架设计 …… 125
第二节 资金来源多元化融资机制设计 …… 130
第三节 资金分块使用及应用机制设计 …… 139
第四节 资金分层管理体系设计 …… 144

第七章 基于PPP模式的土壤重金属污染修复基金融资机制研究 …… 149
第一节 土壤重金属污染修复基金应用PPP模式合理性分析 …… 149
第二节 土壤重金属污染修复基金PPP融资模式构建 …… 155
第三节 土壤重金属污染修复基金PPP模式运行架构 …… 163
第四节 土壤重金属污染修复基金PPP模式风险管理 …… 172

第八章 土壤重金属污染修复基金收支与预算管理体系构建研究 …… 178

第一节 收支与预算管理体系构建思路 …… 178

第二节 收支体系 …… 180

第三节 预算管理体系 …… 198

第九章 土壤重金属污染修复基金会计核算研究 …… 206

第一节 土壤重金属污染修复基金会计核算设计基础 …… 206

第二节 土壤重金属污染修复基金会计核算主体 …… 212

第三节 土壤重金属污染修复基金会计账户处理与核算 …… 216

第四节 土壤重金属污染修复基金会计信息披露 …… 231

第十章 土壤重金属污染修复基金二元约束管理机制构建研究 …… 238

第一节 二元约束管理机制的构建逻辑 …… 238

第二节 基金强制性约束机制构建研究 …… 242

第三节 基金引导性约束机制构建 …… 259

第十一章 土壤重金属污染修复基金协作及配套机制构建 …… 267

第一节 基金协作及配套机制构建思路 …… 267

第二节 基金协作机制构建 …… 269

第三节 基金配套机制构建 …… 291

第十二章 土壤重金属污染修复基金保障机制构建 …… 298

第一节 保障机制构建思路 …… 298

第二节 法律制度保障 …… 301

第三节 财政税收保障 …… 304

第四节 技术与人才保障 …… 308

第五节　监管制度保障 …………………………………… 313

第十三章　案例应用 …………………………………… 319
第一节　竹埠港工业区简介 …………………………… 319
第二节　组织与资金架构设计应用 …………………… 324
第三节　运行管理机制应用 …………………………… 332
第四节　案例小结 ……………………………………… 354

第十四章　结论与展望 ………………………………… 355
第一节　研究结论 ……………………………………… 355
第二节　对策建议 ……………………………………… 359
第三节　研究局限与展望 ……………………………… 363

附　录 …………………………………………………… 365

参考文献 ………………………………………………… 368

后　记 …………………………………………………… 386

第一章 引言

第一节 研究背景及意义

一 研究背景

"民以食为天,食以土为本",土壤作为人类生存场所、生产活动的物质资料来源、地球表面五大圈层之一,对于农业生产甚至人类生产的重要程度不言而喻。近三十年来,随着经济高速增长与工业化、城市化、农业集约化的快速发展,矿产资源被不断开发,工厂数量与日俱增,人们的生活方式发生了巨大变化。在人类生活与社会生产过程中,存在对土壤资源的不合理开发利用,例如,将未经处理的污水直接灌溉农田、将固体废弃物随意填埋、长距离运输与沉降废气尾气等,这导致了土壤资源受到污染和破坏。我国土壤环境状况总体不容乐观,耕地土壤环境质量堪忧,工矿业废弃地土壤环境问题突出,这种状况严重影响了我国土壤生态系统的生物多样性。

在耕地土壤状况方面,根据《全国土壤污染状况调查公报》显示,受污染耕地多达 1000 万公顷,我国重金属污染每年直接减少粮食产量高达100亿公斤，各种农业经济损失高达200亿元。其中，中南、西南、西北等地区的土壤重金属都高比例超过正常指标（长江三角洲地区镉、汞和铅超标48.7%，珠三角地区超标44.5%，京津冀地区超标10%），土壤污染不仅严重影响了土壤质量和生产力，破坏农业可持续发展，还危害了农产品品质、公众健康以及粮食安全（生态环境部，2014）。图1-1为我国耕地重金属污染的实际比例。

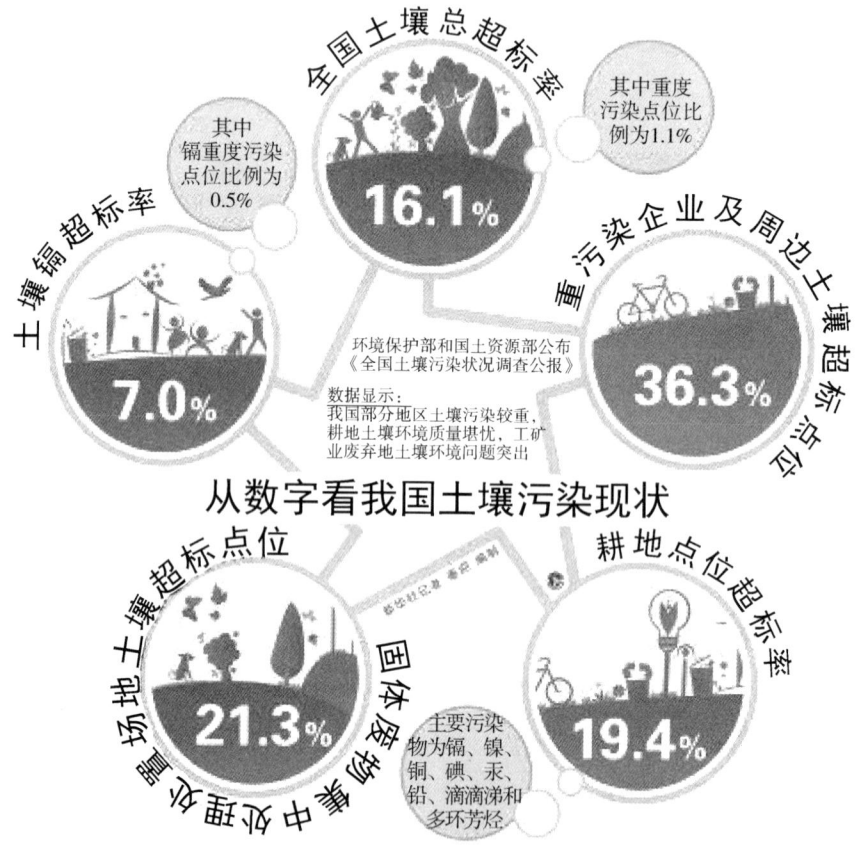

图1-1 我国土壤污染现状

资料来源：秦迎：《从数字看我国土壤污染现状》。

工矿业污染地的土壤污染状况也不容忽视，污染物超标情况严重，根据《全国土壤污染状况调查公报》显示，土壤污染主要是由重金属等无机物导致的，无机污染物超标点位数占全部超标点位的 82.8%，在我国，镉、汞、砷、铜、铅、铬、锌、镍等无机污染物的超标率较高，分别为 7.0%、1.6%、2.7%、2.1%、1.5%、1.1%、0.9%、5.8%；六六六、滴滴涕、多环芳烃这三类有机污染物的点位超标率也不低，具体数据如表 1-1、表 1-2 所示。

表 1-1　　　　　　　　无机污染物超标情况

污染物类型	点位超标率（%）	不同程度污染点位比例（%）			
		轻微	轻度	中度	重度
镉	7.0	5.2	0.8	0.5	0.5
汞	1.6	1.2	0.2	0.1	0.1
砷	2.7	2	0.4	0.2	0.1
铜	2.1	1.6	0.3	0.15	0.05
铅	1.5	1.1	0.2	0.1	0.1
铬	1.1	0.9	0.15	0.04	0.01
锌	0.9	0.75	0.08	0.05	0.02
镍	5.8	3.9	0.5	0.3	0.1

表 1-2　　　　　　　　有机污染物超标情况

污染物类型	点位超标率（%）	不同程度污染点位比例（%）			
		轻微	轻度	中度	重度
六六六	0.5	0.3	0.1	0.06	0.04
滴滴涕	1.9	1.1	0.3	0.25	0.25
多环芳烃	1.4	0.8	0.2	0.2	0.2

由工业排放、农药化肥使用、污水灌溉等导致的土壤重金属累积和超标问题日益凸显，引起了社会各界的广泛关注。《全国土壤污染状况调查公报》中显示，土壤点位超标率为 19.4%，其中轻微、轻度、中度和重度污染点位比例分别为 13.7%、2.8%、1.8% 和 1.1%，主要污染物为镉、镍、铜、砷、汞、铅、滴滴涕和多环芳烃。

土壤重金属污染问题日益严重,党和国家对于土壤污染修复治理也高度重视,但是一直缺乏行之有效的治理手段,我国对于土壤污染的修复治理较国外起步较晚。在2006年全国土壤污染状况调查后,陆续出台了与土壤相关的政策制度,如表1-3所示。

表1-3　　　　　　　土壤污染治理相关政策制度发布历程

时间	相关政策制度
2008年6月	《关于加强土壤污染防治工作的意见》
2011年3月	《污染场地土壤环境管理暂行办法》
2013年1月	《近期土壤环境保护和综合治理工作安排》
2015年9月22日	《生态文明体制改革总体方案》
2016年5月28日	《土壤污染防治行动计划》
2016年8月	《土壤污染防治专项资金管理办法》
2016年12月	《污染地块土壤环境管理办法》
2019年1月1日	《中华人民共和国土壤污染防治法》

从不断发布的政策及制度法规发布来看,我国土壤污染修复的内容在不断细化,之前多以建立单一的保护制度为目标,对于土壤污染治理也以预防为主,现在逐渐过渡到建成统一的保护体系,倡导防治并举、修复先行的理念,政策法规在不断丰富和完善。

水污染和大气污染治理在40年前就已经开始,而土壤重金属污染治理还刚起步(庄国泰,2015)。土壤污染存在隐蔽性和滞后性的特点,相比于大气污染和水污染,土壤污染更难治理。土壤污染治理存在成本高、周期长、见效慢的特点,在参照美国和日本的土壤修复模式下,中国落实"土十条"至少需投入5.7万亿元(潘碧灵等,2016)。目前,我国尚未构建土壤污染修复的基金计划(李志涛等,2015;李震宇,2017),现行环保法规尚不能保障土壤修复的资金筹措,仅依靠"排污者付费、第三方治理"治污机制或政府主导投入模式（如专项资金、财政补贴和排污者付费等）皆难以解决巨额资金投入问题（幸红等，2016）。因此，推进我国土壤污染治理修复的关键在于尽快构建适合我国国情的土壤重金属污染修复基金制度（下文简称为修复基金）。

二 研究意义

土壤重污染既是过去历史问题导致的，也是近年来含重金属工业污水排放所导致的。被污染的土壤并非短时间内就可以恢复到受污染前的水平，这是一个长期修复过程，需要大量的资金维持修复后状态。我国土壤污染修复一直遵循"污染者付费"原则，收效甚微。资金不能仅依靠财政拨付，这会增大地方政府财政压力。因此，有必要构建土壤重金属污染修复基金制度以缓解资金压力，修复基金的构建具有理论价值及实践意义。

（一）理论意义

（1）本书构建了土壤重金属污染修复基金制度框架。在总体制度框架下，设计了修复基金的组织架构、资金架构、运行机制、管理机制、核算机制和融资模式等，为土壤污染修复工作提供理论依据。同时，修复基金丰富了关于土壤污染治理的理论研究，为土壤污染修复的进一步研究奠定了理论基础，对现有的国内外土壤污染修复研究具有重要意义。

（2）土壤重金属污染修复基金的构建基于可持续发展经济学、环境管理学、环境法学、环境会计学、资源生态学等多学科交叉，融合土壤会计核算理论、委托代理理论、基金制度理论、生命周期理论以及环境成本理论等相关理论，在此基础上进行了再创造，扩展了土壤重金属污染修复基金的研究领域，对可持续发展经济学，以及以环境为基础的法律、会计等学科理论拓展有重要价值。

(3) 基于分权视域理念，土壤重金属污染修复基金揭示了我国土壤重金属污染修复的动态特征与内在逻辑，构建"组织—资金"分权式修复基金制度框架，突破以往土壤污染治理修复基金体系的设计"瓶颈"，拓展了治理与修复思路。以分权视域理念构建修复基金的运行与管理机制，提高机制科学性和适用性，促进并建立全国统一、全国覆盖的修复基金制度，为污染场地治理提供重要的资金保障。

(4) 基于分层管理视角，土壤重金属污染修复基金厘清基金运行管理的内在机理，把握修复基金制度对经济及生态环境效益的影响趋势，对修复基金制度提供切实可行的建议。通过分层管理，明确不同主体的修复责任，设计相应的层次管理手段与方法，对修复基金实施层次对应的有效管理，优化修复基金的管理模式，提高修复基金的管理效率。

(二) 实践意义

(1) 土壤重金属污染修复基金制度是基于我国土壤污染现状构建的，对现阶段的土壤污染治理是必不可少的。例如，美国的《超级基金法案》、日本的《土壤污染对策法》在治理土壤污染方面，都是成功的典范。本书通过构建修复基金制度来促进土壤污染修复工作的有效进行，践行可持续发展理念，推动我国实现"两型社会"，对切实治理污染，改善民众生活质量，提高安全系数，具有重要实践意义。

(2) 通过设计我国土壤重金属污染修复基金制度框架，为我国相关修复治理工作提供实用的规范、指南与标准；土壤污染修复使污染土地能够进行重新开发和利用，帮助恢复土壤本身的环境功能，不仅有助于减少经济损失，也有利于维护环境的稳定与安全，推动经济向可持续的方向发展，为实现人们对美好生活的向往、构建美丽中国打下坚实的基础。

（3）修复基金采用分权、分层的运作管理模式来推进土壤重金属污染治理工作，能够充分发挥政府、企业和社会公众的主导、激励和协调作用，同时能够促进污染土壤修复工作的开展，全面落实"土十条"要求。这对治理土壤污染，最终完成土壤污染修复工作，实现土地资源的合理利用，保障国家土地安全有着重要意义。

（4）土壤污染修复基金为破解资金困难提供了一种新思路和新方法。根据构建修复基金的各项要求，通过对污染情况的剖析，并参照国外相关修复经验，为土壤重金属污染修复资金来源扩展新渠道，包括环境保护税的实施、发行环保债券、新型商业融资等方面。通过构建修复基金以减轻财政负担，使资金来源多样化，增加社会对土壤重金属污染修复的认识，增强企业的社会责任感。同时，充分改善土壤重金属污染管理中存在的资金筹集困难，资金使用效率低下，追责对象不明确等问题。

第二节　文献综述

一　国外研究现状

发达国家针对土壤污染的研究起步较早，其中美国最先开展土壤污染修复工作。20世纪70年代，美国联邦政府颁布了专门应对全国城市重度污染场地修复治理的《超级基金法案》，该法律是当今土壤污染修复领域最具代表性的立法之一（闫海等，2016）。自1980年《超级基金法案》颁布之后，美国随即开始实施污染场地修复行动。随着《超级基金法案》的不断修订，国外学者对土壤污染修复问题进行了较为深入的研究，包括基金制度设计、运行效果、核算管理等方面。其他发达国家也先后出台了一系列法案，以解决责任主体不明晰、修复经费来源和去向单一等问题，快速推动土壤污染修复进程（Hoffman，2007；Gastineau et al.，2014）。

（一）土壤污染修复基金管理模式

已有较多学者对不同国家和地区的土壤污染修复管理模式进行了研究，以寻求更完善的制度设计。许多国家通过出台相关法律法规治理污染的土壤，土壤污染方因此受到相关法律的约束（Shin et al.，2018）。根据美国的土壤污染修复管理模式，政府给购买污染土地的企业提供补贴和政策优惠以鼓励企业进行土壤修复和土地开发，这种管理模式增加了企业参与土壤污染修复的积极性（Reisch，1998）。美国环境保护局开展了如何更好地落实超级基金的相关研究，以快速识别重点污染物和健康风险，从而有效清理和预防土壤污染（Spengler et al.，2002）。

西方发达国家从环境损益补偿角度构建环境损害责任社会化分担机制，以环境损害填补基金制度、环境责任保险制度（Zhong et al.，2013）。英国可持续修复论坛审查了100多份有关土壤污染修复文件中描述的所有指标，筛选出与环境、社会和经济相关的15个类别指标，以期最大限度地提高环境、社会和经济效益（Huysegoms et al.，2019）。荷兰区分了土壤污染导致的不同法律责任及资金保障机制，能够有效预防和修复土壤污染的情况（刘静，2016）。葡萄牙学者通过案例分析认为葡萄牙的土壤修复要从驱动程序、压力、来源、影响、响应这几个方面入手，修复基金根据资金分配责任进行现场清理，并且对项目实施风险评估（Rodrigues et al.，2009）。

对于欧盟、亚洲一些国家制定的土壤污染修复管理办法，学者认为其实行起来缺乏资金和技术支持，应借助税收优惠、贷款、补助金等其他金融工具来获得资金（Azam，2016）。

（二）土壤污染修复基金的运行

土壤污染修复基金的运行主要包括项目批复、资金筹集、核算、使用等程序。欧盟国家的环境立法，包括经济手段的费、税、环境政策补贴和定价，建立公共环境基金机构（Klarer et al.，1999）。Yoshida（2001）介绍了土地清理资金从政府和行业中收取，建立基金制度，说明财政援助措施，如低利率贷款、设备租赁和税收措施，将有助于减轻土地所有者的负担。Reisch（1998）描述了超级基金法的主要条款，认为资金应从潜在的责任方和风险自留集团以及一些保险公司获得。Salleh 等（2014）探讨了马来西亚联邦政府转型期应计会计环境下的资金核算是否仍然相关。Halkos 等（2016）探讨了政府支出和环境质量之间的关系，认为政府支出对污染气体排放有显著的缓解作用，并随着经济增长和民主水平的提高而增加。

在土壤污染修复基金的核算方面，政府和非营利组织领导的各类公益基金最开始运用基金会计，按照基金专款专用的特性进行会计核算和报告（Zhang et al.，2018）。根据欧洲一些国家在发展自然资源账户系统过去的做法和一些当前举措的经验教训，联合国手册认为土地质量改善支出为固定资本形成总额，这项费用包括填海造地和森林清理，以及有关水土保持措施的开支（Murty et al.，2016）。

美国基金会计主要分为政府基金、权益基金、受托基金。政府基金是指将计量重点放在支出活动上的基金，所使用的计量基础取决于所涉及的一个或多个基金，并以良好的财务判断为指导，重点关注政府的财政问责制、预算合规性和短期财务健康（Salleh et al.，2014）。如果收入是可计量的且在年度内可供使用，则确认收入；如果支出在负债发生期间是可计量的，则确认支出。美国超级基金的支出范围主要包括应对危险物质行动所需费用、对无法获得责任方赔偿的受害申请人的补偿、相关评估调查活动所需费用、对公众参与技术性支持的资助以及提前规划性预防支出等。美国环境保护署（EPA）对石油化工等潜在责任行业征收的税收类财政资金，按照污染场地名单的优先顺序进行使用（Hoffman，2007）。

（三）土壤污染修复基金的管理

土壤污染修复基金的管理主要包括管理主体、管理内容、管理方式及监管流程等。Burritt 等（2016）探讨如何利用外部环境会计和环境管理会计，在更深层次的企业可持续发展背景下，建立一个在工业4.0中更准确的、高质量的、实时的管理部门以管理修复基金。就土壤修复基金的责任主体而言，面临多个潜在责任方的情况时，土壤清理责任的分配仍然具有挑战性（Shin et al.，2018）。超级基金责任可能会给投资者带来财务风险，增加资本成本，不同的修复方式也会产生不同的修复风险（Katsumata et al.，1998）。超级基金制度的落实涉及多方责任主体的参与，其中公众的参与是具有意义的（Finney et al.，1995；Charnley et al.，2005）。在土壤重金属污染治理中，政府作为国家政策的制定者、管理国家土地的权力机关，对企业负有立法监管、行政监督和政策扶持等关键责任，但仍存在逃避治理责任的情况（Lawrence et al.，1997；Kapp，2004）。政府以经济激励、技术提升及管理培训等政策扶持方式，能带动污染主体修复污染土壤的积极性（Moledina et al.，2003；Parker et al.，2008）。治理工作的效果在很大程度上受政府治理方式的影响（Wesseh et al.，2016）。

作为治理方式的新型转变，第三方治理主体只有与政府、企业等多元治理主体共同参与治理过程，采用"公私合营"的治理模式，才能更好地达成多元共治的目标和公众利益的最大化（Fairchild et al.，2008）。超级基金计划的管理内容包括计划资金、地块的数量、国家优先项目清单、责任、救济成本、浪费场地、自然资源损害评估土地利用、公共健康问题等（Reisch，1998）。超级基金在风险方面包括曝光模式、效果和评估活动等（Kowalski et al.，2002）。在管理方式上，分析决策者负责确定环境损害事故赔偿的尺度。政策制定者负责提供一个统一的补偿金额选择，补偿包括环境补偿和货币补偿，避免直接支付货币给受害人使用（Gastineau et al.，2014）。在监管流程上，美国的土壤污染修复管理基于两大监管框架，美国环保署对产生潜在危险的石油化工行业征收税金，按地块的优先顺序进行补救活动，并设立信仟基金（Hoffman，2007）。

二 国内研究现状

国内许多学者借鉴国外优秀理论和实践经验来探索中国背景下建设土壤污染修复基金的方法和路径。我国土壤污染修复相关工作处于起步阶段，政府在土壤修复活动中发挥主导作用，构建土壤修复激励机制和长效治理机制是有效解决土壤污染修复问题的必要途径（幸红，2016）。随着新《中华人民共和国环保法》出台，我国土壤重金属污染治理也在逐步推进。新《中华人民共和国环保法》明确政府主导向多元主体的治理模式转变，通过建立第三方主体的污染治理机制，加快土壤污染修复进度（罗丽等，2013）。

（一）土壤污染修复基金的设立

美国超级基金制度的先进经验对中国土壤污染修复基金的法律机制（刘功文，2009）、投融资机制、运行机制（李云生等，2016）等具有一定的借鉴意义。美国超级基金并不完善，存在资金严重缺乏、修复行动时间长、缺少修复目标评估办法、缺少实施效果评价指标等问题（谷庆宝等，2007）。基于中国财政特色去理解土壤重金属污染修复基金，预算存量资金的盘活政策并不会改变基金预算专款专用的本质（邓秋云等，2016）。美国超级基金法对石化产业征收的专门税和对大企业征收的附加税不适用于中国国情，在中国的基金机制中可以使用保证金制度，根据企业考察年限中的表现来决定是否退还保证金（卢明等，2013）。

学者高彦鑫、曾福城等认为中国要根据国情创建合适的资金筹资机制，而不是一味依靠财政，"污染者付费"在历史遗留问题上并不适用。我国应建立专项政府性基金并采取独立核算管理体系，资金主要投向历史遗留土壤问题、土壤污染突发事件赔偿等（蓝虹等，2014）。学者李志涛等（2015）研究了美国超级基金初始资金来源。孙飞翔等（2015）介绍了我国台湾地区土壤修复基金，基金主要针对石化行业的污染整治费。张毅等（2014）提出以"重金属污染基金制度"为主要路径，治理土壤重金属污染的有效途径之一是构建中国土壤重金属污染损害的社会化救济机制。

（二）土壤污染修复基金的运行

在土壤污染修复基金的运行和会计核算方面，周艳芳（2010）研究了我国土壤污染修复义务会计处理问题，认为企业对环境产生的污染可以按照或有事项准则将其看作预计负债。受托基金需要考虑基金设立的目的，目的不同会计处理办法不同，如养老保险、委托人要求保本并获取收益的非消耗类受托基金按应计制基础处理；捐赠或者存在特定用途的可消耗受托基金应按修正的应计会计基础处理（林治芬等，2007）。

我国台湾地区成立了土壤及地下水污染整治基金，基金由污染行为人、潜在污染行为人、土地关系人缴纳的污染整治费、基金利息收入、政府拨款及环境污染罚金四部分构成，就基金的收入来源而言，其积极借鉴美国超级基金成功经验（孙飞翔等，2015），在政府拨款的基础上，注重私人部门资金的注入，扩展了基金来源，保障了基金规模。但是，我国台湾地区的基金模式不同于超级基金，为引入更加专业的人员参与到土壤保护工作，资金主要用于采购社会化服务，其管理委员会通过与环保公司、财经机构等的合作，向社会购买有关土壤调查、评估和修复过程中的公共服务，从而在很大程度上提高了基金的使用效率（王金翎等，2017）。我国因历史原因遗留的土壤污染问题十分严重，实施《土壤污染防治行动计划》的资金需求量巨大，现有的财政制度安排和融资机制难以满足资金需求，迫切需要创新土壤修复与治理的投融资模式，建立长效的资金筹措机制（董战峰等，2019）。我国应设立政府性的土壤污染修复基金，但不能仅仅依靠财政来满足我国大陆地区土壤污染修复的资金缺口（蓝虹等，2014），应积极引导和鼓励社会资金的进入，形成合理可行的融资机制（高彦鑫等，2014）。

（三）土壤污染修复基金的管理

在基金的管理制度方面，我国的土壤污染修复基金现阶段依靠单一的财政拨款，只有随着污染治理的进程，才能申报其他资金。我国的土壤污染治理方式主要以政府为主导、自上而下的行政手段来管控企业的污染行为（陈真玲等，2017）。政府对污染治理负有最直接且最重要的监督管理职责，通过引导管制范围内环境利益博弈主体的资源配置，将监督检查贯穿始终，政府的激励能带动土壤重金属污染主体治污的积极性（王世进等，2017；滕祥河等，2018）。

从中国的国情来看，政府审批流程复杂、项目繁多，先批复再治理的模式难以应对土壤污染的突发事件。在政府承担责任的同时，有效的治理手段也是不可或缺的。学者通过分析土壤污染主体间的博弈关系，考察政府不同的治理方式，发现征税可以有效促进企业认真履行治污义务（赵惊涛等，2017；沈费伟，2016）。土壤污染企业作为污染的主要源头，既应承担"硬性"法律责任，又应担负"软性"社会责任，保持环境自律，以实现企业可持续发展（张学刚等，2011）。在环境约束机制下，企业在污染治理中应主动履行环保责任、优化自身形象（骆建华，2014）。

此外，引入第三方管理机构，将土壤污染修复基金委托给金融类托管机构，一方面实现基金的增值，另一方面将基金的投资、监督、核算和清算工作交给专业机构进行，不仅提高了资金的使用效率，而且保障了资金的安全（李云生等，2016）。环境污染第三方治理机制仍处于初探阶段，污染企业与第三方之间面临合同运作机制不完善、利益主体博弈非均衡的风险（张学刚等，2017）。环境治理第三方企业准入门槛低，资质良莠不齐，使治污企业面临逆向选择、道德风险的问题，在信息不对称的情况下蒙受损失；同时第三方治理加剧了政府监管的成本和风险，第三方治理企业具备更专业的造假能力，逃避环境监管更隐蔽，社会影响也更恶劣（原毅军等，2010）。李靠队等（2016）认为环境会计体系要加强政府环保机构与企业的结合与沟通，环境会计的目标是资本保全，谁降低了环境资产的价值，谁就要负担资产重置成本。闫海等（2016）认为我国土壤修复基金管理机制内部可设立土壤修复部门、财务部门、法律部门和监督部门，分工合作进行基金管理。

（四）土壤污染修复基金的相关制度

土壤污染修复基金需要建立在较为完善的法律法规之上，我国在土壤污染修复方面的法律规范尚有所欠缺。虽然我国自2008年之后颁布了一系列相关制度法规，但是仍然存在法律体系不健全、修复责任规定不明确、缺少土壤修复市场化机制、难以保障公众参与土壤修复等问题（王文革等，2018）。张锋等（2012）认为我国环境损害赔偿制度的缺失导致了环境利益的价值不被法律所认可，需要重新构建框架，重点确认环境损害赔偿责任主体。中国目前立法并没有对土壤重金属污染修复治理标准进行统一规定，尚未建立完善的土壤污染风险评估、检测技术和相关质量技术标准，污染修复治理后缺乏长期监测和监管（幸红等，2019）。

三 研究现状评价

通过对国内外研究状况进行分析发现，研究重点主要在土壤污染修复责任立法、修复技术和运行管理制度等方面，目前我国尚未建立较为完善的土壤污染修复基金管理模式，尚未将土壤污染修复责任、修复技术、运行管理制度等纳入统一的框架之下，我国土壤重金属污染修复仍然存在较多问题。近几年长株潭地区对重金属污染耕地修复治理进行了先行探索并取得初步成效，但也面临责任主体难以确认、修复治理资金缺口大、社会参与度低、修复技术尚不成熟等诸多困境（肖建华等，2019）。

（1）美国、日本、英国、德国等西方国家依靠立法来规范环境损害修复进程，已经从法律层面上明确了责任主体和责任范围，并形成了溯及既往的追责体系。从学者的研究成果来看，我国还没有类似环境污染治理的基金法，土壤污染修复基金机制建设尚处于发展阶段。我国至今还没有实行统一环境损害补偿制度的条件，也没有具体的实施行动，土壤污染修复基金仍停留在理论层面。在土壤污染修复行业，与欧美国家相比，我国虽然起步较晚，但发展速度惊人，已经辅助完成了部分污染场地的修复。由于目前准入门槛较低，从业人员资质不足，具备相关处理资质的企业产能和规模还不能满足社会的需求。

（2）国外研究偏向于制度建设，例如美国超级基金法案和后续的会计准则 ASTM Standard E2137-01。美国超级基金法在近三十年中发展成熟，对土壤污染的治理责任主体、治理费用、制度建设等方面均做出了规定。在运行管理制度上，西方发达国家的修复工作模式逐渐成熟，特别是美国已经形成了规范的土壤修复流程框架。国内研究则偏向于吸取国外经验，许多学者正在思考中国的环境下如何发展土壤污染修复基金。修复资金可以来源于对企业征收的专门税、附加税、财政拨款，也可以来源于社会资本、生态彩票等。在我国经济发展迅猛的现在，却无人愿意主动为土壤污染修复埋单。资金匮乏是当前阻碍污染场地修复产业发展的"瓶颈"，现有的财政制度和融资机制难以满足土壤污染修复的巨额资金需求，建立社会化的资金筹措保障机制是国际趋势。《中华人民共和国土壤污染防治法》首次提出建立土壤污染防治基金制度，但并未明确说明如何构建修复基金制度、基金的资金来源及适用范围（刘欣，2019）。

（3）我国土壤污染修复基金刚刚起步，现有研究着重于修复基金概念、修复基金的重要性以及分析土壤污染治理的案例，我国土壤重金属污染修复基金制度的构建还有诸多问题尚待解决。

第一，我国污染土壤修复责任追究缺乏刚性约束。法律中没有关于污染土壤修复责任的明确规定，仅仅分散于行政机关的文件中，土壤重金属污染治理问题频发，例如，费用难以承担，责任难以在各主体中合理分配等。

第二，基金划分问题，土壤污染修复基金是作为政府性信托基金还是商业型基金。两种基金的核算方式不同，必须予以明确。修复基金涉及面广，利益相关方交错复杂，如果作为政府性信托基金，具有行政功能并带有一定的营利性，可以对基金进行合理的投资或融资。与其他污染防治类型相比，土壤污染修复的投入巨大，修复周期漫长，收益不显著，无法形成长期有效的机制，不能依靠政府"杯水车薪"的修复投入，急需构建高效的修复基金运作模式。

第三，在基金的会计核算方面，以往的研究多集中于土壤污染修复制度框架、核心管理模式、资金运行办法、修复技术等，而土壤重金属污染修复基金会计是一个新命题，研究相对空白，成果相对较少，土壤污染修复基金的核算主体、对象需进一步明确。

第四，相比其他国家或地区，目前我国的土壤重金属污染修复资金极为有限，财政拨款占绝大部分，中国（除台湾地区）现虽已由政府拨款设立土壤污染防治专项资金，但该专项资金总体来说来源单一、规模有限，仍面临着巨大的土壤污染修复资金缺口，资金保障机制不甚完善。此外，一系列的使用规则包括资金拨付顺序、额度、比例也需要进一步确定。

第五，我国土壤污染修复基金的资金来源和分配机制需要根据我国国情来确定，不能盲目照搬美国等国家的经验。基金从设立到运行，每个环节都可能会出现问题，当前的内外部监督机制并非完全有效，难以支撑和保障土壤重金属污染修复基金制度的持续运作，建立多方合作高效的监督机制成为当前我国保障土壤污染修复基金制度有效运转的难点。目前还缺乏保障土壤污染修复基金的有效使用的风险管理及评估指标体系。

第三节　研究目的、思路及方法

一　研究目的

目前，我国土壤重金属污染严重，耕地受到严重破坏，但土壤重金属污染治理尚在起步阶段，难以应对严峻的土壤污染形势。土壤重金属污染管理中存在资金筹集困难，资金使用效率低下，追责对象不明确等问题。我国对于土壤重金属污染的研究仍存在成果零散、视角单一等诸多不足之处。在此背景下，本书基于分权视角对我国土壤污染修复基金的融资渠道及责任主体等方面进行深入研究，为土壤污染修复立法提供理论支撑，丰富我国关于土壤污染修复方面的理论，同时建立普适于我国国情的土壤重金属污染修复基金制度，以期改善土地污染情况，提高土地资源利用效率。具体目的分为以下几点：

（1）为设立我国土壤重金属修复基金提供理论依据。促进土壤重金属修复基金在可持续发展经济学、环境法学、环境会计学等相关学科理论上的拓展，完善从分权视角下土壤重金属污染修复基金运行管理机制。

（2）为土壤重金属修复基金制度的研究提供创新视角。使土壤重金属修复基金制度的基本框架与组成构件更加健全合理，打破土壤污染修复基金的融资渠道及责任主体等单一研究视角。

（3）构建土壤重金属修复基金制度以推动我国土壤保护。随着我国城镇化与工业化的迅速发展，我国正面临着严重的土壤污染问题。目前土壤重金属污染管理负面清单制度正在我国部分省市土壤污染治理中逐步提及与践行，但仍存在土壤污染调查精准度欠佳、相关立法工作滞后、职权划分不够清晰等问题。故而，本书试图构建土壤重金属修复基金制度以推动我国土壤保护。

（4）完善我国环保立法体系。针对长期以来收效甚微的"谁污染谁治理"原则存在的问题，总结出新的解决方案，建立修复基金的运行与管理机制，促进我国相关法律法规出台。土壤污染修复基金立法能够保障土壤污染修复治理过程中的资金来源，进而推动《中华人民共和国土壤污染防治法》的有效实施，为环保法体系做出巨大贡献。

二　研究思路

本书立足于国内外研究成果和课题研究设计规划，结合可持续发展经济学、环境管理学、环境法学等学科，以及土壤污染会计核算理论、基金制度管理理论等理论基础，在对比国内外土壤污染修复基金制度现状，并总结相关经验的基础上，首先，进行土壤重金属污染修复制度总体框架设计，基于"组织—基金"分权对土壤重金属污染修复基金组织结构和资金构架进行详细设计，对土壤重金属污染修复基金投融资机制进行具体探讨；其次，进行土壤重金属污染修复基金运行管理机制研究，主要构建二元约束管理机制、协作与保障机制；通过湖南省湘潭市竹埠港的案例应用验证基金制度的科学有效性；最后，进行研究总结，并提出研究局限性与展望。从理论、方法、制度、实践四层面逐步推进，构筑科学合理的土壤重金属污染修复基金制度与运行机制。

（1）理论层面：对比借鉴了国内外的相关理论，融合土壤污染会计核算理论、基金理论、环境经济、环境法学、环境会计等相关学科理论，剖析土壤重金属污染修复的动态特征及基金制度的内部机理，论证基金制度设计的可行性与科学性。

（2）方法层面：基于环境成本评估法、主成分分析法、灰色系统理论评价方法、博弈分析法等研究方法，对基金融资方式及资金使用效率等进行定量分析，寻求土壤重金属污染修复基金制度的优化路径；对比分析国内外土壤重金属污染的治理现状，并总结相关经验。

（3）制度层面：从基础层和要件层两层面系统设计基金的总体框架与运行管理体系。基于"组织—基金"分权视角和PPP模式研究基金的框架设计，并从核算方式及收支体系、二元约束管理机制和协作与保障机制角度进行我国土壤重金属污染修复基金运行管理机制研究。

（4）实践层面：以湖南省湘潭市竹埠港老工业区为例，结合土壤重金属污染修复基金制度设计与运行机制，充分验证了制度设计与运行机制的可行性。

三 研究方法

土壤重金属污染修复基金是与相应的治理技术和发展程度密切挂钩的，涉及的学科与方法比较广泛。在学科方面，包括可持续发展经济学、环境会计学、管理学等多个学科，内容上存在学科交流的特性，符合各学科融合创新发展的要求及方向。在学科基础之上，本书采用文献研究法、案例研究法，并应用环境成本评估法、主成分分析法、博弈分析法、灰色系统理论评价法等多种方法结合来进行土壤重金属污染修复基金运行管理机制研究分析。通过各学科与多种方法的交叉融合，从不同的学科视角及方法运用构筑土壤重金属污染修复基金制度，进一步充实相关理论基础，完善其框架体系。

具体研究方法如下：

（1）文献研究法。归纳了土壤重金属污染修复基金制度的内在特征、机理及演化规律，了解我国土壤污染修复的现状，明确尚需改进和有待完善的方向，进而构筑理论框架，演绎出土壤重金属污染修复基金框架；本书是在根据国内外优秀文献成果分析归纳整理的基础上完成的，土壤污染修复基金运行管理机制的研究是在中国情境下进行的，符合我国的实际情况，在借鉴国外已有土壤修复基金制度上进一步探索和完善。

（2）环境成本评估法。通过环境成本评估由于土壤重金属污染导致的环境成本，进而评价土壤重金属污染修复基金的使用效率，结合典型地区的实地调研数据，构建并完善土壤重金属污染修复基金的运行管理机制。

（3）主成分分析法。运用多元统计方法，通过降维的方式，将一组可能存在相关性的变量数据正交变换转化为一组线性不相关的变量，转换后的变量被称为主成分，通过主成分确定较为重要的评价指标，以评价土壤污染修复基金风险水平，有效地反映土壤修复工作的情况进展，建立起土壤污染修复基金风险指标评价体系。

（4）博弈分析法，并运用 Matlab 对演化博弈模型进行仿真分析。引入第三方新型治理模式，构建政府、企业、第三方治理企业演化博弈模型，分析各主体策略选择相互作用的机制和不同参数变化下各主体策略选择的演化趋势，并运用 Matlab 对演化博弈模型进行仿真分析，得出政府、企业、第三方治理企业之间的博弈结果。

（5）灰色系统理论评价方法。灰色系统理论着重研究概率统计，以解决"小样本""贫信息"等不确定性问题（刘思峰，2004）。结合灰色系统理论构建土壤重金属污染修复基金绩效评价模型，用于评价土壤重金属污染修复基金的绩效水平，以期规范其资金的来源和使用，及时管理和修正修复进程，全面评价和验收修复效果，为土壤重金属污染修复工作提供依据。

（6）案例研究法。本书在理论体系构建的基础上以湖南省湘潭市竹埠港重金属污染工业区为案例研究对象，从可行性分析、基金运作模式来进行基金框架设计，从会计账务处理、信息披露来构建我国土壤污染修复基金核算机制，从组织与制度设立、监管制度和验收评价制度来构建我国土壤污染修复管理机制，并找出不足加以完善。

四　技术路线

本书从理论层面、方法层面和体系层面来研究土壤重金属污染修复基金。理论层面上，针对如何充分认识重金属污染治理的内在逻辑和外在表征以及如何设计科学合理的土壤修复基金制度两大问题，对土壤重金属污染治理的动态特征及基金制度的内部机理进行了详细剖析。方法层面上,从土壤污染修复基金核算和多学科交叉分析两类方法对本书进行了分析。制度层面上,运用"组织—资金"分权式制度和土壤重金属污染修复基金运行管理机制对本书进行了分析。具体技术路线如图1-2所示。

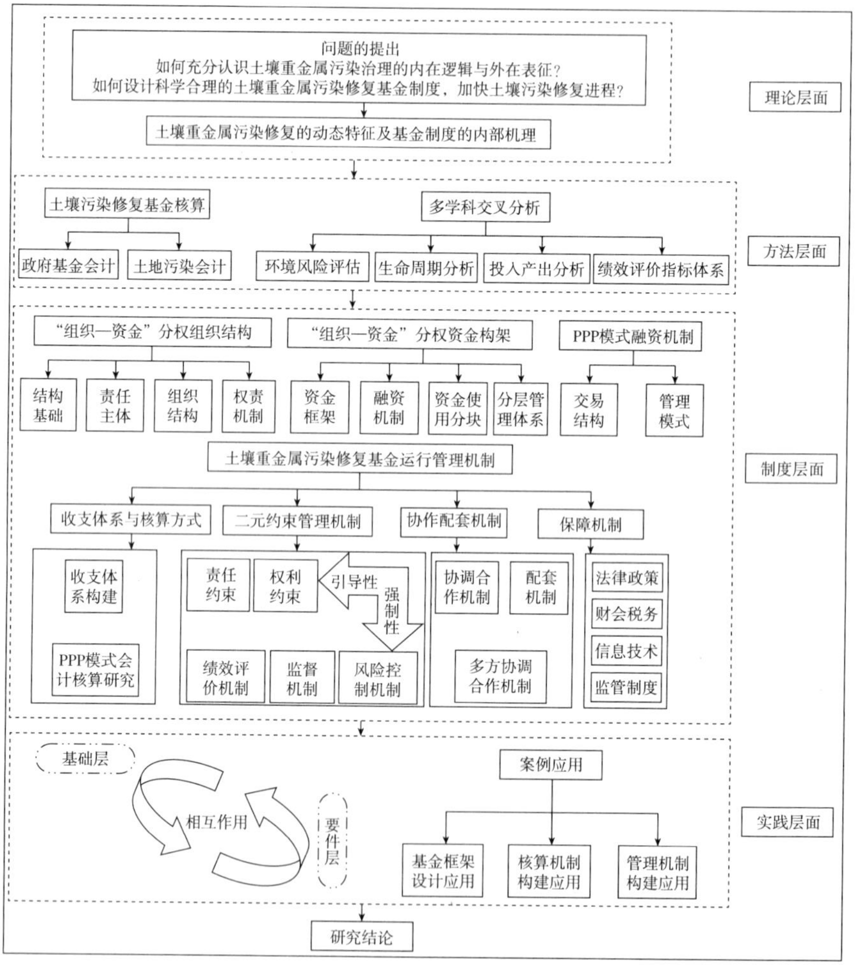

图1-2 技术路线

第四节 基本框架、主攻关键及主要目标

一 基本框架

（一）土壤重金属污染修复基金制度设计的理论分析

本部分包括：①土壤重金属污染修复基金制度的相关理论。本书的理论基础来源于土壤污染修复会计核算、生态价值评估、可持续发展等理论的融合。②土壤污染修复基金制度比较分析研究。系统梳理并借鉴美国、日本、德国、荷兰等西方发达国家的先进经验，为设计适合我国国情的土壤重金属污染修复基金制度提供参考。③我国土壤重金属污染修复基金制度设计的可行性和科学性。以环境为出发点，从经济、法律、会计等多学科角度，详细论证学科基础和实践基础与土壤重金属污染修复基金制度设计相结合的可行程度及科学性。

（二）我国土壤重金属污染修复基金制度框架设计

土壤重金属污染治理的高效性和精准性需要以科学组织构架及合理融资机制为依托。本部分包括：①土壤重金属污染修复基金制度的概念框架。基金制度设计目标、对象、要素、原则等概念阐释；②"组织—资金"分权式体系设计。基于分权理念从组织构架和资金流转两维度设计基本框架：第一，组织构架维度。其 ，基金运行程序及模式设计，比较信托制基金、母基金、"政府＋信托"基金等优劣，构建修复基金的运作程序与模式；其二，基金组织结构设计，借鉴国内外先进环保基金制度，构建"中央—省级"两级分权式组织体系。第二，资金流转维度。其一，多元融资机制设计，从经济、法律、会计等角度分析资金整合潜力，借鉴PPP模式构建多主体、多渠道融资机制；其二，资金分块使用及应用机制设计，精确基金使用功

能及应用领域，精细分析预算方案，精准配套修复资金，实现资金使用效率及污染治理效果双赢；其三，资金分层管理体系设计，构筑基金营运商、出资人、管理人资金分权制度，提高资金管理和使用效率。

（三）我国土壤重金属污染修复基金运行管理机制研究

基金运行的高效管理，不仅要满足资金及时性要求，还要提升资金管理绩效。本部分包括：①基金核算方式及收支体系研究。剖析我国土壤污染治理资金核算缺陷，借鉴国外成熟核算方法，优化设计基金核算方式和收支体系。②基金二元约束管理机制研究。其一，强制性约束机制。一是监管机制，设计内部与外部监管机制，实现基金监督平台多元化；二是绩效评价机制，科学测量土壤修复程度，计算资金投入—产出比；三是风险控制机制，引入保障基金，从而适当减轻风险，建立市场化管理机制。其二，引导性约束机制。从责任约束与权利约束两方面推动基金可持续发展。③基金协作与保障机制研究。其一，协调中央与地方政府、修复责任方、社会公众及开发商等各方的合作机制，使基金得以高效运作；其二，基金保障机制，包括法律法规、政策、财税及技术保障等，多方位培育规范的市场环境；其三，基金配套机制，如土壤污染信息收集、危害评估、应急等制度，提高其相应系统性和协调性。根据以上分析与总结，本书基本框架如图1-3所示。

二　主攻关键

目前，构建土壤修复基金要从修复主体和资金来源中寻找突破口，将多元化融资机制作为关键，以此才能够打破当前财务困顿的局面。责任主体和融资主体的认定研究是破解当前土壤污染治理困局的突破口。在土壤修复基金构建完成后，能否有效运行也是构建之时的关键，而保障土壤重金属污染修复基金制度高效运转的难点则是构建多方协作机制。成本效益评估方案设计可适当合理化。故而，可以将本书的主攻关键分为以下四点：

```
┌─────────────────────────────────────────────────┐
│         土壤重金属污染修复基金制度设计理论分析         │
│   ┌─────────┐              ┌─────────┐          │
│   │ 学科基础 │              │ 理论基础 │          │
│   └─────────┘              └─────────┘          │
│   ┌───────────┐          ┌──────────────┐       │
│   │ 比较分析研究 │          │ 可行性和科学性 │       │
│   └───────────┘          └──────────────┘       │
└─────────────────────────────────────────────────┘
                     ⇩
┌─────────────────────────────────────────────────┐
│       我国土壤重金属污染修复基金制度框架设计          │
│       土壤重金属污染修复基金制度总体设计框架          │
│  ┌──────────┐   ┌──────────┐   ┌──────────┐     │
│  │"组织—资金"│   │"组织—资金"│   │ PPP模式   │     │
│  │分权式基金  │   │分权式基金  │   │修复基金   │     │
│  │组织结构设计│   │资金构架设计│   │融资机制研究│    │
│  └──────────┘   └──────────┘   └──────────┘     │
└─────────────────────────────────────────────────┘
                     ⇩
┌─────────────────────────────────────────────────┐
│      我国土壤重金属污染修复基金运行管理机制研究        │
│ ┌────────┐ ┌────────┐ ┌────────┐ ┌────────┐     │
│ │基金核算方 │ │基金二元约│ │基金协作与│ │基金保障机│    │
│ │式与收支体 │ │束管理机制│ │配套机制研│ │制研究   │    │
│ │系研究    │ │         │ │究       │ │         │    │
│ └────────┘ └────────┘ └────────┘ └────────┘     │
└─────────────────────────────────────────────────┘
                     ⇩
┌─────────────────────────────────────────────────┐
│         土壤重金属污染修复基金制度案例应用           │
│ ┌──────────┐ ┌──────────────┐ ┌──────────────┐  │
│ │基金框架设计│ │PPP模式基金核算 │ │基金管理机制   │  │
│ │应用       │ │机制构建应用    │ │构建应用      │  │
│ └──────────┘ └──────────────┘ └──────────────┘  │
└─────────────────────────────────────────────────┘
                     ⇩
              ┌─────────────┐
              │  结论与展望  │
              └─────────────┘
```

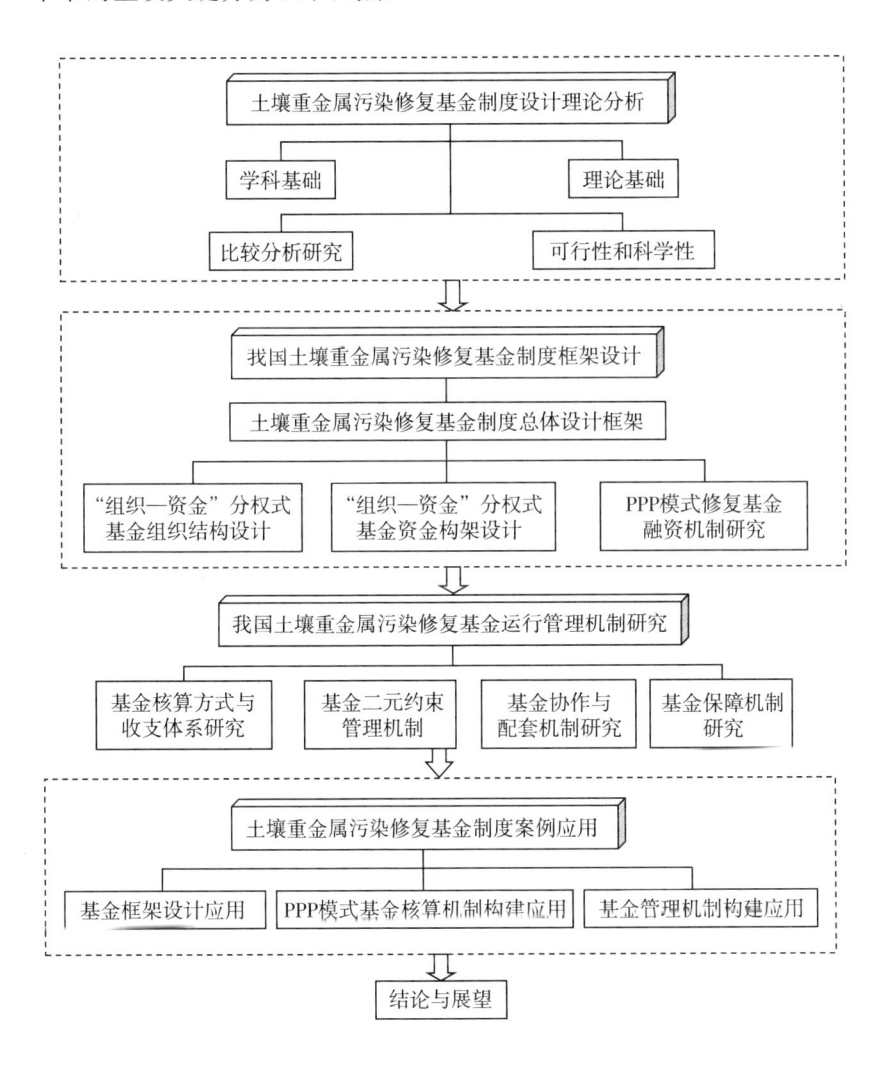

图 1-3　本书基本框架

（一）修复基金的分权运行管理模式研究

构建修复基金的关键之处在于合理执行、有效管理。因此，将从基金的核算管理、功能管理、使用管理切入，优化基金核算方式，完善和创新分权、分层运行管理模式；合理划定政府和市场的行为边界，科学评估基金运行管理的经济效率及环境影响，实现土壤污染高效治理。

（二）修复基金的多方协调合作机制研究

保障土壤重金属污染修复基金制度高效运转，难点在于多方协作机制的构建。因此，重点从协调多方作用和资源着手，包括中央和地方政府、修复责任方、社会公众及第三方治理企业，发挥基金内部机构、政府及社会公众等的协同监督作用，进一步推进土壤污染修复信息公开，实现多方共赢。

（三）重金属土壤污染修复基金多元融资机制和金融保障机制研究

多元化融资机制是破解当前土壤污染治理财政困局和修复基金制度建立的突破口。第一，应确定融资主体，并对融资途径进行抉择。因此，首先需要明确融资的主体，采用互补性的融资原则，将政府、企业与社会公众结合起来，适当引导企业以及公众对土壤污染修复市场的关注，并鼓励适当投资，拓宽资金途径。第二，克服传统基金来源单一的缺陷，推动筹资多元化的发展，促进融资方式多样化，保障资金的充足。第三，相关金融保障机制如融资法律、金融服务需要在协同发展中及时更新，为土壤污染修复基金多元化融资机制提供良好的保障。

（四）土壤污染修复基金的"两大主体"认定研究

破解当前土壤污染治理困局的突破口是责任主体和融资主体认定，可为修复基金运行管理提供依据。首先，对土壤修复工作中各类责任主体进行划分，包括政府、污染行为人和土壤污染企业等，然后根据"污染者负责，受益者负担"的原则，确定责任主体，分析责任范围，对污染修复治理责任进行分工。其次，明确融资的主体，政府加强对土壤污染修复市场投资的同时，可以引导企业及公众投资，以此来提高他们的投资比重与关注度，克服传统基金来源单一的缺陷，采用PPP融资模式，提高资金运作效率，消除修复基金后顾之忧。

三　主要目标

（1）建立普适于我国国情的土壤重金属污染修复基金制度框架。目前，专项资金仅依靠税收和行政收费，融资渠道单一。在地域污染土壤的专项治理中，逐项批复核查与后期管理机制在一定程度上造成了资金使用的功能局限和运作效率低下。与此同时，专项资金未实行独立核算，与治理支出没有保持同步，这就导致了资金使用不透明的情况。此外，资金管理缺乏独立的核算体系，不能进行独立的收付核算。当重大紧急情况发生时，资金要通过重重关卡才得以使用，缺乏时效性。而土壤重金属污染修复基金制度普适于我国基本情况，因此得以建立。

（2）构建以"核算管理—功能管理—使用管理"为核心的土壤重金属污染修复基金运行管理模式，保障土壤污染修复基金高效运转。对比发达国家，我国土壤污染治理还要走很长的路，尤其在资料搜集成果方面。政府各部门信息分散，调查规则不成体系，并且缺乏先进的数据库支撑。同时，从我国土壤修复的整体局面来看，技术缺乏严格规范，质量也没有得到明确而统一的标准，修复流程、规范和检测指标等项目目前还处于较低水平，无法高效解决现代土壤治理的问题。随着我国土壤污染修复治理的长效机制建设持续强化，技术领域的不断突破会给基金项目核算体系带来新的挑战。构建以"核算管理—功能管理—使用管理"为核心的土壤重金属污染修复基金运行管理模式，有利于避免政府性基金管理流程缺乏系统规划，确保在长期维护建设和再开发利用环节不出现资金运作断裂的情况。

（3）构筑完善的土壤重金属污染修复基金多方协作体系。充分发挥政府主导、激励作用以及修复责任方、社会公众的协调效应，协同推进土壤重金属污染修复工作，最大限度地推动经济和生态的协同发展。以基金管理办法为依据，推动我国政府性基金的构建，为其顺利执行提供制度保障。同时，相关文件对归责主体阐释仅为概念说明，构筑完善的土壤重金属污染修复基金多方协作体系可进行针对性、可操作性细则规定，满足产权模糊条件下追索对象的责任确定、计量和分配问题。

第五节 主要观点及主要创新

一 主要观点

本书强调了土壤重金属基金修复制度构建的紧迫性，明确了该制度设计的基础，并提出了该制度的首要任务、关键点等，有以下五个观点：

（1）土壤重金属污染修复基金制度的构建是一项复杂紧迫的系统工程，也是一项创新之举。推进土壤重金属污染修复基金制度的构建，需政府为主导、企业为主体、社会组织和公众共同参与。

（2）构建土壤重金属污染修复基金制度的首要任务是把握融资主体，选择融资渠道。土壤重金属污染治理问题频出，如费用难以承担，责任难以在各主体中合理分配，而这些问题往往来源于污染的相关特点，如滞后、隐蔽、累积等特性。与此同时，修复治理持续时间长和修复过程复杂也在一定程度上导致了相关问题的出现。因此须明确责任主体和融资主体，建立更全面更高效的资金保障机制来保障资金的来源，从而减少负担不起巨额修复成本的情况；基金模式突破传统，多元化融资途径，多样化筹资模式，创新筹措资金的方式，是整个基金制度设计的根本也是核心。

（3）保障土壤污染修复基金制度有效运转，关键在于建立多方协调合作体系。基金的涉及面广泛，各利益相关方交错复杂，要保障基金制度的顺利执行，必须建立有效的协调合作体系，协调好相关力量，例如修复责任方、公众以及开发商等协调、利用好相关资源，支撑和保障重金属土壤污染修复基金制度的持续运作。相关部门要积极搭建交流平台，推动政府、修复责任方、社区公众和开发商等协调合作发展，从而促进土壤修复、合理利用和规划。

（4）保障土壤污染修复基金制度有效运转的难点在于建立多方合作高效的监督机制。基金从设立到运行，每个环节都可能会出现问题，要保障基金制度的顺利执行，必须建立有效的内外部监督机制，对土壤污染修复基金的日常运作进行动态监督，以推进土壤污染修复基金信息的公开，支撑和保障重金属土壤污染修复基金制度的持续运作。

（5）构建修复基金制度的关键之处在于维护修复基金的正常运作。针对基金核算管理，采取独立核算方式和收支体系，政府性土壤修复信托基金管理中心由有关单位协商成立，例如生态环境厅、自然资源厅、农业厅以及财政厅。其中环境保护厅和财政部合作基金会计、审计标准、收支平衡以及相关投资等主要工作。

二　主要创新

（1）学术思想的前瞻性："组织—资金"分权式制度设计。本书融合会计、环境管理与工程科学等相关学科理论，以土壤重金属污染现状和修复资金紧缺为出发点，引入分权思想，从组织构架和资金流转两个层面，开拓性地构建科学合理、系统完整的土壤重金属污染修复基金"组织—资金"分权式制度。系统梳理了发达国家如美国、英国、日本等国家的重金属污染在法律法规、技术标准、资金来源与运行机制方面的先进经验与做法，为我国土壤重金属污染修复基金制度的构建提供有效借鉴。

（2）学术观点的新颖性："资金三分""两大主体"和"两元约束"。通过构建多渠道融资机制和金融保障机制破解土壤重金属污染治理的财政资金困局；从资金来源分类、资金使用分块、资金管理分层（资金三分）入手，细化剖析财政资金困局解决方式；确认责任主体和融资主体（两大主体），构建强制性约束和引导性约束制度（两元约束），确保土壤重金属污染修复基金高效运行；从主题协同、机制协同、路径协同和目标协同四个方面构建政府、企业和第三方主体间的协同治理机制，是我国环境治理重要手段创新。

（3）制度构建的系统性：土壤重金属污染修复基金制度框架涵盖基金框架设计、"组织—资金"分权式制度以及基金运行管理机制这三个组成部分。以"核算管理—功能管理—使用管理"为核心建立了土壤重金属污染修复基金运行管理模式，建立了基于 PPP 模式的土壤重金属污染修复基金融资机制。土壤污染修复基金管理机制构建了会计收支体系、会计核算制度、基金制度二元约束管理机制和基金协作与保障机制。构筑完善的土壤重金属污染修复基金多方协作体系可为产权模糊条件下追索对象的责任确定、计量和分配问题提供有效借鉴。

（4）研究情景的独特性：从我国土壤污染治理及央地分权表征入手。由于各国存在国情差异，尽管欧美等国的土壤污染修复基金制度相对完善，但不宜照搬。从我国土壤污染治理及央地分权表征入手，立足于湖南省湘潭市竹埠港老工业区，运用土壤重金属污染修复基金制度设计与运行机制，验证制度设计与运行机制的可行性，通过中国与西方国家的横向、纵向对比来寻求我国土壤重金属污染修复基金制度设计的优化路径。

第二章 学科基础与概念内涵

本书目标是构建土壤重金属污染修复基金制度框架，为修复基金的资金来源设计具体的融资机制，推进与完善我国土壤污染修复工作，填补我国土壤修复基金的空白。因可供本书借鉴的经验研究有限，故修复基金需从相关学科及理论中提炼研究基础与研究方法。本章首先以可持续发展经济学、环境管理学、环境法学、环境会计学、资源生态学等学科为基础，完善土壤重金属修复基金制度的基本框架与组成构件，以推动我国土壤保护和环保立法体系的健全；其次，以土壤会计核算理论、委托代理理论、基金制度理论、生命周期理论以及环境成本理论为基础，设计组织架构、资金架构、运行机制、管理机制、核算机制等；最后，对核心概念进行界定，并分析其内涵特征，使修复基金的设计更加合理。

第一节 学科基础

本书所涉及的学科基础包括可持续发展经济学、环境管理学、环境法学、环境会计学、资源生态学；可持续发展经济学解释了土壤污染会带来经济发展成本，说明建设土壤重金属修复基金制度是必要的；环境管理学对资源环境价值计量、制度政策、自然资源的可持续利用等问题进行探讨，说明了土壤资源对经济环境产生的影响；环境法学为环境污染防治制定了系统、科学的法律，为土壤重金属污染修复基金制度研究提供了法律层面的参考；环境会计学为修复基金提供了核算依据；资源生态学解释了土壤污染类型，明确修复基金使用范围。

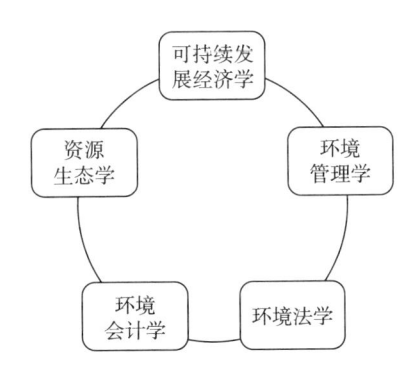

图 2-1　学科基础关系

一　可持续发展经济学

可持续发展经济学虽然是现代基本的经济学科之一，但我国直到20世纪90年代才逐渐对可持续发展经济学进行研究（杨文进，2000）。可持续发展经济学最重要的目标是保障社会利益，生态环境作为经济与社会发展的基础，如何使社会经济的发展与生态保护有机结合是我们共同思考的问题（刘思华，1997）。可持续发展经济学的价值理论在发展的初期仅包括社会经济效益价值，但随着资源浪费与环境污染状况加重，可持续发展理论也显示出自身的局限性，即重视经济、轻视资源（Christiano，2019）。已有研究表明自然资源与可持续发展存在密切的关系，学者开始关注资源价值研究，尤其是土壤资源的生态价值。例如，可持续发展峰会制定了17项发展目标，其中有13项涉及土壤资源的利用、保护、修复等内容（张甘霖，2018）。土壤生态系统已经成为全人类可持续发展的关键保障，需要加强土壤资源质量管理，有序合理地使用土壤生产功能与生态服务功能。

可持续发展的概念与持续增长的概念存在一定的差异，持续增长单指随着时间的增加国内生产总值也随之增长（潘根兴，2015），而可持续发展指经济健康稳定的增长，两者是不同的。可持续发展理论的具体内容如表2-1所示。

表2-1　　　　　　　　　可持续发展理论具体内容

类型	具体内容
定义	定义1：在保护自然资源的条件下，尽量使经济效益最大化 定义2：现在资源的耗用不能降低以后的现实收入 定义3：不破坏环境质量的基础上，促进经济的增长
理论基础	经济发展成本分析
研究客体	生态经济社会复合系统
形态	形态1：不可持续发展状态 形态2：向可持续发展过渡状态 形态3：具有初步可持续发展状态 形态4：具有较高可持续发展状态
基本假设	假设1：完全理性的经济人假设修正 假设2：自然资源、人力资源的稀缺性假设

经济发展成本是可持续发展经济学的重要内容，主要包括：生态成本、资源成本与环境成本。经济发展成本分析是寻找一个折现率使资源耗费的成本达到最小，这取决于边际收益与边际成本。企业不注

重履行社会责任,对自然资源肆意毁坏、浪费,尤其是土壤资源的污染问题日益严重,但是难以追究破坏者的赔偿责任,导致政府在修复土壤方面上的财政负担加大,经济发展成本上升。土壤污染修复需要借助可持续发展经济学来指导未来发展方向,而土壤污染修复进程能促进生态经济社会复合系统的成长及完善。并且国与国之间存在经济政策方针、发展水平的差异,因此不能完全照搬国外的经验,我国要根据实际情况来灵活运用可持续发展经济学理论保护土壤资源。

二 环境管理学

环境管理可以从"环境"与"管理"两个方面来解析。环境具有四种角色或功能:一是资源提供;二是纳污;三是教育和文化服务;四是生命支持服务,其中,生命支持服务是环境最重要的功能,无法包含在人类的经济体系之中(包存宽,2019)。科学的管理可以提升企业的经营效率和人员管理效率,将可用资源在一定时期内达到效用最大化。环境管理学是环境学与管理学的交叉,在环境学的基础之上,运用管理学中的理论与方法,协调经济发展与生态保护两者的关系,对人类损害环境行为进行管控与限制。环境管理学的内容包括环境质量管理、区域环境管理、资源环境管理、环境技术管理与环境计划管理(邵洪,1997)。

土壤污染修复是属于环境质量、资源环境、环境技术与计划管理的交叉。随着各种技术的发展,土壤资源管理可以充分利用网络技术与GIS技术,直观了解土壤污染情况,并利用计算机技术与数据库技术对搜集到的土壤质量、污染状况、所处地域的相关数据进行分析与处理(Boiral,2019),为建立土壤污染修复基金提供基础。土壤重金属污染问题较为复杂,涉及公众、政府、污染企业、修复企业等,需要"多元化"的参与。土壤污染修复过程需要完善的管理组织与治理结构，而建立土壤污染修复基金可以带动政府、企业、社会公益组织等共同努力，主动形成自上而下的参与机制，由政府牵头，明确各个主体的责任与义务，加强政府与企业的相互合作，充分发挥市场监管作用。资金匮乏是当前阻碍污染场地修复产业发展的"瓶颈"，现有的财政制度和融资机制难以满足土壤修复的巨额资金需求，建立土壤污染修复基金是国际趋势。我国土壤污染修复基金的管理机制构建应充分吸收优秀的环境管理学思想，根据我国的实际情况开拓新的研究路径和解决实际问题的途径。

三　环境法学

环境法学作为我国构建两型与循环型社会的基础，推动我国人民形成保护环境与节约自然资源的意识。我国环境法经历了三大阶段的发展（柯坚，2018）：第一阶段是环境污染治理、恢复与环境保全时期，主要是开展的污染调查活动，了解全国环境污染的基本状况；第二阶段是终端治理污染区域、采取预防性措施阶段；第三阶段为人类发展与环境保护和谐共存，不再相互冲突与矛盾，寻求经济发展与保护环境的平衡。

目前土壤污染修复处于第二阶段，但是治理效果不佳，最大的原因在于土壤被重金属污染后，没有合理赔偿制度与之匹配。虽然从2018年1月1日开始要求实施《生态环境损害赔偿制度改革方案》，但是土壤污染侵权的诉讼仍需借助其他法律途径，存在理论和实践障碍。涉及土壤污染的非财产性损害和土壤污染导致的人身健康安全损害等没有找到合适的方法进行确认与计量，实行赔偿制度存在难题。环境法中"污染者付费"原则虽然明确规定土壤污染者负有一定的法律责任，但是同一污染事件中不同责任人根据何种标准划分责任，不同赔偿方式如何确认，还存在一定的难度。土壤污染修复治理并不是一蹴而就，也并非一朝一夕，治理措施与后续维护使修复成本的核算更加复杂，也因此带来了赔偿金额无法及时确认的问题。责任划分混乱导致土壤污染修复资金缺口大，修复工作难以推进，设置土壤污染修复基金可在一定程度上解决这一困难（周艳芳，2010）。

《中华人民共和国土壤污染防治法》（下文简称土污法），是为土壤专门制定的保护法，是制定土壤污染修复基金的指南，其中明确指出"国家鼓励和支持有关当事人自愿实施土壤污染风险管控和修复"，并对财政、基金、信贷、税收、捐赠、价格、金融等方面的支持措施作出了原则性规定。因此土壤重金属污染修复基金的设计可以参考上述法律的相关规定。但是土污法与环境法中有关土壤修复基金的内容，对耗资巨大的土壤修复和治理，涉及巨额资金投入和复杂利益关系，只有抽象的原则性规定。因此本书需在此基础上确定资金的来源，保证最低金额、基金的使用与后续管理等内容，制定明确具体的指引规则。

四 环境会计学

环境会计学是环境学与会计学的融合，应用于企业为保护环境所发生活动的确认、计量和报告，对信息进行再处理和再利用，从而进一步规划、控制以及调节环境的行为（肖序，2003）。从广义角度上来讲，国民环境会计和企业环境会计都属于环境会计，但狭义上的环境会计仅指微观企业环境会计。

我国环境会计的主要内容大致分为以下几个方面：①环境会计核算研究：主要集中在环境会计目标、假设、核算对象、要素、核算方法五个方面。②环境会计信息披露研究：环境会计信息披露应包含环境财务影响和非财务影响，重点关注我国重污染行业中上市公司环境会计信息的披露，采用强制和自愿原则相结合的方法。③排放权交易会计研究：研究主要集中在排放权的定价方法、交易机制、交易市场的建立，例如碳排放的研究与碳交易市场的建立。④环境管理会计：主要研究如何控制与管理环境成本，与产品生命周期相联系，寻找企业降低环境成本的方法。⑤自然资源资产负债表研究：主要从理论基础、要素确认、报表编制等方面展开探索并进行了一系列研究。

在土壤污染修复方面，国外关于土壤污染治理和修复以及环境负债的会计核算研究已经日趋成熟。其中美国在土壤污染修复会计的研究与实践成果十分丰富，美国财务会计准则委员会等组织从20世纪70年代开始逐渐制定一些标准与文件，用于指导土壤污染修复会计处理及信息披露，我国在进行相关方面研究时可以借鉴可用部分。就国内而言，在土壤污染修复义务会计核算方面的专门研究较少，研究集中于美国超级基金制度及其运行机制对中国的借鉴意义，为土壤污染修复基金研究提供理论基础。在当下，政府可以通过构建土壤重金属修复基金，让环境会计不再局限于企业之中，真正落实"谁污染谁负责"，改善整个社会的环境和资源问题。

五 资源生态学

资源生态学是资源科学与生态学两个学科的交叉，虽然资源生态学以各种自然资源为关注对象，但是与资源学不同的是，资源生态学将重点放在资源的生态特点上。资源生态学的研究并不着重于自然资源是如何形成及如何分布的，而是研究资源如何流动及其消耗情况。对长期的研究成果归纳总结，寻找保证资源可持续利用的经验与方法，以促进国民经济建设，推动人类社会发展（朱源，2010）。大部分自然资源是不可再生的，对人类有用的植物、动物和矿物资源永不枯竭是可持续发展的一个重要保障，因此探索资源保护与可持续开发利用的有效途径迫在眉睫。目前，资源生态学已经不局限于原有的研究领域，研究成果不断应用到经济发展与环境保护的各个方面，为自然资源的管理、核算、保护提供方向与方法。

近年来，在资源生态学的基础之上，加入了土壤学与生物学，发展起土壤生态学这一新兴学科。由于灾害频发，气候改变，加之人类活动对土壤资源产生深远影响，土壤退化、土壤污染的现象越来越频繁，因此学者将更多目光投向土壤生态系统的保护、恢复与重建的研究（黄国勤，2014）。土壤生态学中认为土壤污染大多来源于农药、化肥、工业"三废"等污染物，需要政府的综合治理与政策倾斜，达到减少污染之目的。土壤生态学的研究成果点明了土壤污染修复基金所针对的主要污染目标，借助土壤生态学研究成果，合理确定基金的使用范围。

第二节 理论基础

土壤重金属污染修复基金制度相关的理论基础包括土壤会计核算理论、委托代理理论、基金制度理论、生命周期理论以及环境成本理论。土壤污染会计核算理论强调企业应将可能破坏生态环境的长期资产进行账务处理并体现在报表中；委托代理理论明确基金三方的责任与义务；基金制度理论对相关基金的来源及使用方式的规范提供参考；生命周期理论给土壤资源的修复提供新的思路；环境成本理论从宏观、微观不同视角构建厘清污染治理成本。

一 土壤污染会计核算理论

土壤污染修复不仅是政府需要承担的责任，企业也对此有不可推卸的义务。土壤污染修复义务作为企业的一项负债进行核算，并在报表当中披露相关内容。2006年美国颁布了GASBS第49号公告，详细解释了或有负债的确认、计量、报告和披露，是迄今为止美国关于解决土壤污染会计处理最为完整有效的指南。我国虽出台了《中华人民共和国土地管理法》和《土壤环境质量标准》等相关法律，但尚无一套完整和专门化的法律法规来规范土壤污染会计核算运行机制、管理机制以及监督机制等，也并未制定具体的会计准则来规范政府、企业关于土壤污染修复义务形成的或有负债，仅能根据第四号、第十四号会计准则等来做信息披露处理。肖序（2009）、周志方（2009）等学者系统地研究了土壤污染修复的强制性核算，对照我国与其他国家的实务处理方式，构建了我国土壤污染修复义务会计准则体系。土壤污染修复基金的基金方、污染方、修复方的会计处理需要依据土壤污染修复会计理论。

　　土壤污染修复会计核算的目的是反映基金方、污染方、修复方等相关方在土壤污染修复基金中受托责任的履行情况，为受污染所在地居民、公众与环保相关者提供相关决策有用的信息。修复方在预估土壤污染修复所耗用的成本和费用时，可参照美国颁布的 GASBS 49 号公告。基金方向修复方拨款时，污染方与修复方的土壤污染会计核算结果可提供一定的数据支持，预先判断资金使用额度。土壤污染修复方的完工进度、收入确认等会计核算也可参照 GASBS 49 号公告，说明资金利用是否合理，是否需要补充资金，是否存在资金浪费等情况。但是修复项目存在责任划分不明、土壤污染的类型复杂及修复方法需根据污染情况具体确定等难题，因此导致判断标准、资金消耗总额和完成时间的不确定性，以上问题都会影响基金方、污染方、修复方的会计核算和信息披露。

　　我国环境污染日益严重，引起国家与众多研究人员的关注。近年来，国家出台了一系列会计准则与法律法规，规范了资产弃置会计的处理。资产弃置是指企业购买或自行建造的长期资产的出售、拆除、报废或者其他处置方式。企业在构建一些长期资产时有可能会破坏生态环境，例如空气、土地资源，因此企业需要承担修复自然环境的责任与义务，需要在账务处理上有所体现并在报表上要进行信息披露。

学界对于资产弃置义务会计准则探讨和具体运用的研究成果丰硕。林万祥和许松涛（2008）从公允价值角度探讨资产弃置义务；随后，肖序（2013）、周志方（2009）、许松涛（2012）对资产弃置义务问题的会计准则进行研究，建议中国借鉴欧美等国家的经验，构建中国特色的资产弃置准则体系。在准则具体运用层面，学者集中对煤炭、油气等采掘行业的企业资产弃置义务问题进行会计研究。中国现行的资产弃置会计准则中初始确认等程序与国际会计准则类似，但实际上使用的范围较小，后续确认与计量标准可以借鉴 FASB 相关准则。关于资产弃置的信息披露并未强制性要求，在这一领域暂无相关法律法规进行规范。土壤污染修复基金运行中的核算与资产弃置会计处理有关，可以借鉴美国或者国际财务会计准则机构的相关处理方法。

二 委托代理理论

委托代理理论在经济与管理领域应用十分广泛，为修复基金的设计提供理论支撑。委托人可以是一个或者多个，代理人与委托人签订契约，被雇用为其服务，而委托人相应的要赋予代理人一定权力并给予相应酬劳（Chen，2018）。

根据产权理论，首先明确中国土地资源归我国全体公民所有，因此公众、政府与消耗环境资源的企业构成了三方利益相关者。不管是拥有土地资源还是受土壤污染影响的居民，都没有权利作为代理人。企业有进一步扩大经营、继续消耗和污染土壤资源的倾向，一般不会为公众利益而付出代价或努力，因此也不适合作为代理人。相比之下，最优的方式是土地资源所有者将污染修复项目委托给政府部门，政府采用招标或强制的手段，再委托给从事土壤污染修复的企业。政府作为代理人的理由在于政府的眼光更加长远，多位专家与决策者共同努力可以减少重大错误与极端情况的发生，并且政府可以成立专门基金募集大量资金来对土壤污染进行修复，另外政府可以使用公信权威促使企业付出保护土壤资源的实际行动。

土壤污染修复基金采用"组织—基金"分权机制，实行财政部设立基金、环境部门管理使用、委托专业公司保证收支平衡的运作模式，因此政府部门相较于土地资源所有者来说是代理人，但相对于修复企业便是委托人，而专业企业处于代理人的身份。在PPP模式中，企业通过招投标的方式获得政府授权，确定与政府的合作关系，与政府签订经营协议，金融机构通过提供部分资金也参与其中，三者共同组成了PPP项目。在此过程中政府作为土壤污染修复的主导力量与顶层管理者，可以适度地将权力下放给专门的私人机构，私人机构（包括修复企业、环保投资公司等）可以享受税收优惠以及后期获利得到回报。

三　基金制度理论

基金（Fund）一词在有多种含义：一是以债券、股票或其他证券的形式，具有定期利息，提供适当的永久收入，为特定目的留出资产或资产组；二是与专业术语"货币"（Money）等相比，基金指为特定目的设定的或可用于支付债务或债权的金额或其他流动资产；三是Funds在复数中有些不同的含义，例如资金、资产、现金，可用于支付债务，遗产等的资金，公司股票或政府证券，或被称为债务或为解除其债务而拨出的国家或政府的收入（Jaramillo，2019）。政府环保基金通常包括环境税收和环境收费，如排污费、许可证、押金以及管理费等，这些基金根据不同的作用效果可划分成普通基金预算或信托基金预算，其中信托基金预算会转入超级基金中的政府财政拨付部分

(袁广达，2018）。环保基金可分为三类，分别是专项基金、融资基金和公益基金，三者各有区别和适用范围，如表2－2所示。

表2－2　　　　　　　　　环境保护基金分类

项目	专项基金	融资基金	公益基金
基本特征	不涉及融资，主要以稳定的税收或收费为资金来源	解决融资问题，引入社会资本	不涉及融资，主要以接受捐赠款项为资金来源
资金筹集方式	有一定的强制性，使用行政的手段进行筹资	具有激励性，利用市场进行筹资	具有自愿性，凭借捐款者的捐赠意愿筹资
基金实例	美国超级基金	美国州立饮用水周转基金	中华环保基金
适用项目	历史遗留问题 环境整治问题	"污染者付费"项目	资金需求量小，可由社会慈善资本承担的项目
资金管理机构	基金管理机构 托管银行	财政部门 环保部门	慈善基金会

在第一章提及的美国1980年通过的《超级基金法案》处理棕色地块问题，1987年通过的《美国州立饮用水周转基金》建设污水处理厂、管理河口，都是基金用于环境保护的典型代表。美国推出的环保基金对环境保护起到了积极的影响，以限制污染及修复被破坏的环境为主要目的，将社会资本恰当地融入环境保护事业，能够迅速筹集所需资金。美国环保基金得以高效运行有以下几个方面的原因：第一，健全的配套法律制度，可用国家强制力保证基金的有效运转；第二，税款征收水平高，逃税漏税率低，资金来源稳定；第三，公众环保意识强，基金所受阻力较小。

在修复基金设立之前，我国土壤污染修复资金大部分是政府承担,修复项目享有国家财政补贴,政府向土壤被污染地区拨款进行修复治理。虽然我国的法律亟待完善,税收制度与公民环保意识相较美国还有一定差距,但是美国超级基金制度起到了一个很好的示范作用,土壤污染不仅需要政府主导还需市场机制的参与,资金来源需要更加多元化。在检测过程、修复过程与后续维护过程的费用支出都可由土壤污染修复基金承担,提高了企业参与污染防治的积极性,使土壤污染修复治理更加高效。

四 生命周期理论

20世纪60年代,美国与欧洲国家陷入能源危机,各国陆续对如何高效配置与利用能源进行了深入的探索研究,生命周期评价的观念慢慢有了雏形,该理论在生态环境领域有着广泛的应用。生命周期是指每一个产品对象的"一生"都会经历从萌芽、发展、鼎盛到衰弱的全过程,此概念在制造企业、科技企业等领域出现频率很高(Esqueda,2019)。对于产品来说,生命周期是指设计、原材料采购、生产装配、消费者使用、废物回收的过程(Choi,2019)。PPP项目的生命周期是指某一个项目的设立、建造、营运、后期维护与退出过程。

对于土壤重金属污染修复基金来说,全生命周期是指从基金设计、资金来源、资金使用、基金维护、基金退出的一系列过程。首先基金的设计是起点;而后确定资金的来源,保障基金的命脉与活力;再明确资金使用范围,对于资金进行分层管理,减少资金的浪费、滥用与贪污;通过会计核算与激励机制评价体系来维护基金的日常运转;最后实行基金的退出机制。土壤污染修复基金的全生命周期会计核算是指从基金的发起到基金最后退出的核算过程。会计核算由于涉及基金方、污染方及修复方等主体,核算方不同会导致会计核算流程存在差异。基金方的会计核算涉及政府资金与社会捐赠资金核算,污染方的会计核算涉及土壤污染成本披露，修复方的会计核算涉及资金需求与使用情况的披露。三方会计人员根据不同的核算内容，对土壤污染修复基金完成全生命周期会计核算。

五　环境成本理论

企业发展对环境污染的压力逐渐加重，为使企业肩负起环境保护的责任，提出了环境成本的概念。环境成本是指为了减少对环境产生的影响，在运营过程中企业强制或自愿采取一些措施所产生的成本（Liu，2019）。

在我国的会计学领域中，许多学者对环境成本理论的理解有所不同。郭道扬教授对环境成本进行意义界定时，参考了生态成本的概念，认为环境成本分为以下几个方面：第一，环境恶化，用以改善生态环境需要的额外投资；第二，由于重大责任引发了生态环境变差从而产生的亏损，及其产生的与环境治理相关的支出；第三，企业经营或投资未经环保部门审批的项目罚款；第四，低效环境管理时造成的投资方面的损失及浪费。陈思维教授指出，环境成本是为了对环境污染现象进行管控而支出的费用和污染本身产生损失的加总，可以表示为污染控制费用以及污染损失的总和，也可以详细分为污染治理费用、污染预防费用、污染物流失损失和污染损害价值。

企业在生产活动中需要消耗自然资源，例如能源、林木资源、水资源等，也存在对所在地区土壤的污染与损害。土壤污染修复基金主要目的是对受污染的土壤展开修复与整治，而此费用与土壤污染的环境成本分析相关。与土壤污染相关的环境成本通常包括：对土壤污染分析费用、土壤污染治理费用、后续维护费用、对于企业与公众的教育支出等。根据发生土壤污染后进行的成本核算，对资金进行分配，更加合理地使用基金。

第三节　概念界定与内涵特征

一　土壤重金属污染

土壤是指陆地表面疏松的，约为两米厚，并且具有一定的营养成分供给陆地表面植物生长的表层（温延臣，2015）。"污染"被定义为引入任何对环境有害的物质，超出了自然环境的承受力，并且对生态系统中的人或其他生物产生不利影响。根据RCEP（英国环境污染皇家委员会）与GEMET（国际多语言环境大词典）的解释，土壤污染是指人类由于生产生活等各项行为产生对生命体及自然生态有害的物质，并且这种物质会进入土壤中，造成土壤结构与性能产生质的变化。

土壤污染物有下列4类：①化学污染物：有机和无机污染物。无机污染物包括重金属及其氧化物，例如重工业排放的汞、铅、镉等；有机污染物是指残留于土壤中的农药和以石油为原材料制造的工业产品等（宁西翠、王艺桦，2011）。②物理污染物：是指来自矿山或工厂的一些固体废物，如尾矿、废石和工业废物垃圾等。③生物污染物：指卫生设施排放的含有各种病原体的废水、废物和厩肥等。④放射性污染物：大部分产生在核材料开发与大气核爆炸的地方，以及土壤里含有锶、铯等生存期较长的有害放射性元素（魏华，2017）。污染物可以通过物理方法如土壤清洗、包封和玻璃化除去；化学方法如固定化，沉淀和氧化，以及微生物和植物修复等生物学方法除去。

土壤重金属污染是指由于人类活动产生的重金属或重金属化合物对于土壤性能、生物与生态的破坏，属于上述土壤污染物中的化学污染物（杨立杰等，2014）。对土壤产生污染的重金属种类很多，一般分为两种：一种是毒性较强、影响范围较广的、影响时间较长的元素，例如汞、镉等；另一种也需要关注但是毒性较小的重金属，例如锌、铜等（周建军，2014）。

重金属污染主要来源于人类未经处理的污水排放、废气排放等，这些重金属元素通过这些方式进入生态对环境造成污染，这类污染范围广、隐蔽性强、持续时间长，且难以被降解（马继，2019）。重金属通过大气烟尘沉降、污水灌溉、垃圾填埋处理等方式逐渐进入水体和土壤中。重金属具有较强的富集性，污染很难逆转，不容易被微生物降解，导致土壤与底泥成为重金属的储存库。重金属会不断富集，然后被农作物吸收，甚至转变成具有较大毒性的甲基化合物，最终会通过食物链蓄积在人体中，严重威胁人们的生命健康。

我国重金属污染的主要来源是高原地区和北方地区的污水灌溉，以及华南地区普遍的污泥使用与金属矿石的采矿和冶炼作业，这些重金属元素大部分通过废水、废气以及固体废物的路径返回自然（Liu，2019）。重金属是无处不在的，在受污染和未受污染的土壤中均有分布。虽然金属在岩石和土壤中自然形成，但过去几十年来，通过人为活动进入土壤系统的比例不断增加。人们普遍认为，金属达到过高水平可对周边生态系统产生严重影响，重金属污染在整个环境生态系统中的流动过程如图2-2所示。

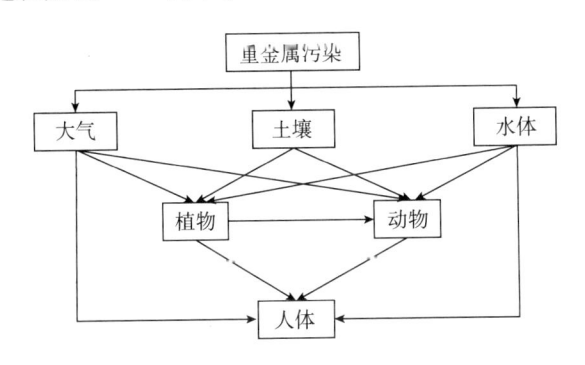

图2-2 重金属污染流动路径

土壤资源自身具有自我净化、自我修复的功能，但是由于近十几年来污染物不断进入土壤生态系统，土壤自我调节功能已达到极限，污染远远超出土壤原有的调节能力（阳雨平，2019）。污染的输入与自我调节两者是对立统一的关系，两者同时进行但性质相反，如果它们的平衡被打破，就会产生土壤环境污染。人类活动排放的固体废弃物、有害废水、有害气体通过不同渠道危害着土壤环境，如将未经处理的固体废弃物堆积在土壤表面，有害废水不断渗透进入土壤，以及大气当中的有害气体和粉煤灰伴随降雨落在土壤里，这些情况都会导致一些有害元素含量明显高于原来的水平，最终导致土壤环境恶化。

二 土壤污染修复基金

基金从广义来看是指为了某种目的而设立的具有一定数量的资金（杨燕，2013）。基金主要有信托投资基金、保险基金和各种基金会的基金等。从狭义的角度看，在会计学科中基金是指具有特定目的和用途的资金（夏倩，2018）。

西方国家最早定义土壤污染修复基金这一概念。美国的土壤污染修复基金最早起源于"超级基金计划"，它是清理危险废物场所并保护公共卫生和环境免受有害物质排放的信托基金，该基金由原油和化学品消费税以及企业环境所得税资助，在承担债务责任的责任方时支付清理活动费用。"超级基金"这个术语不仅说明其是为清理危险废物场所而设立的基金，而且更广泛地包括环保署的所有固体废物紧急情况和长期的清除及补救活动。德国坚持贯彻实施"谁污染、谁付费"方针，由政府对无主污染土地修复费用进行垫付（罗明等，2017），再对污染原因进行调查，并追溯责任方，确定需进行治理或支付治污费用的责任方。

当前，我国市场中已经存在环保基金，土壤污染修复基金与这类基金存在相同特征。环保基金通过改变基金运作模式，从各个环节寻找突破口进行创新，包括设立形式、募集方式、投资方式、管理运行方式、退出方式等内容，形成了多种多样的组合。这类环保基金的原则是"政府引导、市场运作"，所以从本质上来看这类基金不是纯市场化的基金（刘江帆等，2017），而是通过操作投资方式等手段，有目的、有导向地实现政府的产业扶持和政策意图。虽然政府环保基金区别于纯市场化基金，但离不开市场化运作，市场化运作是决定政府环保基金运行效率的关键（陈雯，2016）。

本书在《中华人民共和国土壤污染防治法》的基础上对修复基金进行界定，《中华人民共和国土壤污染防治法》就土壤污染修复基金制度而言，仅有原则性规定，但是土壤污染修复所需金额非常巨大，污染者付费原则有时会失灵，并不能完全解决资金问题，所以对于此项工作需要政府财政予以支持。此外，污染土壤有可能会引起一些突发事件，为了及时应对突发事件，政府需要时刻做好应急准备，保证能够第一时间对污染土壤进行修复。但仅靠政府出资，会增加财政负担，我国应构建修复基金制度，来保障修复污染土壤工作的顺利进行。土壤污染修复基金是指用于土壤污染监测、土壤修复及补救、基金投资管理等修复进程相关工作的投融资模式。综合来看，土壤污染修复基金可界定为：国家为支持污染土壤修复工作顺利开展，保障污染土壤修复具有充足的资金，通过多方融资获得的用于污染土壤修复的政府性产业投资基金。

三 基金的运行管理机制

"机制"这一专业术语越来越广泛地应用于各个学科，这一概念最初专门用于机器的构造和工作原理，现在引申为更广泛的含义，泛指各对象之间相对稳定的彼此联系和影响。

运行机制，是指人类社会运行中影响事物发展的因素和因素之间的联系及其产生影响的原理（吴凤庭，2007）。众多学者对企业运行机制和市场运行机制进行了研究，刘凤义（1998）的研究定义了企业运行机制，认为企业运行机制主要是企业内外环境的关系，具体体现在内部要素与外部环境间的相互作用。黄微、刘郡（2009）对技术市场的运行机制进行研究，他们认为这一概念指技术市场的各组成要素、技术交易过程环节的相互联系，使技术成果在市场中流通产生经济效益的机能。关于基金运行机制，以信托基金为例，现有的基金运行机制是将社会上的投资资金以发行基金券的方式集中，以契约或公司的形式形成信托资产，再将这部分资产交由专门的投资机构以"组合投资、分散风险"为原则进行投资，投资的利益共享、风险共担（边泽豪，2016）。以环保基金为例，运行过程中遵守所有权、管理权和托管权分离的原则，其运行机制是由政府相关部门出资购买参股基金，基金存入具有托管资格的商业银行进行托管，资金交由基金管理公司进行投资管理（寻卫国，2008）。

管理机制在管理学当中是指管理系统的结构及其运行机理，即管理系统内部各要素间的功能和联系，也就是管理系统采用怎样的组织形式来实现管理的目的（单凤儒，2003）。从系统的角度来看，李桂萍（2012）更注重其整体和部分的关系，认为管理机制是整体内各部分和环节之间的相互影响及制衡关系。齐永智（2014）认为管理机制是由系统结构、运行机理及作用方式等构成的工作系统。从关系和结构角度看，冯周卓（2005）认为管理机制应分为技术、制度和文化三种机制。综合来看，王耀光（2016）认为管理机制是组织整体与各组成要素之间以及要素与要素之间的联系，能够全面地体现整体与部分以及各部分之间的相互作用和过程。

本书中拟建立基金二元约束管理机制，属于管理机制的一种。基金二元约束管理机制的运行具体分为强制性和引导性两部分。第一部分强制性约束机制又分为三个方面。第一，监管机制，设计内部与外部相结合，使基金监督平台多元化；第二，绩效评价机制，科学测量土壤修复程度，计算资金投入—产出比；第三，风险控制机制，通过担保资金加入，来使风险获得一个缓释甚至化解的"时间窗口"，建立市场化管理机制。第二部分引导性约束机制主要从责任约束与权利约束两方面推动基金可持续发展。责任约束是指对各级基金管理人员、生态环境治理投资有限公司、环保修复公司、污染企业及相关责任主体进行约束。结合唐立军（2009）的观点，权利约束可从内外两方面看，外部约束有环境、法律、行政约束及外部监督，内部约束有内部监督及道德约束。外部约束与内部约束相辅相成，从约束能力上看，外部约束的约束能力要比内部约束的大，但是内部约束是管理机构和管理制度中的一部分，在最基础的权力约束上也能发挥一定作用。

四 分权机制

分权最初是一个政治概念，将分权这一概念引入管理学中，则是决策权在组织的下级管理层中的分布，详细来讲，就是上级领导层集中对组织的战略问题或重大问题进行决策，而具体的生产管理问题则交由下级管理层来决策，这种方式能大大提高组织的决策管理效率，发挥下级管理层的积极性和创造性（袁广达，2018）。

分权机制是指在一定范围内，上级行政机关将决策权力下放到下级机关，在管辖范围内，下级机关可以对地方产生的问题自主决定对策，不受上级行政机关的干涉（曹焕伟，2016）。在这种机制下，下级和地方可以更好地执行上级指示，因为下级拥有充分的自主权，有利于充分发挥自己的智慧和才干，根据当地的实际情况，依据不同的特点去处理问题，使上级指示更加适应当地，充分发挥本地的长处和优势。财政分权是中央政府与地方政府之间及地方政府之间财政分工的方式，基于我国特殊的行政管理体制，我国的财政分权具有"经济分权"和"政治分权"并存的特殊内涵，中国税收立法权高度集中，税收征管趋向集中，中央和地方之间始终存在不均衡的情况。本书主要研究"组织—资金"分权和央地分权两个分权机制。

央地分权是指在财政分权体制下，中央政府给地方政府以一定的财政税收权力和支出责任范围，中央政府主要起到宏观调控的作用，地方政府拥有更多的自主性，自主决定财政预算支出规模和结构（樊勇，2006），如图2-3所示。央地分权理论由来已久，在国内外都引起了广泛的学术讨论。在国外，央地分权理论经历了传统财政分权理论到新一代财政分权理论即"市场保护型联邦制"阶段；在国内，学界已从人民主权论、不完全契约论、结构功能主义等角度对论证中央与地方分权进行分析论证，详细阐述了央地分权理论的正当性（柯达，2018）。

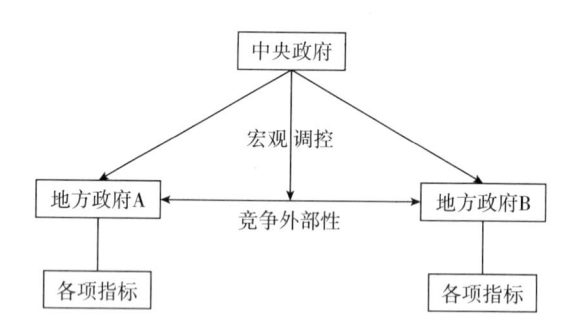

图2-3 中央与地方分权

本书基于"组织—资金"分权的视角，政府针对土壤污染事件进行专项拨款，将这笔财政资金确定用途和流向。与一般环保基金相似，资金的所有权、管理权、托管权分离，设计由财政部发起、政府资金支持、社会注资为主、生态环境部管理、委托专业公司运作的模式（刘江帆、薛雄志，2017）。在这里，政府部门出资，政府财政部专司环保基金部门设立专门基金，交由环境部管理并使用，然后财政部将资金委托给第三方财务基金类型的专业公司进行运作，以实现资金的保值与增值（袁广达等，2018）。委托专业公司在认真分析资金结构的基础上，可以将基金的一部分拿出来，经过谨慎的选择和分析，比较不同方案的收益和风险，将这部分资金投入到一些风险较小的项目中，实现一部分稳定收益，取代原来完全依靠政府资金的模式，实现资金的充分利用和保值增值。

在环保基金制度中引入分权管理机制可以进一步提高基金的管理和使用效率，也有利于处理全国各地的紧急环境问题（刘江帆、薛雄志，2017）。结合分权机制把基金的管理权下放到下层管理层，使下级组织可以自行对基金的使用进行决策，同时使用基金的风险与责任也一并下放，有利于各层级谨慎决定资金流向，保障资金安全。通过基金分权管理机制，有助于减少某些层级以权谋私的情况，避免基金权力寻租和资金使用中出现贪污腐败、将资金挪为私用等违纪违法的现象。

第三章 土壤重金属污染修复基金制度建设与对比分析

世界土壤污染问题日渐凸显，土壤污染修复基金也成为研究热点。良好的制度是基金建设的先决条件，世界上较多国家都已构建起较为完善的基金制度，而我国基金制度建设仍存在较大进步空间。基于此，本章节首先从法律体系和基金制度两方面对美国、欧盟及日本等部分典型国家和地区土壤污染修复基金制度的发展和建设进行梳理分析。其次，总结我国土壤污染修复基金的发展历程和现状，对国内外基金制度进行对比分析，揭示二者间的差异。在理论基础上，结合实地调研，剖析我国土壤污染修复基金制度的现存问题及原因，为我国土壤重金属污染修复基金制度构建及实施提供一定启示。

第一节 国外土壤污染修复基金制度

一 美国土壤污染修复基金制度分析

（一）法律法规体系分析

美国较为重视污染土地的修复工作，率先成立污染土壤修复基金制度，并构建了相对完备的法律保障体系。1978年纽约州一起废弃物造成的"诺夫运河污染事故"的影响，让政府和民众深入关注和反思土壤污染问题。《综合环境反应、赔偿和责任认定法案》也随即颁布，通过成立"信托基金"的方式推动受污染地块的治理修复。美国针对危险物质泄漏治理、土壤污染责任认定制定了重要联邦环境立法，即为超级基金法，其奠定了美国土壤修复治理体系的基础，为紧急污染情况的处理以及治理设施给予财政资金支持，并规定污染物泄漏的应急措施和相关治理、责任和补偿工作的具体解决方法。之后，超级基金法经过了以下数次的修订和完善，涉及知情权、相关责任方认定、税收优惠以及棕色地块再开发等方面。立法实践检验表明，美国已逐步具备相对完整的法律架构，为修复基金建设提供了可靠的制度保障。表3-1是美国土壤基金制度法律法规的完善历程。

表3-1　　　　美国土壤基金制度法律法规的完善历程

序号	年份	法律名称	主要内容
1	1980	《综合环境反应、赔偿和责任认定法案》	污染物质泄漏治理，土壤污染责任判定的相关依据
2	1986	《超级基金修订和补充法案》	拓宽基金的资金渠道，延长税收征收期
3	1996	《财产保存、贷方责任及抵押保险保护法》	明确相关责任方的责任和界限
4	1997	《纳税人减税法》	以减免税收来激励个人资本对土壤治污修复的投资
5	2002	《小企业责任减免与棕色地带复兴法》	减轻中小企业责任，鼓励其参与棕色地带的开发再利用计划

(二) 基金制度分析

1. 责任主体

美国具有以严格、连带和回溯为特色的法律责任制度，明确了责任主体范畴。严格责任指明不论潜在责任方的危险废物排放行为是否存在过失，都应该对发生的污染行为承担对应的责任，这一举措有利于保护环境污染的受害者。连带责任则指任何责任主体都有可能被依法要求对进行危险废物的治理而产生的所有资金费用承担责任，除土地修复和治理的基本费用外，环境损害的弥补费用，政府对损害的评估费用，以及对健康影响的研究费用等也要一并承担。这种连带责任对法律主体做出扩大化解释，不受任何法定有限责任形式限制，任意参控股的企业或个人都有可能成为担责任对象。回溯责任意味着只要危险废物排放行为按现行标准可能对环境造成污染，即使在超级基金法颁布之前，也必须对当时的污染行为担责。通过这一制度，可以为污染场地尽可能确定担责主体。

2. 资金来源

超级基金的资金由五个方面组成：一是税收。从1988年起，美国政府对石油、化工行业征缴专门税，1986年开始对相关公司征收环境税。二是追讨的费用。追讨公司及个人因处置污染废物造成土壤损害的修复治理费用。三是基金利息所得和罚款所得。由基金提供贷款收取的利息和对逃避相关环境责任的公司和个人的罚款。四是一般性财政拨款。五是政府投资收益，例如通过发行土壤修复项目相关国债所得收益。据调查：超级基金承担15%的土壤污染修复费用，而80%以上的土壤修复是通过追责的方式，要求责任方承担相关费用。

3. 运作方式

其运作方式为先初步评测污染地区，采用污染损害评分系统判别其污染级别，经实践调研后制定治理顺序名单。名单中的污染地区首先进行自我调研以及可行性分析，进而经由联邦政府制订相关计划，包括研究范围的确定、描述污染场地、筛选替补方法、确定方案可操作性四部分，之后方可开始污染土壤的治污和修复工作。再通过公众参与决策与提议后，政府汇总修复方案形成最终决策报告书，明确规定采用的方法、目标、操作流程和维护等事项。只有如战乱等非主观因素能控制的情况发生时，其费用才可能由超级基金负责而不是责任主体负责。其运作方式有利于解决污染主体之间责任推卸行为，保障受污染土地及时修复。

二 欧盟土壤污染修复基金制度分析

欧盟早在1972年便推出《欧洲土壤宪章》，其对于土壤环境保护问题非常关注。但欧盟内部仅有少数成员国针对土壤污染问题制定了专门的土壤保护法律，即使推出了与水、废弃物相关的多项政策，但由于缺乏专门针对土壤的政策，所有土壤并不能都得到有效保护。为了解决欧洲地区的土壤污染、恶化问题，推动土壤治理和保护工作，欧盟在2006—2012年颁布了《土壤主题战略》《土壤框架指令建议书》和《土壤主题战略的实施报告》。

欧盟初期准备采用土壤专题战略，简称STS。STS强调确保污染土地可持续管理的三个重要方针，确保实施安全性、切实保护环境、进行长期监管。欧洲的土壤污染治理和中国的情况类似，欧洲的突出问题是如何整合土壤保护管理措施。其具体争议问题主要有两个：一是污染场地的识别，二是库存以及土地状况报告问题。对于许多国家来说，土地状况报告是一种新的法律文书，应包括过去和当前地区土壤的活动信息，有毒有害物质的处理、使用、排放等环节的相关事故以及危险物质浓度等信息，需要适当地纳入其监管结构。虽然由于各种因素，STS 并未被通过，但它提高了公众对土壤的保护意识，在舆论上产生了一定影响。近年来，利益相关者的参与对促进社会可接受和可持续补救解决方案的制定所发挥的积极作用，也获得越来越多的认同。

进一步推出土壤框架指令建议确立共同土壤保护原则。在共同框架下，欧盟成员国自主决定以何种方式保护土壤，并确保在本国内持续实施这一指令。指令要求成员国根据污染土地定义和潜在污染行为对领土内的污染土地进行判断，评估其使用风险，编制一份至少5年接受一次公开审查的污染场地国家清单。通过国家土壤污染修复战略，依法明确污染地块治理的先后顺序，建立污染土壤的修复资金机制，切实保障治污修复的资金来源，加深在土壤保护和治理的执行程序与方法的探索。欧盟各国也进一步针对各自土壤污染修复问题，制定本国法律，其中以德国、英国和荷兰最为典型。

（一）德国土壤污染修复基金制度分析

1. 法律法规体系分析

自1971年土壤保护便成为德国的政治焦点，土壤保护第一次被宣告为政治目标，德国也成为较早颁布土壤保护法案的国家之一。政府及各界人士为开展该项工作探索相关法律保障，于1974年至1980年开始在其他法律之中融入土壤保护，具体包括《联邦森林法》《联邦大气污染防治法》《联邦自然保护法》以及具有针对性的《垃圾处理法》《肥料法》《化学品法》（罗丽、袁泉，2013）。直到1985年通过了一个土壤环境保护构想，并在之后颁布《联邦土壤保护法》和《联邦土壤保护和污染地块条例》，通过这两部法律法规的结合，在法律层面上规范土壤污染，建立了土壤污染风险评估和治理修复的统一方法和标准。进而在2007年通过《土壤评价法》，从税收角度统一评价农业土地，设立相关信息系统来控制土壤污染。此外，德国还通过一系列地方性法规来保障污染土壤的治理修复，主要内容为基于土地所有者和使用者规避危险的原则，界定修复土壤污染的义务及主体。

2. 基金制度分析

德国坚持贯彻执行排污者治理的方针，由财政先行垫付暂无人担责地块的修复治理费用，再调查缘由追溯责任方，确定需进行治理或支付治污费用的责任方。在责任方无力治理的情况下，可向政府申请补贴，但自身仍需承担至少10%的费用，联邦政府和州政府共同分担剩余费用。但事实上，只有较少比例的企业能够获得政府资助。当前，德国每年都会向土壤污染基金投入约16亿马克，主要来源为生产或消费含有特定污染物产品主体缴纳的消费税，以及危险废弃物制造者缴纳的特殊费用，根据废弃物危险程度的不同，设定不同的收费费率和税率。除此以外政府还通过税收优惠、财政补贴等方式对土壤污染基金进行支持。

（二）英国土壤污染修复基金制度分析

1. 法律法规体系分析

"棕色土地"早在20世纪70年代就备受英国政府的关注，首个关于土壤污染修复的法律法条为1990年通过的《环境保护法案》，其界定了污染场地的概念，构建了辨识和修复污染土壤的法律框架。在之后的1995年，英国又颁布了《环境法案》，该法律对过去污染场地咨询实践以及责任归属问题进行了广泛的回顾，并全新修正了此前的《环境保护法案》，首次提出了管控受污染土壤修复治理的专用程序，规定地方必须能明确识别出污染场地并有效控制风险。该法案为过去长期未解决的受污染土壤问题提供了处理方法，针对土壤污染构建了一个法律规范体系，并制定了针对污染土壤修复的付费规则。

上述两部法案主要是对污染土壤的识别和治理过程进行控制，另一方面，英国土壤修复和法律法规体系通过相关规定知道污染场地重新开发，主要法律法规有1990年的《城镇和乡村规划法案》《规划政策导则》以及在1998年依据《未来社会发展计划》推出的"棕色土地"政策。

2. 基金制度分析

"污染者付费"原则同样应用于英国的基金制度，纳税人只有在责任方难以查明时才会负担修复费用，承担的具体费用金额由地方授权机构判定。除税收外，地方授权机构和英国环境部门也会获取来自其他渠道的资金。如英格兰地方授权机构会有来自环境、食品及农村事务部的补贴，并且威尔士议会政府单设基金程序来管控污染场地，并允许地方授权机构和环境署申请资金。同时，英国也高度重视利用市场机制来修复土壤。对于农业用地，通过补贴鼓励农民保护土地。而对于商业用地，公开土地污染信息，大量土地所有者或开发商为了达到增加土地市场价值的目的，自愿按照标准进行修复，最终达到规定。

（三）荷兰土壤污染修复基金制度分析

1. 法律法规体系分析

较早开展土壤污染立法的国家还包括荷兰。荷兰于1983年公布《土壤修复临时法案》以及土壤环境质量标准，制定全国统一土壤污染修复限值标准，但该标准忽略了不同土壤的异质性。因此该国又于1987年颁布《土壤保护法案》，采取不同污染场地匹配特定修复标准值的思维，将风险管控理念应用于土壤污染修复中。荷兰后来于1994年通过《土壤保护法》及质量规则标准，明确规定修复的干预、目标值。当超出目标值水平,则认定该地土壤质量不合格,已受到严重威胁破坏,需要政府参与强制干预。2005年、2008年又推出的《实施土壤保护法关于土壤修复的财政条款的法案》和《土壤修复通令》中,不仅列明了财政在修复土壤时的具体做法,而且规定了采取不同修复措施和修复目标的情形要求。并进一步在2008年的《荷兰土壤质量法令》中构建土壤质量标准体系,同时分别设定了标准化风险评估和具体场地风险评估两种土壤风险评估程序,针对不同情况进行总体估计和个体精确的土壤风险判断。

2. 基金制度分析

荷兰自加油站泄漏污染事件后逐渐规划国内土壤污染修复,环保领域首先发起成立了SUBAT基金。针对土壤修复将产生大规模的赔偿请求或昂贵的修复资金需要,SUBAT规定修复费用的承担主体即石油公司(主要污染者),其为开展土壤治理工作的主要资金支持方。

该国建立稳定的法律架构来确保SUBAT基金资金的有效运行,通过法律条文要求潜在污染者提供财务保证,确保其具有进行土壤污染修复的实力。具体方式为缴纳土壤污染类别的环境保险。荷兰引入直接保险,对发生于投保人自身土地的损害进行保险,在保障投保人土壤污染修复治理能力的同时降低了责任认定中的不确定性。除此之外,潜在责任方还可以通过互助的方式,签订风险分担协议,在行业内分担修复和赔偿的风险。

荷兰土壤污染修复基金制度设计具有整体性,未将责任制度的各要素及资金保障机制割裂看待,一定程度上确保了制度的合理性。其另一突出特点是强调修复污染地块过程中的风险管控,并将风险管控运用于基金制度,以其周密的管控要求保障土壤污染修复工作的开展。

三 日本土壤污染修复基金制度分析

（一）法律法规体系分析

日本作为世界上最早发现土壤污染问题的国家之一，在法律法规体系的构建上也取得一定的成就，主要特征是针对性和专业化，其污染防治法律大体由专门立法和相关外围立法两部分组成。专门法包括1970年的《农用地土壤污染防治法》（1971年、1978年、1993年和1999年修订），着重关注改良和恢复受污农业土地；1991年的《土壤污染环境标准》及2001年的其修正案，规定了镉等十余种重金属监测指标；2002年的《土壤污染对策法》和《土壤污染对策法实施细则》，作为国家土壤治污及修复的重要法律保证，其颁布是为了修复被污染土壤，采取以清洁土壤为主的修复治理措施，并设立了相应的基金。外围法包括大气等污染在内的风险防范法律，通过《农用地土壤污染防治法》和《土壤污染对策法》将农业与城市工厂用地不同受污情况分开规范。上述法律及相关准则构成当前日本土壤污染治理的法律框架，保障了该国土壤治污修复基金建设。

（二）基金制度分析

1. 项目运作

《土壤污染对策法》设立了"土壤污染对策修复基金"，通过建立指定污染区登记簿，对潜在污染场所调查评估，当其污染浓度超过规定质量标准，就划为污染区，记录在登记簿中，公民可公开透明查询了解信息。只有在需治理污染区消除对公众健康危害的风险后，才能变更为需报告的污染区，之后必须将污染降低到法定标准以下时才可从登记簿中删除。在未确认污染方的前提下，由土地所有者负担治污费用，当土地所有者需要财政援助时，可提出申请，在治污过程结束后，再向实际责任人追责。

此外，日本多家金融机构基于盈利目的，于 2016 年联合成立了生态基金项目用以修复和治理土壤污染。其运作方式主要是：调研污染场地，确定治理计划，并收购污染土地，修复达标后再出售土地，其中依照各方投入比分配其溢价利润的 5%。

2. 资金管理

日本土壤污染基金的资金来源包括政府补助、民间机构对环境协会捐赠以及社会公众的捐助。其具有相对较好的管理机制，即通过政府指定的民间机构，对土壤污染修复基金进行日常管控，并且由政府环保部大臣负责其成立、变更和终止以及年度特许业务计划收入、支出预算审批和监督信息的发布等工作。机构的日常职责是向进行治理措施的土壤所在地提供资金支持与建议管理。政府也运用行政法规保障绿色保险基金，如为修复责任方提供低息甚至是无息贷款。政府与民间组织共同管制，保障土壤修复基金高效运行。

第二节　国内土壤污染修复基金制度分析

一　法律法规与政策体系分析

我国《中华人民共和国宪法》指出必须合规使用土地，改善我国环境。针对我国土壤污染防治工作，1986 年的《中华人民共和国土地管理法》就已开始制定相关法律法规，要求各级行政部门针对耕地进行监控保护，1989 年通过《中华人民共和国环保法》为土壤及其他环境因素构建了综合性环境保护体系，2014 年修订后点明要从污染源着手进行控制，对土壤污染治理与修复工作给予法律保护。20 年间，我国陆续颁布了近 10 部法律，涵盖范围从农业环境保护到防治土地污染等诸多方面，有利于我国土壤污染状况改善。而专门性的单行法律仍然较少，目前推出的主要是《中华人民共和国土壤污染防治法》。

在政策层面，国家相关政策要求还不够完善，近几年才有系统性、实操性的政策出台。国内土壤污染防范治理政策是以监查污染活动为主、治污修复为辅，尤其是2016年的《土壤污染防治行动计划》突出了国家现行受污土壤防治修复策略发展的要点，确定十个方面的措施，主张推动受污土壤修复与治理的立法进程，并在2019年颁布了《中华人民共和国土壤污染防治法》，是国内法律在土壤污染保护方向的一大进展。表3-2是我国土壤污染治理与修复法律的介绍。

表3-2　　　　　　我国土壤污染治理与修复法律介绍

序号	年份	法律名称	土壤污染相关内容
1	1986	《中华人民共和国土地管理法》	关注耕地保护及建设用地
2	1989	《中华人民共和国环保法》	为土壤及其他环境因素构建综合性环境保护体系
3	1993	《中华人民共和国农业法》	规范化学肥料在农业耕作的运用方式，降低土壤污染与保持耕种能力稳定
4	1995	《土壤环境质量标准》GB 15618-1995	规定土壤所含致污物质浓度上限值及对应检测技术
5	2002	《中华人民共和国清洁生产促进法》	农业生产合理利用化肥农药，禁止添加毒害物质
6	2003	《中华人民共和国放射性污染防治法》	规范存放放射性物质，避免土壤受到损害
7	2004	《中华人民共和国固体废物污染环境防治法》	规范排放固体废物，防止土壤受污
8	2006	《国民经济和社会发展第十一个五年规划纲要》	开展土壤污染现状调查
9	2008	《中华人民共和国水污染防治法》	以防范治理水污染为主，引入受污水域周边土壤的防治方案
10	2011	《土地复垦条例》	被污染及破坏的土地修复后进行复垦
11	2013	《关于近期土壤环境保护和综合治理工作安排的通知》	强化被污染土壤的环境风险控制

续表

序号	年份	法律名称	土壤污染相关内容
12	2015	《重金属污染综合防治"十二五"规划》	对重金属污染排放量进行测算,并根据不同程度发放防治专项资金
13	2016	《中华人民共和国环境保护税法》	针对环境污染行为进行征税
14	2019	《中华人民共和国土壤污染防治法》	增加资金划拨额度,保证农地安全和人居环境安全

尽管国家高度重视土壤污染修复防治工作,但相应法律针对责任主体、资金来源和运行管控方式等方面仍缺乏具体规范,需要进一步完善。现在国内关于土壤污染修复问题仍需补充专门针对其防治、修复、再利用的法律法规,基本上依靠一些零散在各个法律中的条款来防范土壤污染,从根本意义上并无法律贯彻实施土壤污染修复,也没有土壤污染修复基金这种专用基金来规范及保障土壤污染修复过程中所需的资金。

二 基金制度分析

对于土壤重金属污染修复基金,我国暂时缺少统一的规范制度。国务院各部门分开负责土壤污染防治工作,职能分散,仍采用单一政府性基金制度来管理修复资金,即统一财政核算体系。修复治理的市场机制尚未完善,难以适应土壤修复的特殊性和复杂性,基于风险的管理模式也尚未建立。并且,当前管理模式对于违规使用资金的规范效力较低,往往较难起到有力的规制效果。修复资金主要来源于国家财政,民间社会资本投入很少,多元化资金筹集机制无法运作,专项修复基金由各级行政主管部门进行管理且没有保障,不利于治理和修复土壤重金属污染。国内土壤污染修复开始较晚,污染修复工作也处于起步阶段,目前主要问题在于未能确切了解我国土壤的污染状况和程度,以致现在的主要任务是进行相关调查统计,因此侧重点在于更加全面掌握现行情况，建立数据库以便有针对性地推进受污土壤的治理修复工程。

《土壤污染防治和治理行动计划》中要求各地必须开展治污与修复工作，加强污染来源管制和受污土壤的风险管理，确定土壤治理修复试点地点。但截至目前该计划的任何资金来源资料尚未公布。类比近期我国水资源治污的经历，该计划部分资金主要来源于公共资金。

第三节　国内外土壤污染修复基金制度对比分析

我国土壤保护起步时间相对较晚，故在土壤污染修复方面仍有许多不足，进程在国际上也较为缓慢。虽出台了些许关于土壤保护的法律规章，然而极为零散，尚未构建特定的土壤污染治理及修复法律框架，仍统一采用《土壤环境质量标准》。并且未建立基于风险的管理模式，修复资金来源有限且不具备稳定性。因此，推动土壤污染修复基金建设，一方面需要根据实际情况，综合目前的政策法规、技术条件、资金支持和监督管理来构建土壤污染修复框架体系；另一方面要科学制定土壤污染治理修复的准则，满足具体需求。而通过本章第一节对上述国家相关基金制度发展的梳理，国外在法律法规、责任主体、资金来源、基金运作管理等方面的经验历程均有一定借鉴意义，表3-3是国内外基金制度的对比。

一　土壤污染修复责任主体分析

我国现行法律尚未明确修复污染土壤的承担主体。虽然通行污染者全责承担的规定，但是如果责任主体不能确定或是责任主体无力承担费用时，该原则也就失去了效果，只能由政府为土壤污染修复埋单，易导致土壤污染的修复资金数量进一步缺少，管理效率低下。

第三章 土壤重金属污染修复基金制度建设与对比分析

表3-3 中外土壤污染修复基金制度对比

国家地区 要素	中国	美国	欧盟	日本
土壤保护开始年份	1986年	1980年	20世纪90年代	1970年
代表法律法规	《土地管理法》 《固体废物污染环境防治法》 《环境保护税法》 《土地复垦条例》 《重金属污染综合防治"十二五"规划》 《土壤污染防治行动计划》	《综合环境污染响应、赔偿和责任认定法案》 《超级基金修正案重新授权法》 《小型企业责任免除和棕色地块振兴法》	《关于环境保护、污泥农用时保护土壤的86/287EEC/指令》 《关于堆肥和生物废弃物指令》	《农用土壤污染防治法》 《土壤污染环境标准》 《土壤污染对策法》及其修正案
管理机构	中国环境保护部	美国国家环境保护局 美国国内政部 美国环境质量委员会	各国环保部门 联邦、州环保机构	日本环境厅 日本环境省
资金主要来源	国家财政 排污费	石油税、化学原料税 追讨的修复和管理费用 罚款和投资利息 国家财政	"生命"环境计划基金	国家财政 企业罚款
防范制度	土壤改良 退耕还林、还湖	风险预防及管理 土壤污染环境监测	土壤保护战略 各国环保行动计划	风险预防及管理 土壤污染环境监测
责任制度	"谁污染、谁治理"原则 行政责任	"污染者付费"原则 追责责任 行政与刑事责任	"污染者付费"原则 各国建立独立责任体系	"基本责任"制度 民事求偿责任 行政与刑事责任

美国超级基金明确"潜在责任人"必须承担连带责任,主体涵盖范围广阔,从排污者到不动产当前的业主、使用人、经营者,以及高风险废物制造商、运输人甚至贷款人等。就算污染责任主体不存在主观过错,还是需针对损害负责。

欧盟根据"污染者付费"规定,各国建立独立责任体系,但是当场地无主时,由行政当局负责修复,此时"污染者付费"规定就难以适用。此时任何对土地能够产生重大影响的人均有可能成为德国土壤修复治理的承担者,包括污染行为人、土地使用者和拥有者等,有义务避免土壤出现污染。

日本通过《土壤污染对策法》明确指定污染行为人和土地实际拥有者是场地修复的责任主体。其中后者是污染场地的基本负责人,优先担负起因污染引起的法律义务和责任,若有正当缘由能归责于制污者的情况例外。不管行为人是否有治理能力,土地所有者都必须承担补充和追溯的责任,但如果其与污染者无特殊关系,可不承担连坐责任,也可向实际责任人进行事后追偿。

二 土壤污染修复基金融资机制分析

我国由政府设立专项资金进行财政拨款,以实行财政转移性支付方式来修复土壤污染,解决土壤恶化问题。所需资金主要源自政府支持,欠缺多元化的市场融资机制,由此导致我国基金汇集资金的途径较窄,社会资本力量不能有效进入,投入资本匮乏。此外,我国因历史原因遗留下来的土壤污染问题十分严重,目前投入资金数额不能满足现阶段土壤修复对于资金的需求,导致当前土壤污染修复效果不佳。

美国超级基金制度资金来源主要包含财政拨款,向应承担责任公司及个人追责和罚款以及基金利息等措施。其初始资金为16亿美元,

第三章 土壤重金属污染修复基金制度建设与对比分析

最初的资金来源有以下两点：一是对石油、化工等行业设置专门税；二是政府财政拨款。1986年又设置"超级基金税"，其税收比例是企业整体营业额的0.12%。同时国会不断增加超级基金预算，并通过减免所得税以激励个人资本投入土壤污染治理。

欧盟的基金资金来源除了税收外，英国地方授权组织和环境署也可获得其他政府补贴。重视通过市场机制修复污染土地，收取土地注册交易费和污染土地拍卖等方式扩充资金来源。荷兰开设环境保险，参保公司可在发生污染事故时向保险公司申请相应的赔偿，以确保其修复治理受污土壤的经济能力。

日本则通过《土壤污染对策法》详细规定其资金来源，指定由环境协会利用财政补助和民间出资建立基金。民间出资主要为联单购买受污土地、污染土壤治理执行方出资、有关基金建设的支持捐赠等。同时资助对象需满足以下条件：依据法律调查其结果属于必须修复区域；污染行为者不明或不存在；符合费用负担能力不足等。

三 土壤污染修复基金制度管理分析

目前，我国继续采用单一政府性基金的运作形式，通过财政核算体系统一管制和运作修复资金。在修复治理市场机制尚未完善的情况下，该种基金制度难以适应土壤修复的特殊性这一特点。而这些特点容易造成土壤修复资金的使用低效，最终无法达到预期效果，并且在规制土壤修复资金违规发放时，当前基金模式无法有效制约违规使用资金的问题。此外，我国并无一套完整的、系统的污染场地管理体系，这造成了污染场地的修复和治理具有很大的实践性困难。

美国坏保署统筹管理超级基金的筹集、运营、监督等活动。具体流程为对受污土地展开初步评估，拟定污染土壤治理修复的先后顺序；在开展治污活动之前需要先进行调查，根据结果由联邦政府提出确定涵盖的研究范围、描述污染场地、筛选替补方法、确保方案可操性的整治修复计划；最后在社区民众的支持下，政府确定最终实施方案并发布决策报告书，来治理和修复受污染的土壤。

国外发达国家通过特定的土壤立法，构建了完备的政策管理框架。并基于风险评估的管理模式，制定和完善土壤环保标准体系，这一体系涵盖了国家和地方这两个层面相关具体的标准。多种措施保障修复资金来源稳定性和多样性，其经验值得借鉴和学习。

综上可知，对比国外发达国家完善的基金制度，国内土壤污染的责任人仍未明确，目前土壤污染修复主要由政府埋单，缺少修复治理的融资机制，且修复基金管理方式缺乏科学性和适用性，资金利用效率较低，基金运行和管理机制存在较大欠缺。要想推动我国土壤污染修复工作的可持续发展，必须在学习国外先进经验的基础上，建立普适于我国国情的土壤重金属污染修复基金制度，对污染治理修复工作给予充分且持续的资金支持。

第四节　我国土壤污染修复基金制度现存问题及原因分析

一　我国土壤污染修复基金制度现存问题

本书在对比分析国内外基金制度的理论基础上，以政府和土壤污染修复资金管理人员为调研对象，到长沙、湘潭、株洲等地采用实地调研的方式进行调查，了解其在进行土壤修复基金建设所面对的问题。本书设计了一份"土壤污染修复基金制度构建问题研究"的问卷调查表（见附录）。该调查表通过了预调研及测试，是本研究正式的调查问卷。问卷分为三部分，第一部分是调研对象基本信息调查。第二部分是土壤污染修复基金制度构建问题的调查,采用李克特五级量表,具体是让土壤污染修复工作的相关管理人员根据自己实际经历及感受进行打分,分数为1—5,分别对应"非常不符合、不符合、符合、比较符合、非常符合"。第三部分是半结构化访谈,设置开放式问题,确保调研的灵活性。本次共发放问卷400份,由于是当面访谈及调研,因此收回问卷400份,其中有效问卷378份。

调研结果如图3-1所示,超过90%的调查对象土壤污染修复基金制度、土壤污染修复行动计划具有一定的了解,可见我国对该基金建设工作的重视度增强。然而仅有27.4%的调查对象认为我国现在具备修复土壤污染的技术能力,更有73.2%的调查对象还认为存在资金不足的问题,与此同时,87.5%的调查对象提出要设立专门管理机构,增强管理职能。由此可知,国内当下土壤污染修复基金制度建设依旧任重而道远。

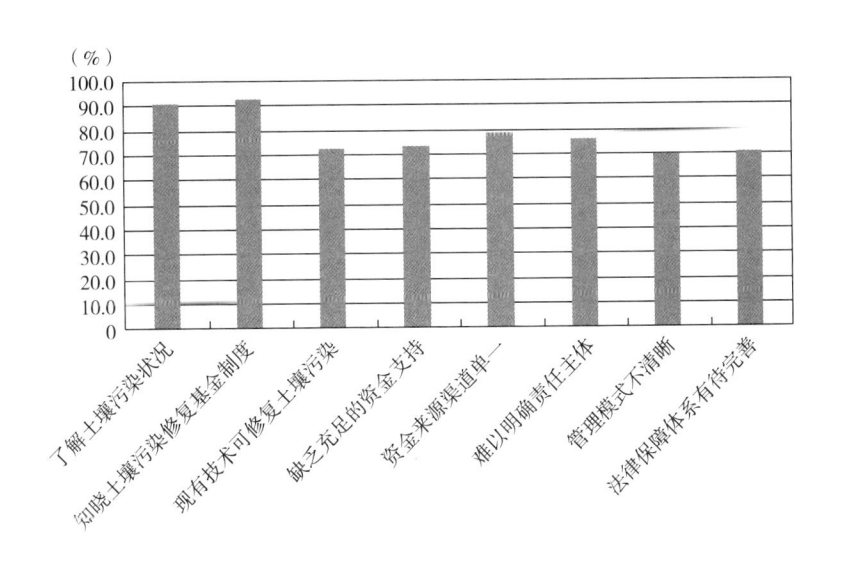

图3-1 土壤污染修复基金制度构建问题调查结果

通过国内外土壤污染修复基金制度的对比分析和实地调研，我国该基金制度的建设主要存在以下问题。

1. 土壤污染修复责任主体难以确定

我国受污土壤修复遵循的原则是制污者付费，但是该原则只是法律中的原则性规定。当责任人不能确定或是其无力承担修复治理费用的时候，该原则便是无效的，对此政府需要为土壤污染修复埋单。当然不仅仅是责任主体认定存在问题，污染预防及控制手段、责任监管及追查方面同样也存在问题。正因为土壤污染的潜伏性、隐秘性，从而给预防污染工作带来了不小的阻碍，并且该污染具有普遍性和不可逆特征，在控制污染扩散和追查担责主体时会有一定困难。

2. 土壤污染修复基金资金不足且来源渠道单一

我国因以往影响遗留下大量且紧要的土壤污染问题，所以无论是整治现有污染、控制后来污染，还是管控风险等都需要大量资金。然而我国一直以来环保治理资金主要是来源国家财政拨款，拨款包括财政补助及排污费等少量的环保罚款，缺少修复治理的社会融资机制，不仅加大了政府治理土壤修复的财政负担，而且其资金数额远远不能满足土壤修复的需求。

3. 土壤污染修复基金运行管理效率低下

我国一直以来环保治理资金主要是来源国家财政拨款，拨款包括了财政补助及排污费等少量的环保罚款。缺乏独立的基金核算系统和即时支付功能，面对突发性事件的资金需求时，土壤修复资金整体利用效率不高。此外，鉴于责任管理体系的欠缺，基金在管理过程中对于产权模糊的地块较难实现追责功能，政府性基金的法律强制执行效力大打折扣，不易追究土壤污染者责任及赔付金额。

综上，在当前严峻的土壤污染形势下，我国在土壤污染修复基金制度建设方面仍有许多不足,这也是我国土壤污染修复治理进程缓慢的主要原因之一。因此,建立科学完善的土壤污染修复基金制度势在必行,不仅可以减轻财政负担、改善重金属土壤污染管理中存在的资金筹集困难,而且可以解决资金使用效率低下、追责对象不明确等问题。该基金的构建对于实现受污土壤的治理修复和合理利用,保障我国土地安全具有重要意义。

二 我国土壤污染修复基金制度现存问题原因分析

我国土壤污染修复基金制度仍存在不少问题,主要原因是缺乏相关的制度保障、专业的管理机制与先进的技术支持。

1. 法律制度不够完善

完备的法律法规体系是土壤修复基金建立和高效运行的重要保证。同位于亚洲的日本、韩国为治理和修复土壤建立了专门法和外围法互补的法律模式,即通过专门法主要处理受污土壤的质量改进和修复问题,而利用外围法来解决土壤污染的防治问题,构成一个合理高效的土壤治理修复法律系统确保基金制度的运行(邱秋,2008)。美国的超级基金法案明确了污染担责方的判定,创设严格的回溯机制,有效贯彻制污者担责方针,有利于避免责任人缺位的现象,也有利于保障修复资金来源总量保持(曾福成,2016)。荷兰同样针对土壤污染积累性和滞后性特征,在《土壤保护法》中规定要溯及过往,行为人应就历史污染承担责任(刘静,2016)。

相比之下,我国在规章制度方面仍急需进一步的改进。第一,当前相关法律制度缺乏有关环境损害的社会化救济途径,如环境责任保险、环境基金,使社会资本难以进入土壤污染修复领域。第二,缺乏土壤污染损害赔偿责任制度,基金在发挥弥补性时需依靠完备的责任追究机制,由于缺乏事后追偿渠道,许多社会资本不敢参与到土壤治理中（幸红，2015）。第三，当前土壤修复标准制定较为落后，容易导致修复资金浪费、资金使用效率低下。

2. 基金管理权责不清

建立明确的管理机构是基金得以有效运行的关键，在经法律设立土壤污染防治基金后，需要有相应的机构对其进行管理。总统与国家环保局被赋予运作超级基金的权力，而总统又通过行政法令将大部分权力授予了环保局，所以美国环保局在管理基金活动中的作用不可替代，实际实施部门是该局内设的超级基金修复和技术创新办公室，避免了多方管理、责任推诿的现象（袁广达等，2018）。德国同样如此，由联邦政府统筹，下达各州后依据本州的实际情况设计具体措施，同时安排专家听证等制度确保基金管理的科学性（罗丽、袁泉，2013）。

我国由环境保护部、农业部、自然资源部等多部门分别负责土壤污染治理修复工作。土壤污染修复基金主要来自国家财政拨款，由地方财政与上述部门等进行划拨使用，基金的整体运作未设置专业的机构和职员，造成现有受污土地基本数据的缺失，对受污土地的类型、数目、受污状况等模糊不清。而基金具体操作和日常管理的不到位，同样使得基金无法通过相关投资实现资产增值、实现土壤修复基金使用效益最大化。同时，基金的使用与管理缺乏信息披露与交易监督等机制，难以保障基金资产确实使用到位。

3. 土壤修复技术相对落后

科学准确的土壤污染修复技术标准能够为修复基金的建立和应用提供技术引导。英国所采用的污染治理修复方法，涉及物理、化学和生物各方面。对于被石油污染场地，壳牌公司经过多年的研究与实践研究出了有效的堆肥修复的方法，对一些泄漏严重的加油站等，再采用生物通风技术等修复污染场地（刘志全、石利利，2005）。日本同样注重治污方法层面的提升,该国对于土壤重金属污染的研究位于世界前列,尤其是开创强制抽出法和不溶化工法解决了镉和铬污染问题,处理成本较低,而效果明显。同时联合东京大学等高校培养人才,加深污染修复技术的研发,并在实践中进行了应用与推广(吴德华,2015)。

而我国在土壤污染治理修复技术的开发和应用方面,仍处于实验研究以及向实地应用过渡的阶段。再加之场地的污染类型、特性和主要分布状况不明确,未将受污染土壤按标准进行分类,较多土壤修复技术尚无法开展实地操作,未形成适合中国国情的实用技术(熊严军,2010)。此外,我国目前缺少对污染场地土壤环境修复技术的评估,以及与结果相匹配的修复技术推荐目录,仅凭现有技术较难解决中国复杂的土壤污染问题,土壤修复资金成本也居高不下。

4. 配套机制缺乏

土壤修复基金制度的建立和运行还需相关配套机制保障。荷兰的土壤修复基金制度设计较完善,强调制度的整体性,将责任机制的各要素及资金保障机制与基金制度统筹起来,若单纯地讨论责任主体、历史责任或资金机制并无意义,不利于土壤修复基金制度的运作(刘静,2016)。英国"棕色土地"政策实施的首要工作是全面收集土地资料,包括土地的数量、类型和计划状况,并建立数据库系统,该数据系统在国家棕色土地修复治理工作中可以很好地监督和管理基金运作效果(高彦鑫等,2014)。

由于我国污染修复情况的独特性、其担责者的模糊性以及土壤治理修复资金的实时性需求,迫切要求我国构建起不同于一般政府性基金的资金运作机制。现有机制主要为单一政府性基金的管理方式,对污染治理修复项目多以政府专项资金的形式予以支持。尽管我国特地制定了《土壤污染防治专项资金管理办法》，但现有的受污土壤治理修复资金制度仍有许多不足，仅依靠该项制度难以应对土壤污染治理和修复的资金需求。与此同时，当前我国土壤修复基金在信息披露与监督机制方面，缺乏相应的诉讼机制、听证机制、举报机制和信息披露机制，公众无法监督受污土壤的修复进度与资金利用情况。只有定期公布相关信息，才能更高效地引入社会资本，同时保证基金的合法合规使用。

第四章　土壤重金属污染修复基金制度总体框架设计

当前土壤重金属污染形势严峻,土壤重金属污染修复工作在资金筹集、政策保障等方面面临诸多挑战,我国作为世界农业人口大国,面对全球资源、环境、科技的动态变革,亟待借鉴美国、德国、荷兰等国家的基金制度,洋为中用,坚持可持续发展等原则,牢固树立生态文明等理念,以改善土壤环境质量为核心,在建设法制标准、责任公平分摊、发挥市场资源配置等方面进行完善,构建适合我国国情的土壤污染修复基金制度,从而有序开展污染治理与修复,促进土壤资源永续利用。

第一节　必要性及可行性分析

一　必要性分析

1. 当前土壤重金属污染形势严峻

我国土壤污染现状总体态势比较严峻,根据调查,全国土壤总的点位超标率为16.1%,每年受重金属污染的粮食达1200万吨,造成经济损失超过 200 亿元。其中，工矿业废弃地土壤重金属污染问题更为严重，严重破坏周边生态环境，带来诸多严重后果。许多重污染企业未经处理就将工业产生的"废水、废气和固体废弃物"随意排放至土壤中，对附近居民带来严重损害。对于土壤污染问题带来的负面影响，需要全方位、多途径进行土壤污染修复以降低损害。土壤污染修复是一个长期修复过程，资金耗费量大，虽然《土壤污染防治行动计划》在宏观政策角度上为土壤污染修复基金做出指导，但是资金约束始终难以得到迅速解决，土壤重金属污染的严峻形势仍然存在。因此需要创新已有的资金管理模式，采用基金模式进行资金管理，建立土壤重金属污染修复基金制度，成为现阶段缓解土壤污染修复资金紧张状况，改善我国土壤重金属污染修复严峻形势的必然要求。

2. 土壤重金属污染修复资金缺乏

土壤重金属污染修复专业性强，较为复杂，涉及多方主体，周期长且难度大，修复设备购买租赁费、专家咨询费及人工成本等资金耗费数额庞大。但我国现行法律尚未对土壤污染的责任主体进行明确规定，大多情况下只能由政府为土壤污染修复埋单，导致土壤重金属污染修复过度依赖财政拨款。此外，土壤重金属污染修复项目一般不具备经营性，通过市场渠道融资能力有限，投入产出模式不清晰，市场手段运用不足，缺乏一套完善的资金融资与管理机制，土壤污染修复项目资金短缺现象非常突出，严重制约及阻碍了土壤污染修复工作的全面推进。为解决土壤污染修复工作资金问题，需要健全土壤污染修复基金制度，创新多种治理融资模式，合理拓宽治理融资渠道，消除治理资金约束。通过建立及推行土壤重金属污染修复基金制度，为土壤污染修复工作吸收社会资本构建了融资平台，拓宽了土壤污染修复基金的融资渠道，一定程度上满足修复的资金需求。

3. 土壤重金属污染修复权责机制缺失

当前我国污染土壤修复责任追究缺乏刚性约束，法律中缺乏污染土壤修复责任的明确规定，《中华人民共和国土壤污染防治法》自 2019 年 1 月起实行，各方面实际操作还存在问题，而以前涉及土壤污染防治的《中华人民共和国环境保护法》《中华人民共和国土地管理法》以及《土地复垦条例》等法律法规对于土壤污染防治问题仅做了零散规定，导致追究土壤污染责任的法律操作性和威慑力以及政策效果难以达到预期。《中华人民共和国环境保护法》明确指出污染土壤修复责任应当贯彻"谁污染，谁治理"原则，由污染者承担污染土壤修复的费用，可以解决污染土壤修复资金问题。但是实际操作中责任主体复杂不明确，难以运用"谁污染，谁治理"原则来解决污染土壤修复问题。针对上述我国污染土壤修复资金保障追责体系不完善而导致污染土壤不能修复问题，可以通过构建污染土壤修复基金权责机制等保障措施来维护污染土壤修复工作稳步推进，实现土壤资源的可持续发展。

4. 土壤重金属污染修复保障机制滞后

我国土壤污染修复基金由政府主导，政府承担修复资金绝大比例。政府主导模式虽在资金支持上发挥一定作用，但是由于缺乏保障机制而存在局限性。在土壤污染修复资金来源上，社会资金投入极少，市场化机制尚未形成，仅依靠政府财政无法从资金角度保障土壤污染修复工作的稳步进行。在修复资金分配使用机制上，土壤污染修复专项资金运转过程需要经过政府审批，但由于我国政府层级之间存在层层委托代理关系，审批流程较为复杂，在面对修复过程中发生的紧急性事件时，资金无法及时支付，问题难以解决。在修复资金监管保障上，《土壤污染防治专项资金管理办法》要求在土壤污染修复工作中，需要建立健全监管机制。但该法案未能明确指出具体措施及途径，导致尚未形成完善的监督与问责机制，难以保障土壤污染修复工作的顺利开展。针对上述问题，需要通过政府立法等保障机制形成多元融资、协调管理、监督保障等机制推动土壤污染修复工作。

二 可行性分析

（一）政策支持

1973年，我国颁布首部综合性法规《关于保护和改善环境的若干规定》，此后，相继在党的十六届三中全会上提出了科学发展观，在党的十六届五中全会上提出了构建资源节约型及环境友好型社会。2005年胡锦涛在座谈会议上初次提出"生态文明"理念，要求我国发展循环经济，积极倡导生态文明建设。党的十八届三中全会要求深化"五位一体"，并且要求加快建设生态文明制度的进程，用规范保护自然环境，实现资源的有偿使用和生态的有效补偿制度，党的十九大更是提出要在全面建成小康社会、建设社会主义现代化国家中，打赢污染防治攻坚战，水土气三管齐下，打造蓝天绿水青山的生态环境，实现人与自然和谐共生。在立法上，《中华人民共和国循环经济法》《土壤污染防治行动计划》《中华人民共和国土壤污染防治法》等相关规范，都在不同方面对自然环境与自然资源的保护提出具体的要求。在法律政策方面，我国的相关法律可以为土壤污染修复基金构建提供保障，但是应该借鉴国外的先进法律制度建立一套更为有针对性和具体化的土壤污染修复指导法律，以完善土壤污染修复基金制度。

（二）经济保障

1. 国家财政支持

我国大力支持土壤污染修复进程，大部分仍是国家财政投资。针对土壤污染整治修复的专项资金，国家在2018年公布了当年预算的专项资金金额，总数达35亿元。从表4-1可见，污染程度类似的省份，划拨的预算金额大致相同。在 2018 年度中央下达的财政资金中，湖南省专项资金排名首位。

表 4-1　　　　　2018 年土壤污染防治专项资金安排

序号	省份	合计（万元）	序号	省份	合计（万元）
1	北京	1391	17	湖北	30359
2	天津	352	18	湖南	54545
3	河北	14442	19	广东	24456
4	山西	4407	20	广西	27448
5	内蒙古	7153	21	海南	2019
6	辽宁	3972	22	重庆	3760
7	吉林	1003	23	四川	6176
8	黑龙江	2727	24	贵州	23275
9	上海	710	25	云南	29326
10	江苏	7642	26	西藏	185
11	浙江	30158	27	陕西	13785
12	安徽	6764	28	甘肃	11127
13	福建	4095	29	青海	11835
14	江西	9406	30	宁夏	1046
15	山东	6309	31	新疆	888
16	河南	9239			

资料来源：数据来源于财建〔2018〕654 号文件。

2. 环保税收

自 2018 年 1 月 1 日开始，《中华人民共和国环境保护税法》开始生效，把原来征收的排污费全部纳入环境保护税的范畴内进行管理。环境保护税的生效，为土壤污染修复基金提供一部分的专项资金来源。在具体征收过程中，根据污染物特征实行差别税率。在此基础上，各级政府的相关单位（税务机关等）通过合理分工，充分促进多方协调合作，提升环保税征收及管理的效率。详细的环保税税目如表4-2所示。

表4-2　　　　　　　环境保护税税目税额（部分）

税目		计税单位	税额
大气污染物		每污染当量	1.2—12元
水污染物		每污染当量	1.4—14元
固体废弃物	煤矸石	每吨	5元
	尾矿	每吨	15元
	危险废物	每吨	1000元
	冶炼渣、粉煤灰、炉渣、其他固体废物（含半固态、液态废物）	每吨	25元

资料来源：《中华人民共和国环境保护税法》附表一。

3. 科技水平

我国科技水平在近十年呈持续提高之势，土壤污染的修复技术也获得了一定的成长。土壤修复成本作为土壤污染修复工作的关键衡量标准，每种修复技术在成本高低上呈现不同特点。根据学科不同可划分为四大类别：生物、物理、化学修复技术以及综合三方的联合修复技术，具体的技术和特点及成本如图4-1所示。

在修复过程中，需要对土壤中的重金属含量进行计算，为此进行的提取方法主要分为消化、分解；提取；浸出试验三类，涉及王水、硫酸、高氯酸等元素，包括单批量提取、ISO标准提取等方法。我国土壤修复技术水平一直处于高速发展之中，从土壤污染的检测、修复、监督等过程来看，我国都有能力、实力很好地进行污染场地修复项目。

第四章 土壤重金属污染修复基金制度总体框架设计

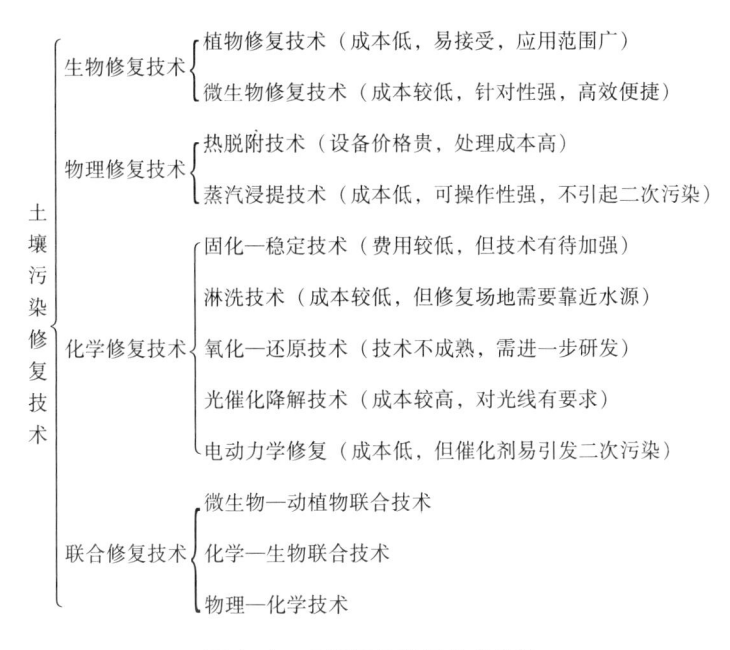

土壤污染修复技术
- 生物修复技术
  - 植物修复技术（成本低，易接受，应用范围广）
  - 微生物修复技术（成本较低，针对性强，高效便捷）
- 物理修复技术
  - 热脱附技术（设备价格贵，处理成本高）
  - 蒸汽浸提技术（成本低，可操作性强，不引起二次污染）
- 化学修复技术
  - 固化—稳定技术（费用较低，但技术有待加强）
  - 淋洗技术（成本较低，但修复场地需要靠近水源）
  - 氧化—还原技术（技术不成熟，需进一步研发）
  - 光催化降解技术（成本较高，对光线有要求）
  - 电动力学修复（成本低，但催化剂易引发二次污染）
- 联合修复技术
  - 微生物—动植物联合技术
  - 化学—生物联合技术
  - 物理—化学技术

图 4-1　土壤污染修复技术分类

4. 环保意识

我国在十余年前提出的科学发展观及其走可持续的发展道路的基本要求已深入人心，国家一直在大力宣传环保理念及引导人们与自然和谐相处。最初我国环境保护教育主要是传授环境保护知识和技能，但是历经数十年环境教育的研究与实践，当前公众环境保护教育已逐渐向环保意识提升以及如何防范环境污染方面拓展。图4-2是2019年上海交通大学舆情调查研究中心发布的中国城市居民环保意识调查结果，我国公众对环境问题严重性判断的调查，从趋势上看，随着基本环保知识的科普和媒体宣传力度的增强，我国城市居民对于基本环保知识的认识明显提高，超过半数的受访者对环境问题有一定关注，并逐步意识到环境问题的严重性，这与现阶段民众对环境问题的关注度提升的大趋势基本吻合，表明当下大部分的群众对环境科学知识有一定的了解。因此在环保意识方面，随着文化水平的提升和环保意识的增强，我国公众可以较为自发地维护土壤的生态环境，并且在一定程度上可以支持政府进行土壤污染修复项目及修复基金的运行实施。

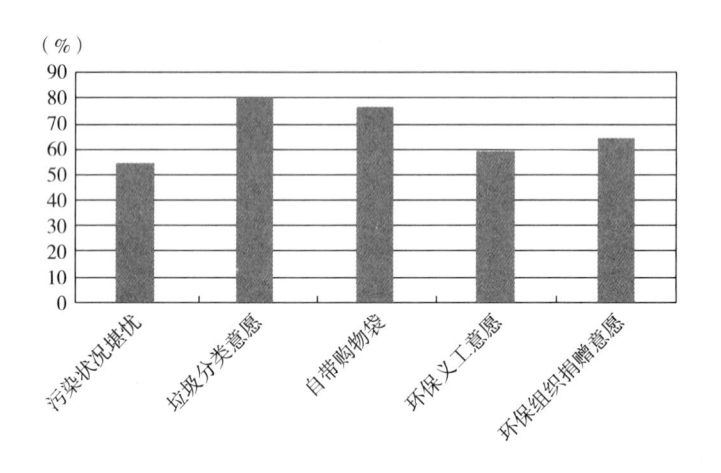

图 4-2 中国城市居民环保意识调查结果

第二节 设计原则与设计理念

一 设计原则

构建土壤重金属污染修复基金制度应以解决土壤污染问题为导向，注重经济、生态、社会协调发展，坚持可持续发展原则；立足污染实际现状，坚持全面规划、因地制宜、明确重点、逐步施行原则；落实赔付责任，坚持污染者付费与政府性基金相结合原则；以土壤安全问题为导向，坚持防范为主、防治并行、综合整治原则；推动多方主体协作共治，坚持政府主导、公众参与原则。

第四章 土壤重金属污染修复基金制度总体框架设计

```
                    土壤污染修复与治理的基本原则
    ┌──────┬──────────┬──────────┬──────────┬──────────┐
  可持续    全面规划、因地制    污染者付费与    防范为主、防    政府主导、
  发展原则  宜、明确重点、逐    政府性基金相    治并行、综合    公众参与
            步施行原则          结合原则        整治原则        原则
```

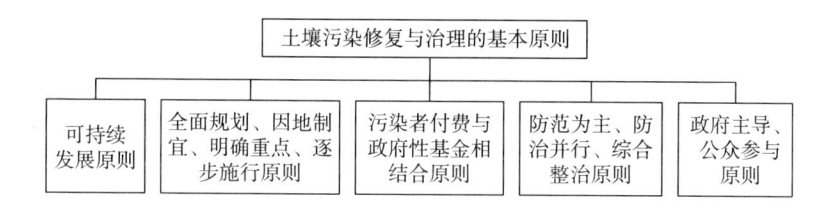

图 4-3　土壤污染修复与治理的基本原则

(一) 可持续发展原则

可持续发展理论由联合国提出到引入国内之间经历近十年，这一理论建立在完全理性人假设和资源稀缺假设上。它是指在不影响后人生存条件的前提下实现的发展。努力提升可持续发展的水平和能力是社会各方面协调共进、实现美丽中国的必然趋势。在经济方面，可持续发展理念要求在尊重和保护生态环境的前提下进行经济和社会的各方面建设，而不能只为了保护环境而停滞对经济的发展。在生态方面，它要求人类的生产和生活实践不能超出生态的承载力，要注意对地球生态的保护。在社会方面，可持续发展要求实现社会公平，使处于不同国家和地区的人民都能够拥有同等的生存权和发展权。土壤污染修复与治理要遵循该项原则，土壤状况的健康安全为经济社会的可持续发展提供了前提。

(二) 全面规划、因地制宜、明确重点、逐步施行原则

我国土壤污染现状呈现复杂性、多样性、动态性等特征，土壤污染面积分布、污染物来源及污染程度均在动态变化中。而土壤污染的修复治理又横跨政策、经济、科技等多领域的内容，涉及可持续发展经济学、管理学、环境法学、环境工程学等多个学科，因此需要统筹全局、总体规划，从我国发展国情出发，站在当地社会实际发展情况和土壤环境现状的基础上，将治理土壤污染问题为导向，将工作重点

放在土壤质量的改善上,从而提高人居环境安全水平。在具体操作上,采取一系列预防手段及措施,将土壤保护放在优先环节,采取不同的环境污染修复治理对策,因地制宜修复土壤污染,突出重点区域、行业和污染物,围绕土壤详查、污染源头控制、污染地块修复、污地治理监管等方面进行积极探索,先行先试、主动作为,分类别分步骤实施,严格控制增量、减少现存污染地。

(三)污染者付费与政府性基金相结合原则

污染者付费在环境法的原则中占据重要地位,指企业组织或个人应为其向自然界排放的废弃物支付污染成本,用来弥补其对环境造成的损害。该原则通过经济手段迫使污染者采取措施遏制污染物排放,也为污染治理提供资金来源。但在无法确定污染责任者或污染者没有能力承担赔偿责任时,该原则便会失效,就需要政府发挥其作用,主动担负起土壤污染问题的修复治理责任,有针对性地设立专门的政府性资金,对受污染的土壤进行土壤修复。但土壤污染治理与修复需要的资金数额庞大,不可能由政府一力承担,另一方面污染者付费原则也会存在无法发挥作用的情况,因此只有坚持两者相结合的原则,在落实土壤污染赔付制度,将赔付责任落实到具体责任人的同时设立有保障的土壤污染治理政府性资金,才能保证土壤污染修复与治理的可持续进行。

(四)防范为主、防治并行、综合整治原则

防范为主、防治并行、综合整治原则,旨在通过事先施行土壤污染防范举措来防止土壤污染的发生,即使出现污染,也在可控制的范围内。由于土壤污染具有难治理性的特征,而且出现问题后很难立即被人察觉,要想彻底治理往往需要相当长的时间,而采取预防措施所需资金远远小于治理污染土壤所需,因此在土壤污染修复治理中,要以预防为主，将土壤污染问题消灭在产生前，通过加强污染土壤管控，从根本上解决问题。在预防的同时，应实施综合举措对已经产生的污染地区进行整治，从而改善土壤状况，实现土壤资源的长期可用。由于造成土壤污染的原因并不是单一的，所以应当采取多种手段综合施策，从法律规范、市场经济、科学技术、环保教育等多个角度采取措施来综合整治土壤污染。

(五) 政府主导、公众参与原则

受污染土壤的整治是一项长久性的、综合性的工作，需要采取各种方法、依靠多方主体的努力才能真正实现。其中，由于土壤污染修复与治理涉及众多复杂的制度、经济、技术因素，政府必须对此进行统筹规划和管理监督，做好维护土壤安全的主导工作。制定整治工作的目标和指标体系，以便后续工作和考核评价的开展，同时要对土壤治理工作提供全面、及时的政策法规和制度支持，并对治理过程实施有效的管控，逐步建立由生态环境部负责，其他相关部门全力配合，地方政府负责的机制，层层分工，发挥好政府的主导作用。同时应加大群众的参与程度，建立群众参与制度，把加强信息公开和民众支持作为土壤治理工作的重点，利用群众的力量促进土壤安全事业的发展，形成以政府为主导、企业负起责任、民众积极加入、社会进行监督的四位一体的土壤安全维护体系。

二 设计理念

(一) 生态文明理念

土壤重金属污染修复基金制度构建的目标不是其产生的经济价值，而是对土壤生态环境的保护。然而，我国现有的土壤污染防治没有注重生态功能价值保护这一污染防治工作的本质。随着环境问题的频频出现，人们逐渐认识到自然资源价值的重要性，即自然资源既有其经济价值，也有其重要的生态价值，所以在发展过程中需要均衡经济发展与环境保护之间的关系，避免走极端路线，因此需要走可持续发展之路，在经济发展的同时保护生态环境。在逐步的改革实践中，生态价值观出现并成为环境保护的主题。新《中华人民共和国环境保护法》第一条即规定其立法的原因是为了推进生态文明建设，保护和改善环境。所以，在设计土壤重金属污染修复基金制度框架时，首先要以生态文明为指导理念。

（二）创新发展理念

创新发展理念是指在开放、共享、融合的价值观基础上，进行创新，以不断提升工作效率及质量，从而不断满足人民日益增长的美好生活需要，进而推动时代进步与发展的观念。党的十九大强调要坚定实施创新驱动发展战略，建设创新型国家。创新发展理念的提出和实行可以改变我国土壤重金属污染治理的被动局面。从制度经济学的角度来说，制度创新通常指制度主体借助构建新制度来获取额外利益的活动。土壤重金属污染修复基金制度的构建，需要以创新发展为指导理念，使管理制度、法律制度创新等相互结合。政府部门作为基金的管理者，具有"政治企业家"的角色担当，作为创新制度的最大供给者，应在土壤重金属污染修复基金的主体意识层面、制度设计层面以及社会运行层面做出理性反思和积极应对。

（三）循环经济理念

循环经济是指在尊重生态学规律的基础上，把生态平衡、环境保护、资源循环利用和绿色消费等整合成一个整体，目标是达到环境保护、资源高效利用、经济可持续发展的状态，最后形成废弃物再利用的社会经济模式。土壤资源作为与人类生存、发展息息相关的重要自然资源，属于难以再生资源，土壤资源一旦被污染便难以恢复。为了实现土壤资源循环利用,人类要注重保护、合理利用土壤资源,对于受污染但还未修复的土壤资源,要加大力度对其进行修复治理。为了保障污染土壤修复具有足够资金,我国只有在循环经济理念的指导下,努力构建符合我国实际情况的污染土壤修复基金法律制度,才能有利于污染土壤的修复,提升土壤资源的质量,保障土壤资源的有效利用。

(四)法制理念

可持续发展和生态文明建设这些"基本国策"高度指出经济建设必须在加强环境法制建设的前提下进行,为经济及社会健康发展提供重要指导。环境保护法制理念通常体现在环境保护相关法律上的确立,例如新《中华人民共和国环境保护法》的修订,当然也包括环境保护措施的实施、环境损害行为的追责、环境法制教育的宣传等方面。在土壤重金属污染修复基金制度总体框架的设计上,就需要坚持法治理念,在立法等方面进行分析。目前,我国污染土壤修复处于初始阶段,尚未构建污染土壤修复基金法律制度。因此,为实现我国土壤资源的可持续发展,我国应坚持法治理念,借鉴国外土壤重金属污染修复基金法律制度的先进经验,立足于我国国情,完善我国污染土壤修复基金法律制度,以促进我国土壤资源的可持续发展。

第三节　设计思路

设计和实施土壤重金属污染修复基金制度应以法制建设为基础,以保护和改善土壤环境质量为导向,按照"污染者付费"等原则,明确治理主体归责,发挥政府性资金的引导作用和激励功能,调动政府部门、排污企业、环保公司、金融机构、社会资本等各方土壤重金属污染修复与治理主体的积极性,形成多元化的资金投入模式,并通过基金的管理及引领作用,带动土壤重金属污染修复产业发展,实现基金的部分资金增值盈利,确保基金的有效稳定补充,此外,设立相应的收支机制、协同配套及保障机制等以确保基金的平稳运行。

土壤重金属污染修复基金整体运行与管理机制的具体设计思路包括四个层面:土壤重金属污染修复基金组织架构、资金架构、PPP模式融资机制及运行管理机制。图4-4是框架设计思路。首先,在修复基金组织架构上,框架设计中的"组织—资金"分权的土壤重金属污染修复基金组织结构能够科学划定中央及地方各部门组织的权力和责任,从而配置基金投资者、基金管理方以及基金托管方在基金管理当中的权力,合理界定各自的权利义务,使其相互制衡以保证基金能够平稳运作。其次,在修复基金资金架构和PPP模式上,采用"组织—资金"分权的土壤重金属污染修复基金资金构架及PPP融资模式的土壤重金属污染修复基金融资机制是支撑修复基金运行的关键,能够充分发挥政府性资金的引导作用和激励作用,调动政府、污染方、治理方以及社会公众等各方主体的积极性,推动形成资金来源多元化的投资模式,发挥基金的引导作用,带动土壤污染修复相关行业

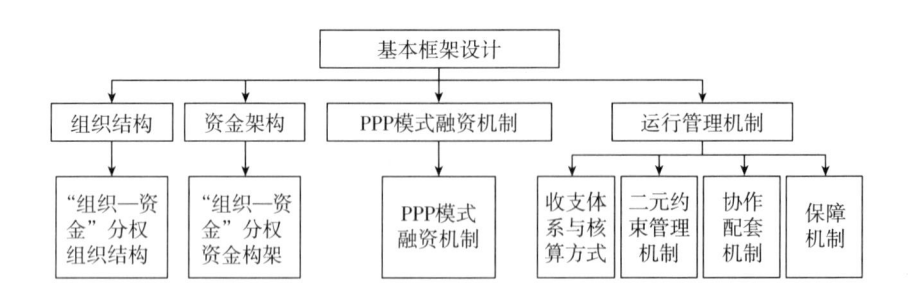

图4-4 框架设计思路

第四章 土壤重金属污染修复基金制度总体框架设计

的发展，实现基金的部分资金增值盈利，保证基金的稳定补充。最后，在修复基金运行管理机制上，设计土壤重金属污染修复基金二元约束管理及协作配套保障机制，从核算收支、约束管理、协作配套机制及保障机制四方面展开，为基金制度提供合理有序的运行管理环境。

土壤污染修复的具体流程从政府整理土壤污染地区报告开始，政府派出专家对污染地区进行污染等级评估，若污染程度严重，则列入首要治理名单，若污染程度较轻，则进行初步调查并暂停当地的污染源企业生产。在确定要修复治理的地区后，设计修复方案并进行修复可行性研究，再实施修复工程。到修复后期，政府需验收项目，环保修复公司仍然要对修复项目进行后期维护和跟踪监测。土壤污染修复的流程如图4-5所示。从污染地区识别到最后污染地块的再利用再发展，都需要有统筹管理者、实施者、项目监管方、资金审计方、风险评估专家。

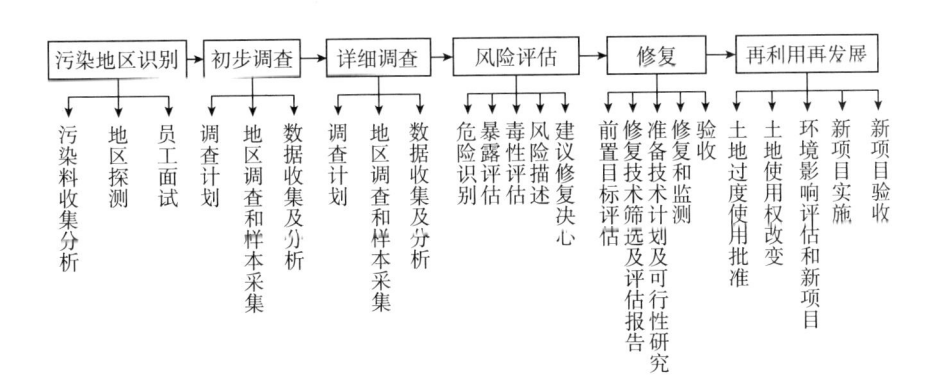

图 4-5 我国土壤污染修复流程

资料来源：*Soil Environmental Management Systems for Contaminated Sites in China and the EU*。

而土壤污染修复基金的拨付流程从审批修复项目开始，项目审批通过后开始预估污染地区修复成本，资金拨付按照前、中、后三期分期拨付，前期拨款项目金额的30%—50%，中期确认合格后再拨款20%，最后验收完工拨付余下的款项，有效地避免环保修复公司拿钱不做事的风险，督促污染地区修复项目在一定的时期内达到合格标准，并且政府也可运用剩余资金进行基金保值增值业务。

第四节 框架设计

一 组织结构

建立土壤重金属污染修复基金制度的主要目标就是能够在环境出现紧急问题的时候，及时响应，快速解决。在中国国土辽阔、地域差异大的状况下，建立组织—资金分权式土壤重金属污染修复基金，有助于提升资金综合利用率，能够使土壤管理更加灵活、科学。分权是一种政治概念，目前多应用于企业管理当中，指高层组织将部分权利分给下属组织，自身仅负责顶层决策。在土壤重金属污染修复基金制度的组织结构中，分为中央及地方两级，同时在两级范围内，将组织和资金分开，即组织上分为中央地方两个层级，在政府引导下设立土壤重金属污染修复基金。具体操作上，国家财政部、生态环境部下设中央—地方两级基金委员会，授权基金委员会行政主体的权利，如颁发许可证、罚款等，并组建基金的管理机构，负责基金的具体管理活动，组织土壤污染修复活动；财政部负责核算与审核基金资金活动，国家财政可直接划拨资金给中央基金，地方财政也可以划拨资金到地方基金。由此实现组织—资金分权管理，促进土壤重金属污染修复基金高效运转，提升修复资金使用效率。具体结构如图4-6所示。

```
┌─────────────────────────────────┐
│    国家财政部、生态环境部         │
└─────────────────────────────────┘
                │
                ▼
┌─────────────────────────────────┐
│  中央土壤重金属污染修复基金委员会  │
└─────────────────────────────────┘
                │
                ▼
┌─────────────────────────────────┐
│  地方土壤重金属污染修复基金委员会  │
└─────────────────────────────────┘
                │
                ▼
┌─────────────────────────────────┐
│ 具体地区土壤重金属污染修复基金组织 │
└─────────────────────────────────┘
                │
                ▼
┌─────────────────────────────────┐
│   联合污染方、修复方              │
│   开展相关修复活动                │
└─────────────────────────────────┘
```

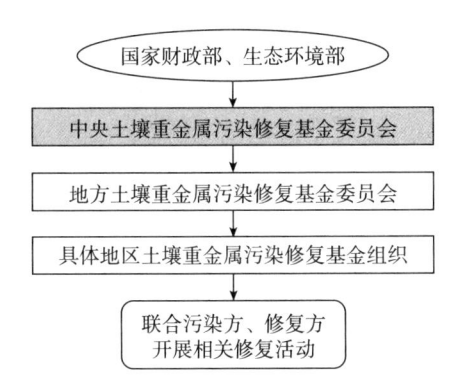

图 4-6 土壤重金属污染修复基金组织结构

中央土壤重金属污染修复基金委员会具体内部机构及职责可分为：

①普查部门，主要负责组织全国土壤环境状况普查，建立土壤重金属污染信息数据库，制定国家重金属污染场地优先修复名录，动态更新全国土壤重金属污染场地修复状况。②决策部门，主要负责根据全国土壤污染的情况，决定如何向各地区土壤重金属污染修复基金合理、科学、高效地分配资金。③监督部门，监督地方基金管理组织是否正常运行，是否遵守基金各项规章制度。

地方土壤重金属污染修复基金委员会具体内部机构及职责可分为：

①决策部门，负责辖内具体土壤重金属污染修复项目的资金发放、资金筹集问题，与污染责任人就土壤修复问题进行谈判、和解，以及对污染项目修复工程进行招标，确定合适的土壤修复公司。②执行部门，负责对土壤重金属污染项目进行详细调查，包括修复前、修复中以及修复后等多个时间节点，因为土壤污染修复问题非常复杂，一般工作人员难以胜任，有必要引进部分专家学者，以保障调查结果

的准确性。比如土壤修复技术部门审核具体修复方案，验收土壤修复效果；法律部门负责与污染责任人的具体诉讼事宜；财务部门负责核算资金收支，保证专款专用。③监督部门，监督各部门是否按规章进行土壤重金属污染修复管理活动，检查辖区内各土壤重金属污染项目基金账户是否使用正常。④审计部门，主要指的是资金活动的内部审计，对于基金资金的收支活动进行严格管控和跟踪，对于资金异常情况及时上报上级机关，促进基金治理结构和程序不断完善，对于审计档案要建档留存，便于外界监督。

二 资金架构

土壤修复工程缓慢，所需资金庞大，且项目利润较低，投资严重不足等，导致资金约束成为土壤污染修复的主要瓶颈，建立土壤重金属污染修复基金制度的主要目的就是拓宽融资渠道，多元破除污染治理资金约束。与美国纵向"三权分立"的政权结构不同，我国政治上采用中央集权—地方适度放权的模式，中央将财权集中在手中，适度将投融资、生产运行项目的审批权下放给地方政府。我国幅员辽阔，各省市地区的经济发展状况各异，土壤污染修复行业企业众多、行业复杂、地域分散，土壤污染修复资金来源多元化，如果将修复工作都附加到政府上的话，一方面会给中央、地方政府支出带来巨大财政压力，给政府基金管理机构带来较大的管理压力，另一方面也不利于发挥私有资本高效的管理优势，在土壤修复基金投融资机制中引入组织—资金分权理念，可以有效化解这个难题。在实现中央、地方监督和控制各资金，保证资金的专用性的同时，给土壤污染修复基金中心放权，使各个土壤修复项目，依照项目的具体情况选择合适的具体模式。这样既保留了政府的控制权，也可以保留基金方在土壤污染治理过程中的资金管理的自主选择权。因此本书从组织—资金分权视角构建土壤重金属污染修复基金资金架构。土壤重金属污染修复基金要想达到高效修复污染土壤的目的，必须提高资金使用效率，将钱花在土壤修复的刀刃上，因此如何设计出一套高效的基金运作机制至关重要。依据我国现实情境和参考美国超级基金运作流程，本书主要从资金来源分类、资金使用分块、资金管理分层等角度对资金管理过程进行设计，具体结构如图 4-7 所示。

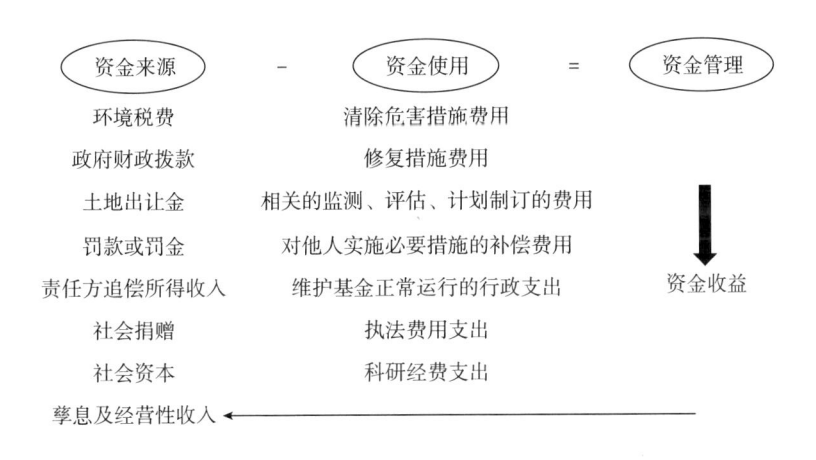

```
资金来源        -      资金使用        =      资金管理
环境税费                清除危害措施费用
政府财政拨款             修复措施费用
土地出让金               相关的监测、评估、计划制订的费用
罚款或罚金               对他人实施必要措施的补偿费用      ↓
责任方追偿所得收入        维护基金正常运行的行政支出      资金收益
社会捐赠                执法费用支出
社会资本                科研经费支出
孳息及经营性收入 ←
```

图 4-7　土壤重金属污染修复基金资金体系

（一）资金来源分类

《中华人民共和国土壤污染防治法》已经提出了未来我国针对土壤污染问题在中央和地方分别设立专项修复资金和省级治理资金的概念。以此类推，我国土壤重金属污染修复基金应包含两类：一类是中央土壤重金属污染修复专项资金，另一类是省级土壤重金属污染修复基金。中央专项资金主要来源于财政拨款与税收，但由于我国重金属污染面积广、污染重，土壤污染修复费用昂贵、资金需求巨大，因此相较于中央专项资金，省级基金为保障资金充足性，必须引入社会资

本，组建混合型资金。省级土壤污染修复基金以土壤污染修复项目需求为标的采用多来源渠道进行筹资，吸纳社会资金服务土壤重金属污染修复，如采用金融机构的债券和股权融资和直接向银行借款等方式吸收来自社会的资本，拓宽融资渠道。另外，还存在责任人修复义务资金，这类资金由省级基金委员会与污染场地责任人达成和解或通过诉讼进行收取，必须用于该特定污染场地，不能随意挪用。

（二）资金使用分块

《中华人民共和国土壤污染防治法》规定设立中央土壤污染防治专项资金和省级土壤污染防治基金，土壤重金属污染修复基金同样设立中央和地方两级组织，二者权利义务相辅相成，地方土壤重金属污染修复基金委员会受中央土壤重金属污染修复基金委员会的管理和制约，但又独立于中央土壤重金属污染修复基金委员会，地方可以独立进行资金的筹集、管理等活动。另外，资金的使用必须贯彻效率原则，要使有限的环保资金投入达到最好的污染治理效果。资金分块使用需要根据使用范围分板块拨付资金，同时对资金进行合理分配，根据污染场地状况及预期治理目标划分修复等级，同时分配相应的治理资金，即对重污染区域或利用价值较高地块投入大量资金，对于污染较轻区域或开发价值较低地块可采取生态修复方式，精准高效使用资金。

（三）资金管理分层

法律层面规定管理土壤污染防治基金的方法，其中国务院财政主管部门领头，国务院生态环境、农业农村、自然资源、住房城乡建设、林业草原等主管部门共同参与制定。但暂时具体办法尚未出台，但我国大部分环保资金依赖财政拨款，环保资金自身保值增值能力差，不符合土壤重金属污染治理的资金需求，因此本书基于文献分析和我国实际情况，我国土壤重金属污染修复基金可由财政部设立土壤重金属污染修复基金，生态环境部成立土壤重金属污染修复基金委员会进行运作。由于土壤污染修复需要经历污染场地调查、可行性分析、风险评估、修复、再开发与利用等环节，会经历一个时间跨度较为漫长的时间段，同时对于资金的需求同样也是一个长期过程，后期的开发与再利用环节也存在收益，也带来资金回流。如何统筹各个污染场地在不同阶段的资金需求，如何避免一些污染场地情况轻微但资金富余，而一些污染场地情况严重且紧急但资金匮乏的情形存在，这也是资金管理分层有待解决的问题。土壤污染修复是一项关于国计民生的大事，也不能仅仅考虑单纯的收益，只修复有开发利用价值的地区更是不可取的行为，对此，生态环境部需要调查，筛选出最急需修复的土壤污染场地名单，让这些地方的修复资金首先得到保障，而财政部也需要对资金的划拨进行统筹管理，科学规划，以达到更优的资金利用效果。

三 PPP 模式融资机制

在多种的融资制度模式下，PPP 和产业基金是解决资金来源和短缺的有效途径，PPP 模式包容性强，可以将政府、绿色金融公私主体和多种绿色金融工具吸纳进来，并且 PPP 模式灵活性很强，不同的政府地区可以根据修复项目特点和经济基础对具体方式进行选择。而环保产业基金"母子基金"的模式，存在"中央—地方"两级分权，地方政府的财政资金可以以几何数级速度增长。综合国内各位学者的观点，结合我国土壤修复资金的实际情况，将 PPP 模式和土壤污染防治专项资金结合起来，形成一种多元的投融资模式。

财政部和生态环境部共同设立土壤修复专项资金，监督其使用，一部分委托给国有基金管理机构进行管理，国有基金管理机构与国有资本共同设立中央级修复母基金；另一部分土壤修复专项资金按预算分阶段划分给各省（市、区）等地方财政，地方财政与绿色银行、环保责任机构、绿色信托机构等社会资本联合设立地方级土壤污染修复子基金，委托当地专业机构进行管理，按照当地的经济发展水平、财政能力与修复公司、房地产开发商、旅游开发等社会资本方选择适合的 PPP 模式，组建项目公司，项目公司通过政府信用，从本地区或者外地区财团进行贷款筹集项目修复资金，从而投入各个修复项目中。在这个过程中，原来以财政拨款发放的土壤污染防治专项资金担当了三次杠杆，充分发挥了财政资金的引导作用。而最后的 PPP 具体模式当地政府可以灵活选择。

四　运行管理机制

（一）收支预算管理体系

我国土壤重金属污染修复基金委员会分为中央和省级委员会，掌管着我国土壤污染修复的各项资金，如何合理、高效地筹集和使用资金，如何反映资金运动等经济信息，如何连续、系统和综合地揭示基金的经济活动和财产情况，如何使社会各方面都能方便地了解到基金的运作状况和修复效率，如何维护其稳定、健康地发展以防止贪腐情况的发生，都需要依靠土壤重金属污染修复基金会计制度的科学设计。

本书从分析土壤重金属污染修复基金中会计目标出发，根据修复组织业务活动及管理的规律提出新的会计假设、会计原则，利用社会各方及基金内部的特征需求，提炼出会计信息披露标准，从财务的基本理论结构出发，进行土壤重金属污染修复基金会计核算研究。本书构建土壤重金属污染修复基金会计核算体系，从宏观和微观两个角度进行核算。宏观层面主要是核算中央和省级基金的收支状况等；微观层面以土壤重金属污染修复基金项目为对象。宏微观双层面核算框架有助于全方位揭示资金流动与土壤修复效果，有助于外界综合评估资金使用效率。

对于我国土壤修复基金预算管理体系，本书主要从预算编制、预算执行与预算决算三方面进行构建。预算管理的基础是预算编制，只有合理准确地编制土壤污染修复基金预算，才能有效地提高基金预算管理水平。土壤污染修复基金预算是由中央及地方政府根据资金来源与土地污染程度进行预算，编制遵循采用"两上两下"的方式。预算执行是政府进行财务管理，调节收支以及会计核算的主要过程；预算执行是政府进行财务管理，调节收支以及会计核算的主要过程，包括征收资金、资金使用和预算调整等阶段；预算决算是基金预算的实际执行过程，主要考虑土壤重金属污染修复基金的执行情况及存在的问题与不足，从而制定相应措施，以促进土壤污染修复基金的有效使用。

（二）二元约束管理机制

管理机制在管理学当中是指管理体系的框架及其管理运行机制，即管理系统的内在联系、功能及运行管理。管理机制由三个基本层面及其相互作用，构成十分立体的技术—文化、制度—文化、技术—制度层面。管理机制也可从多向度两级对偶结构来分析设计管理机制，管理机制是管理部门依靠其内在联系及系统的管理模式使管理效果和效率达到最大化的一种具体运作方式。

在学者们对基金二元管理机制的研究基础上，本书认为土壤污染修复基金的管理机制需要一种自上而下的设计，其二元管理机制主要分为两部分：①强制性约束机制，第一，监管机制，设计内部与外部监管机制，实现基金监督平台多元化；第二，绩效评价机制，通过定量与定性的方式相结合对基金的绩效进行科学合理的评价；第三，风险控制机制,通过保障基金介入,换取风险缓释和化解的"时间窗口",建立市场化管理机制;②引导性约束机制,从责任约束与权利约束两方面推动基金可持续发展。

(三) 协作配套机制

1. 协作机制

多方协作机制,是指通过各种方式充分发挥各方自主协调作用,激励社会各界多元主体,参与环境治理的工作,实现环境的整体性治理。土壤、土地属于稀缺性基础资源属性,土地供给问题与利益冲突仅依靠政府单方政令式的协调管理,难以调和冲突和满足各利益主体的需求,而且土壤重金属污染修复工程复杂,需要各社会主体间相互分享、互动和共同参与更能促进土壤污染修复治理的创新高效开展。构建多方协作机制,既要注重行政主体关系上的协作,也要加强政府间在引导行政主体与非行政主体协作关系上形成合力;既要加强上下级政府政令式的协调,也要激励各利益主体间的自主协调。因此本书从中央及地方政府、土壤污染企业、社会公众责任、第三方治理公司、环保社会组织等责任主体角度出发,建立机制协同、路径协同机制。协作成员在协作行动中的责任分担,应满足整体性治理理念对于责任承担上的共同但有区别的要求。责任分担需确立各机构职能在不同层次或协调功能上的参与地位,形成一个体系性的协作机制,且该机制不能对现有政府层级体系形成冲突。

2. 配套机制

为实现土壤重金属治理工作的长效性、稳定性,需要在构建多方协作机制的基础上结合土壤污染防治过程的需要,构建完善的基金配套机制。土壤污染信息收集是土壤污染修复治理基础性工作,危害评估是修复工作开展的必要前提,因此需要建立相应的信息收集制度及危害评估制度，通过监测点全面检查及定期排查，对土壤重金属污染信息进行搜集、整理、分析，提升各级环境监测点污染物监测能力，以技术为突破点，利用网络及大数据分析，进行检测、监测，缩短检测周期，建立全面细化的数据库，明确土壤修复目标，便于及时科学决策。而面对土壤污染的突发事故，需要建立相应的应急机制，通过资金应急手段及时应对土壤污染修复紧急事故。而土壤重金属污染修复基金具有公益性特征，因此需要建立相应的激励制度以保证基金有效运作。

3. 保障机制

《中华人民共和国土壤污染防治法》以保障人群环境健康和生态安全为导向，充分反映土壤污染修复治理的客观需求，强化责任归属和责任追究，推进社会广泛参与和保证公众环境权益，利用财税、金融等经济激励手段实施土壤污染修复治理，新法实施后，要加强有关法规、标准和地方法规的制定和落实，并加快配套政策措施制定和实施，逐步完善土壤污染修复治理法律制度。坚决落实好新修订的《中华人民共和国环境保护法》《环境标准管理办法》等，严格对土壤污染的环境监管与执法，对污染土壤行为者严惩不贷，充分运用民事、行政甚至刑事手段，建立起守法有序的环保法制；加强财政与税务保障，发挥政府土壤污染修复治理主体作用，通过财政补贴、财政激励等手段逐步增加土壤修复资金在财政支出中的比重；要做好土壤修复治理信息技术与人保障，以信息技术创新为手段，做好土壤环境污染环境信息调查，构建土壤墒情自动监测系统，建立土壤污染数据库与信息管控平台，对土壤污染状况进行动态监管，同时加强污染修复人员队伍建设，构建科学长效的人才保障机制；完善基金运行监督管理制度，通过内外部监督两个方面实现土壤重金属污染修复基金运行的有效监督。

第五章 基于"组织—资金"分权的土壤重金属污染修复基金组织结构设计

中国幅员辽阔、地域差异大,建立中央—地方两级分权式土壤重金属污染修复基金,有助于提高资金使用效率,让土壤保护和土壤治理变得更加具有针对性、科学性和有效性。其中,选择合适的土壤重金属污染修复基金组织机制是促进土壤污染治理工作顺利开展的有效方式,划清相关部门的权力和责任是保障土壤重金属污染修复基金高效运行的基础和必要条件,这样不仅能够保障为环境项目提供稳定的资金支持,还能规范主体行为、避免机构冗余,提升基金运作效率,同时纳入绩效考核机制,改善基金运作效果,以实现环境与经济的协同发展。

第一节 土壤重金属污染修复基金组织结构设计基础

目前,我国环保方面的投资力度明显不足,极大地限制了我国各

第五章 基于"组织—资金"分权的土壤重金属污染修复基金组织结构设计

项环保行动的执行力度。一直以来,环保项目属于中低利润的项目,而金融机构的本性往往追逐利润,这从根本上导致了我国绿色金融政策的实施举步维艰,很难在市场中获得足够的关注与更多的投资,因此,我国环保行动的资金目前主要来源于政府的财政支持(蓝虹、刘朝辉,2015)。建立中央—地方两级分权式土壤重金属污染修复基金,有助于提高资金使用效率,让土壤保护和土壤治理变得更加具有科学性、有效性和针对性。首先,各级基金在发生紧急土壤污染情况时可以避免逐级向上汇报,使地区土壤重金属污染修复基金更有效运转;其次,地方基金的设立可以提升治理效率,避免机构冗余,基金绩效也会相应得到提升;最后,建立央地两级土壤基金可以规范主体的行为,明确各方权责,更有助于对资金使用进行管理,同时纳入绩效考核机制,将评估情况作为资金管理的依据,提升基金的运作效率,形成相辅相成的效果。

粗放型经济发展模式导致环境问题的产生,而粗放型经济发展模式源于地方政府盲目追逐经济利益忽略环境保护的短期发展行为(于君博、王国龙,2016)。生态环境较差的地区尤其容易产生地方政府的道德风险,地方政府可能故意减少生态保护投入,由此产生生态建设无力的信号,以求尽可能地向上级政府争取财政拨款。同时,地方政府可能与开发企业达成"共识",降低生态环境标准,从而合理化对资源的过度开发和利用,致使环境恶化(潘鹤思、李英,2019)。西方社会将分权制衡理论作为"人类社会普遍的政治规律"。分权制衡中的横向分权就是指各个权力之间的制衡关系,而纵向分权则涉及本书要讨论的"央地分权"(程波、吴玉姣,2018)。综上所述,央地分权也可能产生环境治理的失效,故本书基于央地分权的视角考虑土壤污染修复基金各主体间的权责关系、利益分配及相互作用,构建央地共同治理的组织机制,是建设修复基金的关键举措。

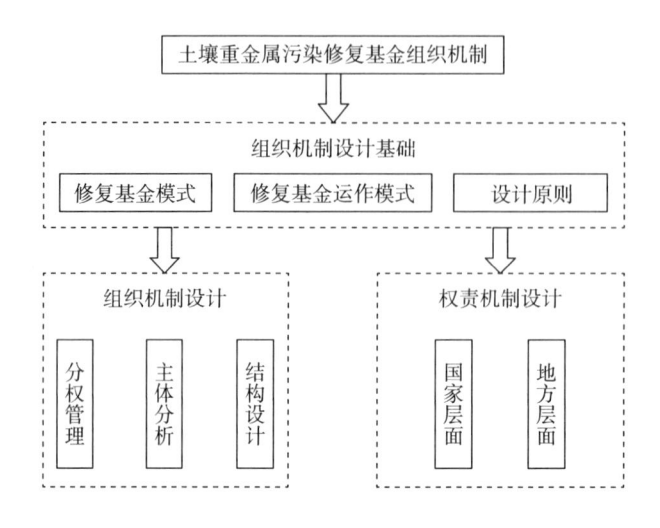

图 5-1 土壤重金属污染基金组织机制构建

一 土壤重金属污染修复基金模式比较分析

(一)土壤重金属污染修复基金模式

土壤重金属污染修复基金按照资金来源分类,主要有政府财政专项资金、政府性基金以及投资性基金三种模式,各基金模式的优缺点及功能特征具体如下:

1. 政府财政专项资金

政府财政专项资金是常用于环保工作中的基金机制,主要做法是将每年的财政预算总量和增量按照确定的比例汇入土壤重金属污染修复基金,保证充足的资金供给,这也是我国修复基金目前的主要资金供给模式。土壤重金属污染修复专项资金主要适用于项目分配模式,可以采取先建后补、先建后投、以奖代补、以奖代投等方式予以辅助,以此实现对地方政府资金使用主体的激励,使土壤重金属污染修复专项资金效用最大化。修复基金由财政部和生态环境部协同管理，财政部主要负责基金的预算和资金管理，包括确定专项资金年度总预算、预算安排原则和重点、审核并按预算程序下达项目预算、监督检查经费的管理和使用情况等。生态环境部主要负责基金项目的监管，包括规则制定、预算审批、项目进展核查、绩效考核等。

2. 政府性基金

政府性基金，主要是指在各项法律、法规和中共中央、国务院有关规定的指导下，各级人民政府按照国家规定程序批准，向公民、法人和其他组织征收的专用于支持某项事业发展的资金。土壤重金属污染修复政府性基金的来源是多元化的，初始资金可以来自国家财政拨款、土地出让收益金、环境税收收入等，此外还可通过基金利息收益、行政罚款、绿色债券等引导社会金融资本进入环保领域。土壤污染防治基金可实施量入为出、专款专用原则，根据基金规模，安排阶段重点工作，且该基金专项用于土壤重金属污染修复领域，是专项土壤修复与治理的资金机制。污染修复基金实施新旧区别对待。土壤重金属污染修复基金坚持"谁污染，谁付费"原则，明确治理主体归责，由于责任主体不明确等历史遗留的土壤问题，可得到修复基金的支持。对于新产生的土壤污染问题，则要落实付费责任，按照污染责任者的排放水平与造成的损害程度进行付费。土壤重金属污染防治基金的实施需要建立一套完善的工作与管理制度，并出台与该基金相配套的其他辅助政策，如修复基金核算的会计准则、修复基金使用标准以及修复基金投资管理与绩效制度。

3. 投资性基金

投资性资金是指各级政府，单独出资设立或社会资本共同出资设立的资金，经过预算安排，并采用股权投资的方式，将资金投向社会发展需要的关键环节，支持相关产业和项目的发展。建立土壤重金属污染修复投资基金需要首先设立一个投资机构，统一管理经营闲散资金，按投资比例获得投资收益。这种方式具有显著的商业色彩，实行市场化运作，但作为土壤重金属污染修复基金，又必须体现土壤环境保护的要求。政府投资性基金的设计一般采用适应市场机制的规范投资基金形式，基金的目的性非常明确，使其在确保投资人利益的同时，能最大限度地兼顾土壤环境保护目标；根据最有利于土壤环境保护的原则选择基金类型，可供选择的有契约型和公司型两种。政府投资型基金资金筹措可由国家环境部门负责组建一个机构，或以其所属单位或所控制的单位作为基金发起人，发起资金来源同政府专项基金。国外资金（世界银行或亚洲开发银行贷款）可以基金债务方式进入基金；其他资金以投资方式进入基金。因投资基金具有突出的商业性质，对基金运作的投资政策必须严格，以保证土壤环境保护宗旨的实现。

4. 三种模式的比较

修复资金模式是采取专项资金方式还是基金方式，以及选择何种性质的基金模式，要根据我国土壤污染治理的现实情况综合厘定，各种资金方式的优缺点如表 5-1 所示。

表 5-1　　　　　　　　不同基金模式比较

基金类型	优点	缺点
政府财政专项资金	与现行政策衔接性较好；已有一定经验，操作方便，机构设置简单；不需要很强的金融管理能力	由所有人负担，存在公平性问题和导向不明确问题；单一来源，缺乏持续性资金保障；投入总量不能满足基金资金需求，且资金使用率不高；事权划分不清，责任未明确；不能很好反映"污染者付费"的原则；资金使用方式不灵活，难以适应我国土壤污染治理工作特征

第五章　基于"组织—资金"分权的土壤重金属污染修复基金组织结构设计

续表

基金类型	优点	缺点
政府性基金	资金来源渠道多元化；单独核算体系；体现"污染者付费"原则；引导市场发展	基金主要来源于财政资金以及土壤污染责任负担人，相对更加公平合理；需要一定规模的初始启动资金；具有灵活性和持续性，符合我国土壤重金属污染修复需求；需要法规法律、监管制度等保障；管理和运行成本增加
投资性基金	具有较强的融资能力；符合市场原则，比较规范；基金规模发展前景好，带动产业发展	主要针对具有商业价值的污染地块；政策和体制障碍大；投资方向难以控制；缺乏经验

政府财政专项资金在对土壤污染修复工作注入资金的同时，也对土壤污染修复相关投资起到了一定的带动作用；但是，政府财政专项资金存在资金来源单一、资金政府事权划分不清、缺乏有效的资金监管等缺点，因此专项资金方式难以满足修复资金需求，资金使用效益不高。政府性基金资金来源多元化，可引导私人部门资金进入土壤重金属污染修复领域，提供了土壤污染治理的主要资金流，同时政府性基金应实行单独的核算体系，采取专业的土壤重金属污染修复会计审计制度；但是，建立政府性基金也存在一些问题，如基金的建立初始启动资金需求大，基金来源的税收、土地收益金收入等设置难度大，综合考虑要求高，而且基金制度需要法律法规、标准体系以及专业管理制度配套保障，这也导致基金管理和运行成本增加。投资性基金具有较强的融资能力，符合市场原则，基金规模发展前景好，可以带动产业发展；一般而言，对于可以通过市场化手段推进的具有"土地级差"潜力的污染场地的风险管理与治理修复，以及对于污染责任明确，但是现期不具备治理资金的企业提供贷款获取回报，实现保值与增值，可以采取该基金模式。

结合我国《土壤污染防治行动计划》的实施目标，在中央财政层面，土壤重金属污染修复采取政府性基金方式最符合现实需求。同时，应积极鼓励各级地方因地制宜开展不同模式的土壤重金属污染修复资金机制的探索与实践。

（二）土壤重金属污染修复基金运行模式

土壤重金属污染修复基金由专门机构负责基金的运行与维护，主要注重项目投资与投后管理实现增值，促进效益最大化。同时，为了防止基金投资人的利益受到损害，相关负责人需要为基金选择合适的托管机构，承担基金的管理与核算工作，充分保障其安全性。借鉴他国优秀经验，为实现资金运作的长期性，满足各项修复工作的资金需求，我国应设立符合我国国情的政府性信托基金。该基金作为政府信托资金，具有行政功能并带有一定的营利性，可以对基金保值或增值进行合理的投资或融资。根据学者阚景阳（2016）对西方投资基金理论的分析及学者孔杰（2008）对中国私募基金监管的实践研究，政府性信托基金主要可分为三类运作模式：信托制基金、母基金、"政府+信托"基金。

信托制基金由基金所有人（委托人）完成出资，信托公司则依据事先签订完成的特定信托合同来使用委托人交付的财产，以实现对各个修复项目进行资金支持。该部分资金的独立性较强，管理较为规范，但这种单纯由信托公司控制的基金有几点缺陷：第一，信托公司是一个中介机构，资金因为流动路线的延长提高了运作成本；第二，通过信托公司进行的资金往往要求一次性整体投入，资金闲置率高，机会成本较大。

母基金模式是一种间接持有模式，它不直接持有相关股票或证券类资产，而是通过持有具备该资产权益的其他基金间接持有权益。该模式运作成本较低，风险较小，能够有效帮助投资者规划基金组合，再通过具有专业知识和技能的基金投资运作者来二次精选基金，有效降低非系统风险，因此母基金风险较小，基金整体较为稳定。但母基金也有其缺点，门槛高、收益低加上规章复杂、不易操作，极大可能会降低土壤污染修复基金运作的积极性和效率。

"政府+信托"基金运作模式较普通的信托基金有所不同，管理公司由政府出资建立形成而仅承担有限责任，通过发行股票来集合投资人的资金，并聘请负有信赖义务的专业人士以"多权分立、相互制衡"结构管理，进行各种投资组合获取利益，并向投资人分配股利。信托公司作为中介机构不会要求过高的佣金，又因政府起到监督管理作用，基金使用效率提高。

二 土壤重金属污染修复基金组织结构设计原则

设立和实施土壤重金属污染修复基金应以法制建设为基础，以保护和改善土壤环境质量为导向，按照"谁污染、谁付费"的原则，明确治理主体归责，发挥政府性资金的引导作用和激励功能，调动政府部门、排污企业、环保公司、金融机构、社会资本等各方土壤重金属污染修复与治理主体的积极性，形成多元化的资金投入模式，并通过基金的引领作用，带动土壤修复产业发展，同时，实现基金的部分资金增值盈利，确保基金的有效稳定补充。具体原则如下：

1. 实施专款专用

土壤重金属污染修复基金实行量入为出、专款专用原则，根据基金规模，安排阶段重点工作，且该专项基金用于土壤环境保护领域，是专项土壤修复的资金机制，采取单独核算体系。

2. 多方融汇资金

土壤重金属污染修复基金初始资金是国家财政拨款、土地出让收益金、环境税等，也要发挥基金的引导催化功能，通过基金利息收益、绿色保险、行政罚款等引导社会金融资本进入环保领域。

3. 新旧区别对待

土壤重金属污染修复基金应坚持"谁污染，谁付费"原则，明确治理主体归责，由于责任主体不明确，责任主体无力承担污染治理费用以及历史性遗留的土壤问题，应得到土壤修复基金的支持。对于新产生的土壤污染问题，则要落实付费责任，按排污责任方排放水平与损害程度进行付费。

4. 积极引导激励

土壤重金属污染修复基金不仅仅为土壤环境保护提供资金投入，也要结合国家有关政策，引导土壤修复产业发展，不断壮大土壤修复产业市场，促进技术创新进步，提升我国土壤修复产业市场竞争力。

5. 完善机制模式

修复基金需要建立一套完整的工作与管理制度，并出台与该基金相配的其他辅助政策，如修复基金核算的会计准则、修复基金使用标准以及修复资金投资管理与绩效制度。

综上所述，首先将政府资金专项投资建立修复基金，同时募集社会资金，交由专业的资金管理机构负责日常运营、投资和管理。主要包含四个方面优势：第一，相较于财政资金，基于市场机制管理运行基金，能够使土壤污染治理获得更多资金，从而得到更好的支付效果，提升土壤污染修复效率。第二，基金贯彻了"谁污染，谁负责"的原则，并对此原则进行创新，将环境污染的所有责任主体纳入修复基金中，并对其进行权责分配，相较于单一使用财政资金效益更高。第三，基金可以实现保值增值，吸取社会资金，并进行投资和投后管理，从而具有更强大的资金支付能力。第四，资金能够支付迅速，程序简化，减少繁杂的审核步骤，保障资金的时效性，使得资金能够及时用于土壤污染治理修复工作。

第二节 土壤重金属污染修复基金组织机制设计

在合理的基金模式选择基础上，有效的基金组织结构能够帮助基金最大限度地发挥其效用，即对基金托管人、基金投资者和基金管理人的权责合理划分配置，彼此间相互制衡，相互监督，确保基金正常高效运转。合理界定基金组织结构和基金当事人的法律地位是基金内部效用顺利实现的前提。

信托型投资基金组织结构是由基金契约界定的，因此，明确信托型基金各责任主体的权责关系，需要首先明确其基金契约。细化来看，责任主体间关系是由同一个契约统一界定，还是由不同契约分别规定，每个国家做法不一，但设计中心都在于明确基金管理人的法律责任。

虽然我国目前还未产生类似美国"超级基金"的成熟制度，但是已经出现性质作用相似的基金，也产生了一些收取排污费、土地使用费、环境保险等零散制度，可以视为早期的"中式超级基金"，由于尚处于起步阶段，存在制度未体系化、管理未科学化、监管机制未成熟化等问题，需要采取相应措施发展完善，才能最大效果发挥其在土壤污染修复中的作用。根据美国"超级基金"制度的管理运作特点、优势与不足，本书提出建立我国央地分权管理的"土壤污染修复基金组织机制"的设想。

一 土壤重金属污染修复基金主体分析

在土壤重金属污染修复基金主体中，污染企业与民间资本投入者为基金受益人，污染企业作为委托人将修复基金交付给信托公司，通过委托管理公司进行投资受益,降低企业承担污染修复的风险,而民间资本投入者通过对政府出资建立的管理公司进行投资参与基金的运行,以持有金融资产的方式进行风险投资;政府是基金的管理人,其出资设立的管理公司对投资者的资金进行投资组合,通过杠杠效应放大资金的效益,以弥补污染修复的资金空缺。信托公司作为基金信托人行使基金的保管工作,减少政府在基金收取过程中人力物力的投入,同时引入市场力量以增强基金的活力。

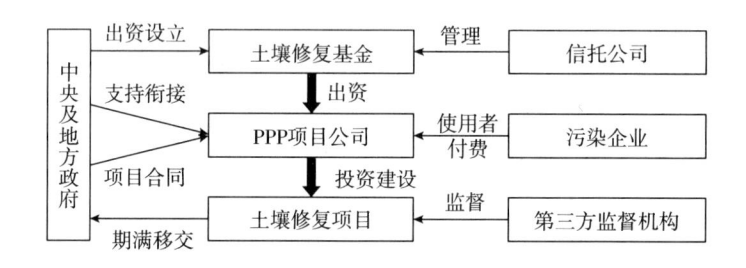

图 5-2 修复基金主体关系

投资基金法或信托法的制定,首先必须确定当事人的法律地位,清楚列示在条文中。同样,要想厘清土壤污染修复基金的组织构架,也需要明确基金运行过程中的主体,只有这样,才能进一步准确把握投资基金各参与方的权利义务,从而科学地把握其所对应的职责作用。

其中,土壤重金属污染修复过程中主要涉及以下主体:

1. 政府

政府作为修复基金的执行者和运作者,承担对基金安全、保值升值及有效利用的责任。政府利用财政资金作为引导性资金,充分利用环保性税收及罚款,吸收民间资本及采用新型商业融资模式为修复基金引入充足的资金。政府应派人成立基金管理小组或成立专门基金公司，对基金的收入和支出进行详细的登记及公示。财政部、环资部、发改委是配合政府运作管理的协同单位，有责任有义务及时地为修复基金打开通道及划拨资金等流程。

此外，为有效提高组织管理效率，构建政府管理团队为"省级—市级"分权式组织体系。该体系将与基金相关的权利赋予省级与市级管理团队，而市级管理团队通过制定相应的政策将本地区的具体实施权利进行细化。进一步，市级管理团队通过"政府+信托"基金模式的运作，找出污染排放的责任人并落实其应当承担的相应义务。

2. 污染企业

污染企业作为环保税收及环保罚款的对象，秉承"谁污染，谁治理"的原则有义务对污染地块进行修复处理。若污染涉事企业不愿承担修复义务，政府有权对其进行依法追责及向上游污染源追溯。污染涉事企业缴纳了环境保护税或缴纳了罚款，并不代表对污染地块的责任已结束，该企业仍需对其污染地块承担治理责任。责任企业需要承担起相应的土地污染修复费用，如果污染是由多家企业共同造成的，那政府相关部门应该展开调查、追溯责任，使相关污染企业承担起相应的经济责任。

3. 民间资本的投入者

民间资本也是较为主要的资金来源，融资力量不可小觑。赞助企业、个人及各种环保公益组织可以选择无偿捐赠或是以投资方式进入基金。具体的投资方法有多种，包括PPP融资、买进政府债券、斥资有前景的修复项目等。

4. 信托公司

信托公司作为一个中介机构，在该基金的运行过程中接受两方委托。一方面，信托公司依据事先签订完成的特定信托合同来保管企业交付的投资基金，并对政府使用基金的行为进行一定的监督；另一方面，信托公司接受政府的委托向污染企业收取其应该对其污染负责的修复费用。

5. 环保修复公司

环保修复公司是负责具体修复项目的实施者，有义务在每个阶段向政府汇报工作进展。基金绝大部分支出是给环保修复公司进行土壤修复的，因此环保修复公司要诚信经营，依照实际支出使用资金，并做好账务处理及信息披露工作。

6. 第三方检测机构

第三方检测机构作为一个污染责任判定的机构，所出具的责任认定书具有法律效应，判定的污染责任是由谁负责就由谁负责。污染责任的百分比、数额、责任人都可以由第三方检测机构做出决定。

二 土壤重金属污染修复基金分权式组织结构设计

（一）分权管理的含义

分权原本是一种政治概念，在管理学中是指决策权分散于组织系统中较低管理层次，即为发挥较低组织层次能动性与创造性，将决策管理权下移，最高领导层只负责宏观协调和重大问题的决策。

中国环保基金制度建立的主要目的是在面对环境污染压力时，能够有充足的资金供应，确保修复的实施。然而，近年来我国设立的环保基金由于未建立合理的管理机制，资金使用效率较低。而分权管理能够为此带来新的解决方案，当面对新的环保治理问题时，不同层级的基金管理层能够迅速应对、及时决策，有效处理环境污染。

环保基金一般可以分为市场性基金、社会性基金和财政性基金，可以相应建立中央和地方两级环保基金制度，并进行分权管理。其优

第五章 基于"组织—资金"分权的土壤重金属污染修复基金组织结构设计

势主要包含以下几个方面：首先，两级基金在出现严重土壤污染情况时能够迅速有效沟通，避免一层一层向上汇报，有效发挥地区土壤重金属污染修复基金的作用；其次，地方基金的设立可以提升治理效率，避免机构冗余，基金绩效也会相应得到提升；最后，建立央地两级土壤基金可以规范主体的行为，明确各方权责，更有助于对资金使用进行管理，同时纳入绩效考核机制，将评估结论作为资金管理的依据，提升基金的运作效率，形成相辅相成的效果。

(二) 土壤重金属污染修复基金组织机制

在土壤重金属污染修复基金组织结构中，中央部门主要负责针对整个国家的土壤污染情况制定法律法规、条例条规，并监督地方部门将中央下达的指令进行贯彻落实，同时，地方部门应针对当地的实际状况，出具符合当地情况的条款。中央和省级主要负责制定政策和审批监督，市县级主要负责政策的监管实施。按照相应的法律法规的规定，具有保护环境职能的部门享有权利并履行相应的责任和义务，即对于负有保护环境职能的有关部门及负责人未履行或未适当履行职责，应承担相应的法律责任。因此，划清相关部门的权利和责任是保障土壤重金属污染修复基金高效运行的基础和必要条件。

中央层面，中央政府设立中央土壤重金属污染修复基金委员会，并由此委员会负责管理中央层面土壤重金属污染修复专项资金，按地区需求情况将资金分配至省市级土壤重金属污染修复基金，并全程对资金使用情况进行定期监管；同时，中央政府通过环境绩效评价机制监管地方政府的环境治理成效，并由此调整未来资金分配情况，因为如果监管成本过高，中央政府便会疏于对地方政府的监管，在此种缺乏监管情况下，一旦地方不执行中央政策规定收益高于执行所带来的收益，地方便会偏向于不执行。鉴于此，需要通过环境绩效考核体系来对地方政府的行为进行规范,通过环境指标、污染强度等一系列指标来保证监管力度,必要时进行经济制裁。

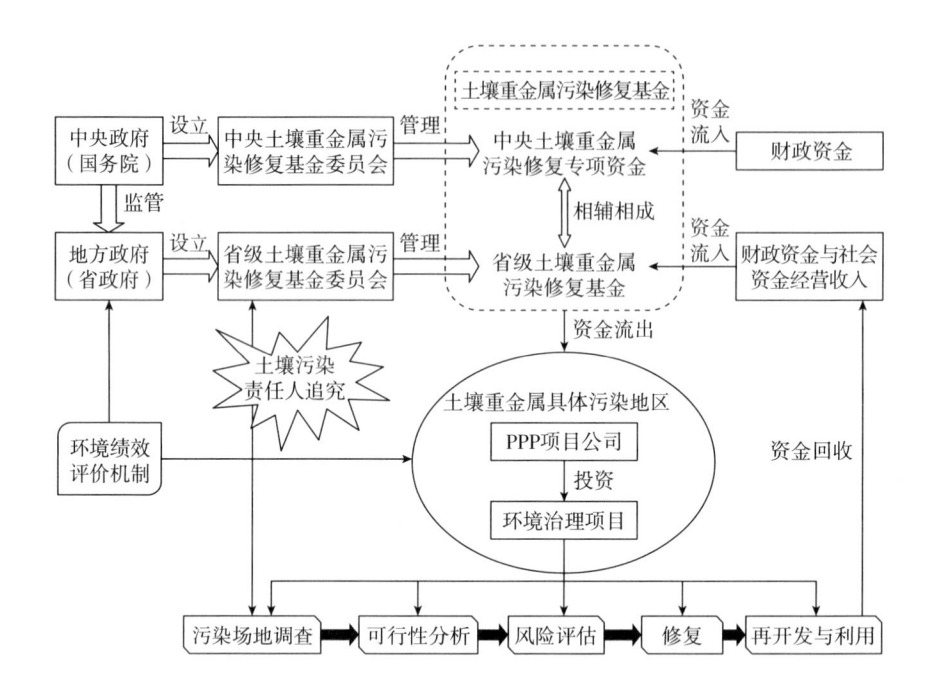

图 5-3 基于央地分权的修复基金组织机制

地方层面,地方政府也应当设立省市级土壤重金属污染修复基金委员会,并由此委员会负责管理地方层面土壤重金属污染修复基金,并将由中央政府分配进入基金的土壤重金属污染修复专项资金进行管理;此外,省市级土壤重金属污染修复基金委员会需对土壤重金属污染具体地区的环境治理项目进行评估,若项目合格,则将资金从修复基金中调出,分配至此地区的 PPP 项目公司,并由此公司负责环境治理项目的资金支持;同时也需通过环境绩效评价机制对环境治理项目的实施进展及成效进行考核,并以此实施奖惩。地方环境治理项目通过污染场地调查、可行性分析、风险评估、实施修复和再开发与利用等步骤对资金进行使用,若仍有结余,可通过资金回收制度使资金重新流入地方层面土壤重金属污染修复基金,促进资金的循环利用,政府也需对主动上交多余资金的公司进行奖励。

如果执行中央政策规定的效益高于不执行的效益,无论中央监管与否,地方政府都会自发执行,所以要加强土壤修复基金中的绩效奖励机制,并引入市场机制,促进环境绩效良性转化为经济绩效;同时可通过补助补贴等方式降低地方执行成本。从长远来看,央地分权的组织机制是不断发展变化的,需要根据监管及奖惩力度、地方执行情况、基金调节作用等因素的作用随之进行改良,从而提升整个组织机制的合理性和高效性。

(三) 国家和地方层面具体组织结构与职能

1. 国家层面

一直以来,政府的自然资源所有者代表身份与生态保护监督管理者身份混同,为此,亟待推进两权分离(王兴杰,2010)。中央政府应适当授权下级部门,同时鼓励支持省级地方政府通过适当的协商渠道,明确上级下级政府间的权责及监督机制(潘佳,2018)。结合美国超级基金经验和我国具体情况,通过立法将土壤重金属污染修复的职责赋予国务院和生态环境部门,国务院进一步将自己的部分职权授权于生态环境部门,使财政部、农业农村部、住房和城乡建设部、林业草原部、自然资源部等部门可以服从于生态环境部关于土壤重金属污染修复工作的相关要求,从而避免层层审批的繁杂程序,提高土壤重金属污染修复的效率,具体结构如图5-4所示。

首先,国务院负责土壤重金属污染修复工作的统筹决策事项,制定基本的土壤重金属污染修复制度与规范,任命相关的负责人,承担起整个修复工作战略目标和发展方向的制定工作，把握整个土壤重金属污染修复工作的走向不会误入歧途。

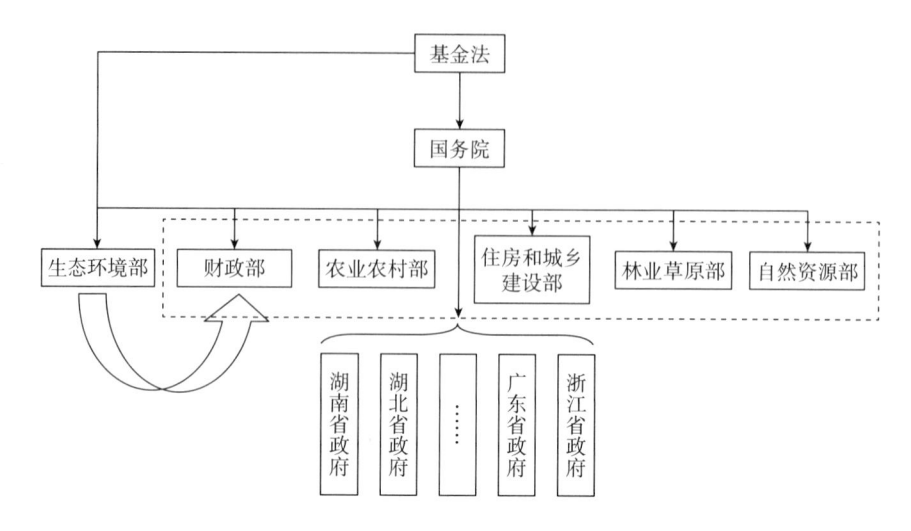

图 5-4　国家层面的修复基金组织结构

其次，国务院将其部分决策权力与领导权力授权于生态环境部门，使其能够在土壤重金属污染修复工作中占有绝对权威。生态环境部作为污染修复工作的主管部门，具体职能如下：一是生态环境部需要承担起制定全国土壤污染修复工作中长期发展计划的责任，并以带有战略性、科学性、发展性的眼光向国务院提出制定重大方针政策的建议。二是生态环境部负责对地方政府上报的土壤污染评估报告进行审核，并将其审核结果提交给财政部，财政部根据生态环境部门出具的审核结果计算国家财政预算额度并向地方拨付，一定程度上对财政部的职能起到了监督作用，防止土壤污染修复基金的损失。三是生态环境部对地方生态环境主管部门进行监督，避免出现地方政府一味发展经济而不顾土壤修复的现象出现。

最后，其他部门如财政部、农业农村部、住房和城乡建设部、林业草原部、自然资源部等部门主要负责协助生态环境部门的工作。其中,财政部主要负责发起土壤重金属污染修复基金,领导全国财政部门配合土壤污染修复基金的运行与管理,同时,财政部负责修复工作中的国家财政预算。其他部门主要职责是对修复治理工作的实施进行监管,并和生态环境部门做好协调配合工作。

2. 地方层面

根据分权的原则,将土壤重金属污染的修复分为国家和地方层面,组织结构见图5-5。地方层面主要负责当地具体的土壤污染项目的评估与修复,授权于省级生态环境主管部门,由其主导当地的土壤污染防治工作,与生态环境部不同的是,省级生态环境主管部门需要根据当地特点组建专业的土壤重金属污染修复团队,并由其进行日常的管理,负责其内部的考核与任命。除此之外,省级财政主管部门与国家层面的职能也有所不同。为了丰富土壤重金属污染修复基金的来源,政府出资设立基金管理公司,省级财政主管部门除了要核算地方财政中应当纳入基金的部分,还要将基金管理公司的经营成果一并纳入考虑范围,组织结构图如图5-5所示。

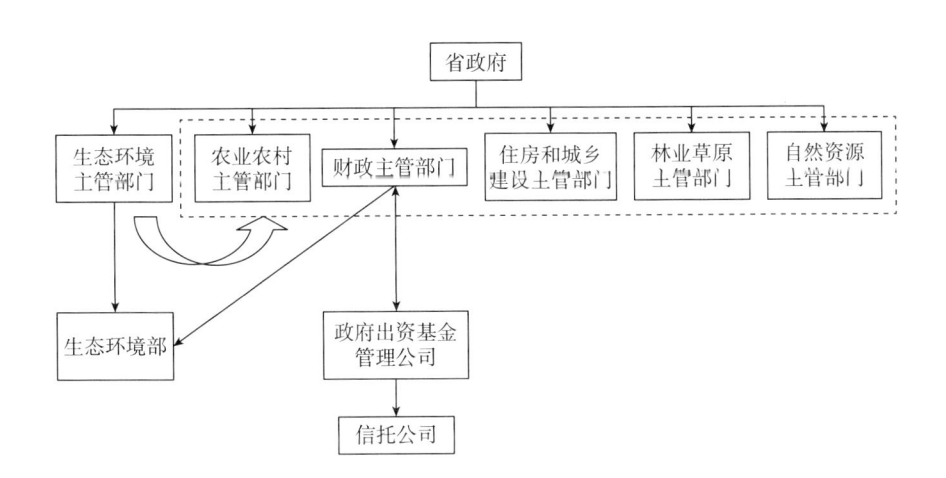

图5-5 地方层面的修复基金组织结构

一方面，在国务院的直接领导下，作为地方层面的主要政府牵头部门，省政府需要依照法律和行政法规，负责针对区域性质的环境问题制定本区域环境目标，对地方政府环境保护工作进行统一指导和监督。具体包括，首先，应当对央地职权进行科学划分，根据管辖范围、政府职能等因素，使地方政府充分拥有对相关企业奖惩的权限，提升地方政府在土壤污染治理中的地位，增强其主观能动性；其次，对其行政区内的环境问题负责，负责本区域具体土壤污染项目的评估与修复，提出应对土壤环境质量下降的对策；最后，统一协调下级地方政府及生态环境主管部门，充分发挥指导、规范、监督和协调的职责。

另一方面，生态环境主管部门的设立是为了弥补地方政府在环境保护职能上的不足之处，避免地方政府过度聚焦于以国内生产总值为主要准则的政绩考核而忽视对违法行为进行惩处等不当行为。其责任在于：根据当地特点组建专业的土壤重金属污染修复团队，并由其进行日常的管理，负责其内部的考核与任命。同时具有以下权力：环境行政机关可以采用扣押、查封、取缔等行政强制手段，对故意破坏环境等违法行为在取得生态环境部许可后进行处罚，同时拥有部分行政强制决定权例如停产治理、限期治理、停业关闭等决定权。

第三节 土壤重金属污染修复基金权责机制设计

在土壤重金属污染修复基金组织结构中，中央部门主要负责针对整个国家的土壤污染情况进行制定法律法规、条例条规，并监督地方部门将中央下达的指令进行贯彻落实，同时，地方部门应针对当地的实际状况，出具符合当地情况的条款。中央和省级主要负责制定政策

第五章 基于"组织—资金"分权的土壤重金属污染修复基金组织结构设计

和审批监督,市县级主要负责政策的监管实施。按照相应的法律法规的规定,具有保护环境职能的部门享有权利并履行相应的责任和义务,即对于负有保护环境职能的有关部门及负责人不履行或不当履行其职责,应承担相应的法律责任。因此,划清相关部门的权利和责任是保障土壤重金属污染修复基金高效运行的基础和必要条件。

一 国家层面的部门权责机制

1. 国务院

国务院是最高行政机构,其法定职权是对环境质量负责,统筹决策土壤重金属污染修复工作,制定基本的土壤重金属污染修复制度与规范,任命相关的负责人,承担起整个修复工作战略目标和发展方向的制定工作,把握整个污染修复工作的走向不会误入歧途。其承担的具体环保职责主要包括:宏观上把握环境治理工作的方向;制定和完善各个省市环境质量标准体系;进行国家层面环保方面的协调;制定环保方面的激励政策和提供相关服务;分配宏观层面公共环境资源;作出重大的环境执法决定。

2. 生态环境部

生态环境部负责制定国家环境保护政策、履行国际环境保护义务和责任,统一指导协调国家环保工作开展,包括:对环保方案的规划、具体部署和协调,并对下级部门和其他有环境保护职能的部门的工作进行指导和监管。生态环境部主要负责环境法律、政策的贯彻、执行和管理工作。具体来说包括以下几个部分:首先,生态环境部需要承担起制订全国土壤污染修复工作中长期发展计划的责任,并以带有科学性、战略性、发展性的眼光向国务院提出制定重大方针政策的建议;其次,生态环境部负责对地方政府上报的土壤污染评估报告进行审核,并将其审核结果提交给财政部,财政部根据生态环境部门出具的审核结果计算国家财政预算额度并向地方拨付，一定程度上对财政部的职能起到了监督作用，防止土壤污染修复基金的损失；再次，合理地管理并使用污染修复基金；最后，生态环境部对地方生态环境主管部门进行监督，避免出现地方政府一味发展经济而不顾土壤修复的现象出现。

就权力而言，生态环境部享有统一的环境许可权、环境评价权和环境行政司法权。生态环境部负责牵头协调事宜，保障环境治理长期协作。同时，可以建立长效监督机制，进行人员配备与职能设计，加强其对地方政府与行政主管部门的监管，促进环境问题的妥善处理。

3. 其他部门

国务院下设的其他部门如财政部、农业农村部、住房和城乡建设部、林业草原部、自然资源部等部门主要负责协助生态环境部门的工作。其中，财政部主要负责发起土壤重金属污染修复基金，领导全国财政部门配合土壤污染修复基金的运行与管理，同时，财政部负责土壤重金属污染修复工作中的国家财政预算。其他部门需要对生态环境部门的工作具体开展进行协调配合。

二 地方层面的部门权责机制

1. 省政府

省政府作为地方层面的主要牵头部门，依照法律和行政法规，在国务院的直接领导下，负责针对区域性质的环境问题制定本区域环境目标，对地方政府环境保护工作进行监管和协调。各省政府在土壤重金属污染修复方面起带头作用，恪守法律，严格依法办事。同时，加大土壤重金属污染防治宣传力度，提高公众土壤重金属污染防治的关注度以及法律意识问题，避免企业为眼前利益而随意排放污水、堆放重金属而忽视了重金属带给公众的危害。此外，所属区域的土壤重金属污染治理的重心要放到责任主体的甄别上，污染者承担土壤重金属污染治理主要责任，政府承担次要责任。具体包括：首先，根据政府权责、管辖范围等因素对各级政府的职责进行分配划分，适当授权于地方政府，如对违法企业的处罚权，适当加强地方政府的主观能动性，确立其责任主体地位；其次，对其行政区内的环境问题负责，负责本区域具体土壤污染项目的评估与修复，提出应对土壤环境质量下降的对策；最后，统一协调下级地方政府及生态环境主管部门。

2. 生态环境主管部门

生态环境主管部门设立是为了弥补地方政府在环境保护职能上的不足，避免地方政府过度聚焦于以国内生产总值为主要准则的政绩考核而忽视对违法行为进行惩处等不当行为。

本部门主要负责土壤重金属污染执行的具体事项，协助省级省政府把控本区域土壤重金属污染治理。具体责任包括：首先，根据当地特点组建专业的土壤重金属污染修复团队，并由其进行日常的管理，负责其内部的考核与任命；针对各省市不同的排污强度实施不同的环保政策引导和管理，协助上级制定针对性的法律制度加以规范。其次，先由重点工业用地区域展开土壤重金属污染状况排查并将具体调查情况报告给省级政府。再次，完善环境监测标准，针对农用地和城市建设用地使用不同的监测标准。此外，还需要根据污染区进行程度不同的等级划分，因地制宜采取不同的治理措施。然后，进一步完善污染地调查评估制度，严格确定调查主题，明确调查程序和细化风险评估程序实施。最后，协助省政府建立并完善土壤重金属污染信息公开制度，有效地发挥公众的社会监督职能并监督相关部门工作进度。

就其权力而言，具体包括环境行政机关扣押、查封、取缔等行政强制措施，对故意毁坏环境等违法行为在取得生态环境部许可后方可进行处罚，增强环境行政机关法律威慑力和执法威信，同时拥有行政部分行政强制决定权例如限期治理、停产治理、停业关闭等决定权，避免地方政府为了实现经济绩效，而忽略环境绩效，不采取有利于环境的强制性措施；根据《环境影响评价法》第二条规定：环境影响评价是指对规划和建设项目实施后可能造成的环境影响进行分析、预测和评估，提出预防或者减轻不良环境影响的对策和措施，进行跟踪监测的方法和制度。

第六章 基于"组织—资金"分权的土壤重金属污染修复基金资金构架设计研究

第一节 土壤重金属污染修复基金资金框架设计

一 基本思路

资金匮乏是当前土壤重金属污染治理进程中的难题,除了中央政府的专项财政拨款以外,仍存在巨大的资金缺口。虽然从2019年1月1日起正式实施的《土壤污染防治法》首次提出加大土壤污染修复资金投入力度,建立土壤污染防治基金制度,采用多种投融资模式与渠道相结合的方式解决资金问题,但该制度的建立尚未成熟,针对资金的来源渠道、使用范围、管理模式等均未明确规定,致使目前土壤污染防治基金的建立仍处于探索阶段,因此深入研究土壤污染防治基金的可操作性与灵活性,充分发挥政府资金的主导作用,为重金属污染的土壤修复工作提供充足且可持续的资金保障具有重要意义。

《土壤污染防治法》基于土壤污染防治基金制度,设立了中央土壤污染防治专项资金和省级土壤污染防治基金,用于土壤污染风险管控和修复。前者是中央财政为改善受污染土壤环境质量，综合防治土壤污染而拨付的专项资金。后者是基于各省的具体情况"因地制宜"，设立相应配套的土壤污染防治基金，主要服务于各省土壤环境调查、风险评估与污染土壤修复工作。土壤污染修复基金打破了以往"财政拨款—具体项目"的资金流向，即政府部门针对某一具体土壤污染事件拨付的治理修复专项资金，通过多元化融资机制吸收社会资本，扩充了资金来源，同时辅助以严格规范的基金管理模式，保障土壤污染修复基金制度的有序运行，实现基金资本的稳定增长。在土壤污染修复领域可以采用基金管理模式的主要原因有以下三个：

（1）"谁污染，谁负责"的原则。适用于责任主体明确且有能力承担修复义务的情形，政府部门应该首先追溯责任，由污染责任人支付土壤环境改善的相关费用，承担修复义务；当责任主体无力承担修复义务时，土壤污染修复基金则可以做有效补充，由基金账户支付相应的费用。采用修复基金模式管理资金既能充分体现"污染者承担责任"这一原则，同时也可以弥补财政专项资金的不足。

（2）资金增值。土壤重金属污染治理是一项长期工程，需要大量的资金投入。为了最大限度地发挥修复资金的有效性，应避免以资金形式闲置资产，这不利于资产的经济价值。土壤污染修复基金中的资金可以通过法定融资和增值渠道（李震宇，2017），例如银行存款收益、购买国债利息、投资回报等，实现资产增值来缓解资金缺口。

（3）基金资金审批程序较为简化。相比于财政专项资金的审批程序，基金的审批流程具备高效性的优势，程序相对简化，可以确保资金的及时到位，保证受污染土壤修复项目的高效推进，实现土壤污染的有效治理，从而有助于遏制土壤污染。

土壤重金属污染修复基金是基于中国国情设立的，资金的设置必须以基金的宗旨和目标为导向，但由于其宗旨与目标具有公共性，因而，其资金的收集和支出也必须具有社会公共性。基金整体设立与运行管理机制的设计思路包括基金框架设计、"组织—资金"分权式制度构建、基金运行管理机制构建。首先，框架设计中的资金来源是来支撑基金的实际运转。其次，"组织—资金"分权式制度保障了基金的正常运行和记录日常开支和经营活动，运行管理机制构建保障了基金的有效管理和避免监管漏洞。同时，设立和构建土壤重金属污染修复基金资金必须以法制建设为基础，以保护和改善土壤环境为导向，以"谁污染、谁负责、谁付费"为基本原则，明确污染方和治理方的主体责任，充分发挥政府性资金的引导作用和激励作用，调动政府、污染方、治理方以及社会公众等各方主体的积极性，从而形成资金来源多元化的投资模式，并发挥基金的引导作用，带动土壤污染修复相关行业的发展，实现基金的部分资金增值盈利，以确保基金的稳定补充。

基于分权视阈理念，"组织—资金"分权式体系是指从组织构架和资金流转两个维度设计土壤修复基金制度的基本框架，揭示我国土壤重金属污染修复的动态特征与内在逻辑，突破以往土壤污染治理修复基金体系的设计瓶颈。其中，组织构架维度主要涉及修复基金的运行程序及模式设计，借鉴国内外先进环保基金制度，构建"中央—省级"两级分权式组织体系；资金流转维度则分为三个层面，资金来源多元化融资机制设计、资金分块使用及应用机制设计、资金分层管理体系设计。

二　基本框架设计

资金框架设计主要包括资金多元化来源、资金分块使用以及资金分层管理三方面。首先，资金来源必须破除单一化财政支持模式，扩充土壤重金属污染治理基金的融资渠道,增加企业、金融机构等资金来源方式融合社会资本用于重金属污染土壤环境的治理、恢复。其次,资金使用必须规范化、合理化,精确资金的使用功能及应用领域,分块精准配套修复资金,实现专款专用,提高资金的使用效益;资金管理必须全面化,构建一套完善的资金管理体系,实现分部门分层化管理,具体框架设计如图6-1所示。

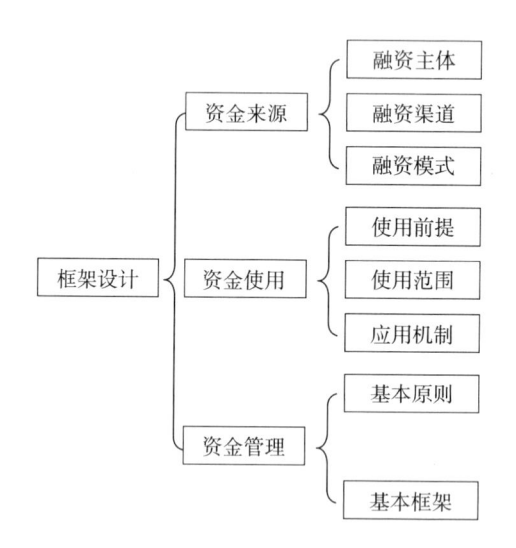

图6-1 土壤污染修复基金资金框架设计

(1) 构建修复基金的资金来源多元化融资机制。我国土壤重金属污染形势严峻,而修复土壤污染的资金问题一直制约着土壤修复行业的发展,当前污染土壤治理修复行业仅以政府财政专项资金为主导,未建立配套的市场化机制,即使土壤修复产业的发展空间很广阔,但鉴于产业模式不清晰,产业链不完善,致使该行业未得到重点开发,市场规模小,活力不足。政府性基金的资金来源作为有力的财政支持,存在途径单一、筹资额有限、责任主体缺失等弊端,未引进社会资本，容易加重政府的财政压力，降低污染主体承担修复义务的责任感和积极性。因此亟须依据土壤污染状况，建立符合我国特有国情的土壤重金属污染修复基金制度，通过多渠道的资金筹集机制，融合政府、企业、社会多方资本，从而扩充修复资金的来源（王艳娜，2014）。但初始资金则应以由国家财政拨款，征收的环保税为主；之后再发挥基金的引导催化作用，可通过基金利息收入、行政罚款、社会捐赠以及发行绿色债券等形式激励社会资金进入土壤重金属污染修复领域，为土壤修复治理工程的开展建立重要可靠的资金保障机制。

（2）土壤污染修复基金应当实现分块使用、专款专用。为了使有限的基金实现效用最大化，资金的使用应遵循基金设立的目的，以控制污染扩散和修复污染土壤为目标，改善土壤环境，推动我国土壤资源的可持续性利用。同时，以量入为出、专款专用为基本原则，依据基金的规模，安排阶段重点工作；根据土壤污染的不同程度合理分配资金，确保该项资金专项用于土壤环境保护领域，采用单独的核算体系，主要应用于耕地土壤污染，污染责任主体或地块使用权人不明、无力承担费用以及其他重大土壤污染的修复情形（隋易樟、王育才，2018）。基金可采取因素法或项目法分配使用，具体分配方式可由土壤污染修复基金中心的专门小组负责，按年度预算、资金使用效益、工作开展需求等因素确定并逐年完善。基金在具体使用时，可以采取拨款、贷款等多种形式，如对于污染责任无法确定的污染土壤即历史遗留土壤污染问题，资金必须由政府来承担时，基金以拨款形式支出；而对于污染责任明确，但现期不具备治理资金的企业，基金可以贷款形式支出，要求责任人分期偿付贷款金额。此外，在必要治理计划内如果有基金余额，可以投资于国内土壤污染修复市场，推动土壤修复产业的快速发展。

(3) 加快建立权责分明、监管有效的资金管理制度。目前出台的相关文件针对土壤污染修复基金的使用管理方式规定不明，缺乏相应责任监管体系和反馈制度，导致对于基金分配以及土壤质量改善情况的监督力度不足，不能做到有效管理和监督，难以保障所筹资金的合理规范使用，因此需要建立职权分明、监管有效的资金管理制度。《土壤污染防治专项资金管理办法》中规定，针对资金使用实施全过程预算绩效管理，要求建立健全监管制度，实行信息公开，增加透明度，接受社会公众监督。因此，可对资金实行分层管理，构筑基金营运商、出资人、管理人资金分权制度，提高资金管理和使用效率，设计内部与外部相结合的多元化基金监督平台，监管资金来源及分配使用、投入项目进度、土壤质量改善情况等，建议由土壤污染修复基金中心专门小组对专项资金使用情况进行监督检查，并定期自行组织或者委托第三方开展基金运行绩效评价。土壤污染修复基金中心及时在网站等相关平台跟进披露修复资金的专项分配、使用情况、项目安排和预算绩效等信息，透明化运营，接受社会监督。

第二节 资金来源多元化融资机制设计

一 土壤重金属污染修复基金的融资主体

土壤重金属污染修复是一项持续期长、耗资大的工程，全面治理需要源源不断的资金投入（徐丰冰、柳建设，2015）；另外，土壤污染修复工作并非"一劳永逸"，伴随着已污染土壤的治理会出现新的土壤污染地块，除使用修复费用之外，同时需要考虑土壤污染状况调查、风险评估、修复效果评价及修复后测查等费用，进一步加剧了资金需求（陈武、邹云、张占恩，2015）；此外，由于我国土壤污染修复行业发展尚不成熟,处于成长期阶段,修复治理资金链的持续稳定运行更需得到保障。依据欧美发达国家土壤修复治理经验,土壤保护成本∶土地可持续管理成本∶场地修复成本以1∶10∶100的关系增长。因此,面对巨大的资金缺口,污染土壤修复治理资金的持续供应已经成为改善土壤环境质量,推动土壤修复行业发展过程中的一大难题。

目前我国在修复治理重金属污染土壤方面的融资渠道相对狭隘,主要依靠中央财政的力量;而美国早在1980年就采用"污染者付费原则"为主导,超级基金为补充,鼓励企业和公众参与修复的模式;英国则实行分层责任机制,由污染责任主体、土地所有者或使用人以及纳税人承担修复费用;荷兰主要以政府部门和污染企业及个人作为融资主体;日本的基本来源为污染企业、政府补贴和民间资本。借鉴发达国家经验,这种多元多渠道的土壤污染修复基金融资机制主要的融资主体应包括以下几类:政府、污染企业和社会公众。

(1) 政府:对于重金属污染的土壤,政府部门作为最可靠、最有力的融资主体,应承担一定比例的修复费用,作为土壤污染修复基金的重要来源和有效补充。同时,政府财政税收"取之于民",理应"用之于民",将财政税收的一部分用于修复被污染的土壤资源,保障基金来源的稳定性。另外,政府部门具有审批法人设立的权限,承担对企业行为的监管职责,针对企业不合规使用土地资源,超限排污致使土壤被污染的情形,政府难逃授权不当,监管不力的责任,所以应该为土壤污染修复治理基金账户缴存部分资金。据图6-2显示,财政部公布的用于土壤污染修复治理的中央专项资金预算从2014年的20亿元左右大幅度增加到2017年的110亿元。根据土壤修复行业报告(2018)显示,政府及职能部门是2018年土壤修复的最大业主,是第一大资金来源,如图6-3所示。

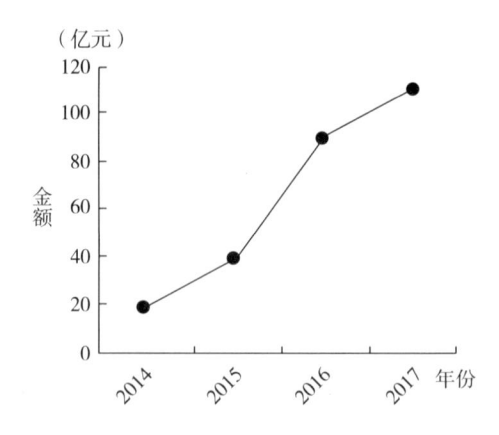

图 6-2 中央专项资金预算

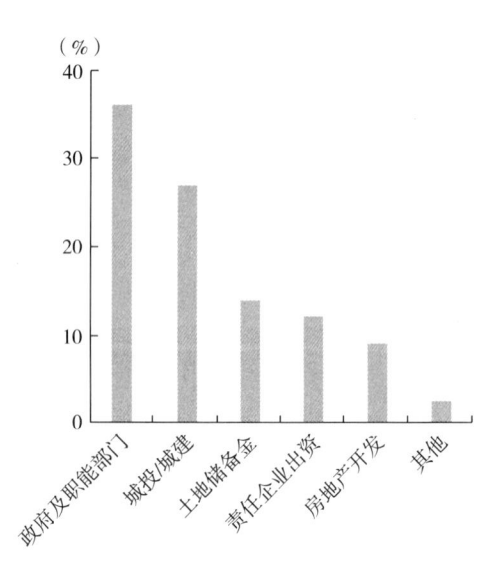

图 6-3 2018 年土壤修复项目的业主分布

（2）污染企业：主要针对责任主体明确且有能力承担治理费用的企业。土壤重金属污染是由于土壤中所含微量重金属元素，例如铁、锰、锌、铅、镉等超过正常值，经过长期的累积效应对土壤造成不可逆转的污染。在重金属污染来源中，企业生产经营过程中的超标排放是重要污染源之一，依据回溯责任原则，对企业先前污染行为的追讨罚款可以成为土壤污染修复基金的重要来源之一，"谁污染，谁治理"要求企业对自身经营行为造成的土壤污染后果承担修复责任。虽然作为污染主体之一，企业已缴纳了环境保护税或缴纳了罚款，并不代表对污染地块的责任已结束，该企业仍需对其污染地块承担治理责任。因此，企业应作为基金融资主体之一，依据其行为造成的土壤污染严重程度和规模大小，向土壤污染修复基金账户中缴存一定比例的资金，保障土壤污染修复工作的顺利开展，加快修复治理的进程。

（3）社会公众：在可持续发展背景下，社会公众即为友好型环境的直接受益者，享受良好的生存环境带来的健康发展或其他生活红利。根据"受益者付费"原则，公平地说，社会公众在接受重金属土壤污染修复带来的利益时，需要负担一定的成本。一方面，体现了社会公众在改善环境质量上的责任意识，有利于激发其保护环境的积极性；另一方面，社会资本的聚集可以有效地缓解土壤修复基金的筹集压力。因此，为达到扩充土壤污染修复基金账户资金的目的，土壤修复直接受益方须按规缴纳一定费用。在实际操作中，除了国家财政对无力承担修复费用的责任个人实施兜底行为，社会公众可通过缴纳税收、购买生态环保债券、个人捐赠等方式为重金属土壤污染修复项目添砖加瓦。因此，将受益于土壤污染修复成效的社会公众作为修复基金的融资主体之一，既可以减轻政府的财政压力，同时也可以扩充资金来源渠道，保障修复基金的稳定运行。

二 土壤重金属污染修复基金的融资渠道

经过对土壤进行治理后，环境质量将有所提升，全社会将有所收益，代表全社会的是中央政府、各级人民政府，因此政府应该支付一部分修复基金资金。但土壤污染修复基金的资金来源不能局限于政府财政补贴、专项资金拨付，应实现融资渠道多元化，采用多种融资模式。若全部依靠国家财政，可能会导致以下三个方面的问题。首先，对国家来说，土壤污染修复基金资金全部来源于财政，国家财政负担加重，可能会导致财政赤字的扩大。各级政府收到各个修复项目的拨款后，工作积极性降低，修复项目进展缓慢。其次，对污染企业来说，必须承担污染责任的企业因财政全额拨款而免予承担其经济责任，国家对其无监督、责罚作用，污染企业会继续污染厂区周边和沿线土壤环境。最后，对公民来说，公民既有的环保意识会因政府全盘承担土壤污染修复义务而降低，可能会产生"土壤污染修复是政府的义务"的惰性想法。因此，资金来源必须实现多元化，土壤污染修复基金不能单单依靠国家财政补助；合理利用环境市场机制多模式筹措土壤污染修复资金，充分发挥市场的调节作用，探索有效的土壤修复资金分配机制。基于其他国家已有的先进融资渠道及我国特有国情，土壤重金属污染修复基金的融资渠道可包括金融机构绿色信贷、环境保护税、追讨费用及罚款、基金内部收益融资、吸收民间资本、发行环保专项债券等方式。

1. 金融机构绿色信贷

绿色信贷又称可持续融资，是银行等金融机构通过其融资政策为生态产业或企业针对环保项目提供的贷款。将绿色信贷纳入土壤重金属污染修复基金的重要来源具有可行性。首先，绿色信贷作为绿色融资模式，其本质在于为生态环境保护和绿色产业融资构建新的金融体系并完善金融工具，资金使用目的具有针对性，土壤重金属污染修复作为保障环境可持续发展的重要抓手，可以充分利用银行业等金融机构的绿色信贷政策。其次，《绿色信贷指引》《关于绿色信贷工作的意见》等政策的发布明确指出要积极支持绿色发展。近年来，银行等金融机构通过信贷政策，调整信贷结构，在有力支持环保项目方面取得了初步成效，也为扩充土壤污染修复基金来源渠道提供了契机。此外，面对土壤重金属污染修复基金在资金方面的巨大缺口，有效发挥金融机构在引导社会资金流向、优化资源配置的作用，可以较好地保障土壤污染修复的治理稳步开展。

2. 环境保护税

环境保护税是政府为了合理规制污染型企业的环境负外部性行为而依据其政治权力，无偿强制征收的，同时也是政府通过市场机制分配环境资源、增加环境公共产品供给的有效手段。依据"专款专用原则"以及"税负平移"的立法设计，应将环境保护税收考虑用于环境的治理，缓解土壤严重污染的严峻形势，作为扩充基金的重要来源。环境保护税作为基金的融资渠道之一，一方面，保障了"谁污染，谁治理"的主体责任，以污染企业为征收对象，按照污染物排放量及危害程度为税收标准，另一方面，全体纳税人承担修复义务可以在一定程度上分担环境风险，激发各纳税主体的环保意识。既可以鼓励清洁型环保企业的发展，针对众多小型污染企业，缴纳环境保护税也可以限制其污染物的超标排放，促使其注重环保生产，创新技术。

3. 追讨费用及罚款

《中华人民共和国土壤污染防治法》第四十七条明确指出，因开展土壤污染状况调查、风险评估、修复等工作所产生的费用，由污染责任人承担，土壤重金属污染修复基金制度的建立应契合该理念，注重污染者修复。基金制度虽扩充了融资渠道，但并非减轻了污染主体责任，鉴于土壤污染修复工程的紧迫性，污染的治理可由基金账户先行垫付后求偿，避免因追责过程的长期性和复杂性延误修复治理进程。罚款主要针对污染者的污染行为和拒不履行修复义务的行为给予惩罚，也是修复基金的主要来源渠道。追讨费用及罚款的融资方式在污染责任主体明确且能够承担义务的情形下，可以先由污染方支付修复费用，修复基金作为后续补充；在污染者不明时，先从基金账户支取所需修复费用，再依据追溯原则寻找责任主体承担；若污染者无力履行修复义务，则可以分期合理追偿，针对污染程度和面积比较小并积极进行土壤环境治理的责任主体可适当减轻基金追偿压力，鼓励其勇于承担修复责任，实现多方参与环境改善，助力土壤修复工程。

4. 基金内部收益融资

政府投入、环保税、民间资本等方式主要是从基金外部探索的融资渠道，然而基金的持久运作还需依赖内部收益保障基金的保值增值，丰富融资来源。为避免基金资产的闲置，可在法定范围通过合法的投资增值渠道实现资金的最大化价值，运用市场调节机制将适量基金用于风险较小、收益相对较大的投资项目，所得收益作为孳息可纳入基金账户。投资渠道需要确保资金的安全性，存在以下几类：一是银行存款。银行存款相对风险较低，收益率稳定，流动性强。二是国债或政府债券。国债或政府债券相对安全，收益稳定，风险小，成为投资者青睐的投资方式之一。三是不动产投资。主要是指地产投资，购买房地产信托基金或房地产抵押债券等，需要依托于专业机构进行投资，具有高度不确定性，投资期长，收益相对较高的特点。简言之，基金可根据投资方式的市场特点和基金的流动性等确定合适的投资方式以实现资金的保值增值。

5. 吸收民间资本

随着近年来，土壤重金属污染严重影响人类生命和财产安全的新闻频频曝光，社会各界对于土壤环境问题也日益重视，社会组织和团体等的民间资本也逐渐成为修复基金的重要融资渠道。2016年9月正式施行的《中华人民共和国慈善法》第三条明确将"防治污染和其他公害，保护和改善生态环境"规定为慈善活动，促使环保事业成为被捐赠的对象之一。当前捐赠主体涵盖国内外机构、组织、社会以及个人，例如为助力发展中国家改善环境质量的国际组织，全球环境基金（GEF），曾无偿捐赠1500万美元专用于中国污染场地的修复治理项目。保护环境是每个公民应尽的义务，鼓励社会公众参与到土壤修复工程中，吸引民间资本的投入，既可以提升公民的责任意识，体现环境法的公众参与原则，还可以利用社会捐赠无对价、筹资快、来源广的优势，有效应对突发性土壤污染事件，同时可以引导公众加强监督土壤污染修复基金的合理使用。

6. 生态债券的发行

生态债券是适应环境保护政策情境下填补环境治理资金缺口的一种新型融资方式，已成为政府为满足生态改善需求的重要筹资手段，可同时实现生态、经济和社会三方效益有机结合（王雅霖，2016）。在我国当前土壤污染形势严峻，修复资金紧张的背景下，生态债券的发行俨然成为符合我国特有国情的环保融资方式多样化的有益尝试。在习总书记"共同抓好大保护，协同推进大治理"重要讲话精神的指导下，国家开发银行于2017年结合生态和经济，创新绿色金融服务模式，走在生态专题债券融资的前列，发行"大气污染防治""长江经济带水资源保护""绿色循环发展""粤港澳大湾区清洁交通建设"等专题绿色金融债券合计250亿元，青海省发行的中国首支林业生态地方政府专项债券，天津市首单生态保护专项债券以及农行黄河流域生态保护金融债券的成功发行均为土壤污染修复治理项目生态债券的发行提供了有益借鉴。未来的偿债资金主要来源于修复后的土地出让收益、税收及基金收益，可初步实现项目收益与融资的自求平衡，这将是我国土壤污染修复基金具有重要创新意义的来源渠道。

三 土壤重金属污染修复基金的融资模式

借鉴美国、英国、日本等发达国家修复污染土壤的先进经验和做法，结合我国出台的《中华人民共和国环境保护法》，基于央地分权的视角可以开发国家和地方不同级别的多方融资渠道，并建立相应的基金管理平台，从而规范引导政府、企业、社会层面的投融资行为，打破单一的资金来源现状，采用多种融资模式并存实现环保资金的有效长期投入，减轻对财政专项资金拨款的依赖。

自从我国提出环境治理领域应吸纳多种形式来源的资金，各种新兴融资模式纷纷涌现。根据受污染土壤的性质和出资方不同，土壤修复治理多种经营模式并存，如表6-1所示，目前在土壤污染修复领域的主要操作模式有污染者治理，受益方治理，BOT，PPP等（张留丽，

表6-1　　　　　　土壤污染修复治理的经营模式

模式	主要特点	适用范围
污染者治理模式	污染单位和个人承担费用，由具有相应资质的土壤修复公司承包治理	针对污染者责任明确的地块
受益方治理模式	无法落实污染者责任的地块，但该地块的使用人是未来规划用地的收益人，采用受益方或者使用方承担治理费用	针对很多一二线城市工厂搬迁的地块
财政出资模式	由中央财政直接出资进行治理	针对责任主体不明又缺乏良好收益机制的地块
BT模式	由政府对地块进行招投标，土壤修复公司中标后自行垫资进行修复，项目完成后政府出资回购	针对土壤修复金额较大的地块
PPP模式	通过政府和社会资本合作的模式进行治理，可以引入社会资本进行治理，缓解资金缺口难题	针对社会资本参与土壤修复项目的投资、建设、运营，可以获得良好收益的地块

2015)。此外"修复+开发"、政府购买模式也被广泛运用于土壤修复市场。针对商业及工矿地块,可采用"修复+开发"模式,企业招标承担污染土地治理项目资金,修复后通过商业开发获取收益;针对紧急修复地块,可适用政府购买模式,由政府承担相关修复费用后出让土地补偿政府前期修复垫款。

作为经济新常态下,深化创新机制改革的重要着力点,PPP融资模式是适应中国市场特点的土壤污染修复基金融资机制的创新,作为土壤污染修复基金构建的有效商业融资模式,可能成为解决我国土壤重金属污染修复资金短缺问题的重要机制(黄吉欣,2015)。PPP(Public–Private Partnerships)融资模式又称"公共私营合作制",是以项目为主体的融资方式,最早应用在英国,是指政府公共部门和民营企业充分发挥自身优势,合理利用现有资源,以实现"双赢"为合作理念,基于风险共担、利益共享为长期合作机制的新型融资模式。PPP模式采用政企合作的方式并非把责任完全转移给私营企业,而是共担责任,共享权利,一方面可以降低政府在重金属土壤污染修复方面的投资负担和风险,另一方面可以保证私营企业"有利可图",吸引更多的企业主体与政府部门合作,共同促进土壤污染修复工作的进程。

第三节 资金分块使用及应用机制设计

一 资金分块使用的基本前提

资金分块使用是指对土壤污染修复基金的资金依据"总量控制、分批拨付"的原则,精确基金使用功能及应用领域,按照不同的使用范围分板块拨付资金,精细分析预算方案,精准配套修复资金,实现资金使用效率及污染治理效果双赢。尽管基金制度的建立是为了实现重金属污染土壤修复的目的,但并非所有的污染场地均可获得资金支持,鉴于修复资金的短缺,针对污染不明显,边际效益有限的土壤可以采用自然修复的方式,避免无选择的盲目投入。

我国土地依据城乡区域划分为国家或集体所有,而个人或单位仅仅享有土地使用权,开发利用之余,大量公共用地最终由中央及地方政府管理。当土壤污染发生时,政府便成为公认的治理主体。同时由于开发利用土地的企业存在破产清算、厂址搬迁的潜在问题,使特定区域的土壤污染者常常无迹可循。国外治理经验是将土壤修复基金定义为一种应急性资金,使用前提在于实际责任人无法确定或没有能力承担污染修复工作,此时应由政府履行公共管理职能,通过基金运作,调动社会各界力量参与到污染土壤的治理修复中。简言之,在土壤污染修复领域,污染行为主体应承担首要责任,基金账户作为有效补充,设立专项的土壤修复基金用于污染治理。

我国土壤重金属污染修复基金的使用应当由污染相关方、环境保护组织或有关政府部门申请拨付。污染相关方是指因土壤重金属污染而遭受损失的个人、企业,或其他单位组织;环境保护组织作为推动土壤污染修复工作有序开展的重要一环,应当充分发挥其环境保护责任主体作用,加强对土壤污染防治和修复的监督;政府机关包括行政管理机关和司法审查机关,以应对一般修复治理和环境诉讼事件的处理。修复基金的有效使用应实现受污染土壤最大限度地修复,取得最好的效益。首先,由基金管理部门对重金属污染土壤做初步的评估审查工作,针对责任主体明确的地块,由责任方自行修复或出资委托第三方治理机构进行土壤修复;其次,倘若责任主体不明或者一时无力承担修复义务,可由基金账户先行垫付,但基金管理部门可在后续过程中行使求偿权；最后，当无法确定污染主体时，则由修复基金管理部门作为承担修复义务的主体拨付资金用于受污染土壤治理。

二 资金分块使用的基本范围

2011年以来，国务院相继发布《国家环境保护"十二五"规划》《土壤污染防治行动计划》《中华人民共和国土壤污染防治法》等政策规划与法律条例，明确指出将土地管理工作的重心转移到土壤环境保护，全面推进重度污染土壤的修复治理工作，突出国务院生态环境保护部门要与地方政府有关部门合力重点关注农用地块、重污染工矿企业土壤、饮水源地附近以及废弃物聚集地等污染典型区和重点防治区。

明确土壤污染修复基金制度中的资金使用范围，可以有效保障参与修复治理工程的主体申请拨付所需资金的权利，且有利于提高修复基金运转使用的透明度，便于资金在中央和地方不同层级之间以及不同治理项目之间的调拨分配。结合现行法律规定及土壤污染现状，我国土壤污染修复基金需合理规划资金的使用区块，基本囊括以下几个方面，如表6-2所示：

表6-2 我国土壤污染修复基金的使用范围

费用类别	使用范围
土壤环境调查费用	用于调查污染场地的土壤质量、受污染程度，获得基础性数据，为后续修复工作的开展提供依据
修复治理费用	用于对受污染耕地土壤、重污染工矿企业及周边土壤、重金属污染防治重点区域土壤等典型污染场地土壤、历史遗留污染场地土壤等多种类型的被污染土壤展开修复、整治的费用
评估检测费用	用于前期的土壤污染状况监测及评估
修复后效果评测的费用	用于对污染者自主修复的受污染土壤进行修复后效果评测
技术研发费用	用于污染场地土壤修复基金还可用在推进污染场地风险管控、治理与修复等关键技术以及先进装备研究

续表

费用类别	使用范围
宣传推广费用	用于开展土壤污染预防治理宣传工作,推广土壤污染防治技术以及土壤环境保护的研究、教育、国际交流等
基金管理费用	用于土壤修复基金的管理运行
应急处理费用	用于突发性土壤污染事件的处理

三 资金分块使用的应用机制

虽然《中华人民共和国土壤污染防治法》提出可建立土壤污染防治基金制度,迄今为止,我国尚未形成配套的基金使用机制,仅依据"污染者治理"和"受益者付费"原则,吸引社会资本的支持,但缺乏合理规范的资金使用体系,将难以发挥资金的最大效益。资金分块使用的实施需要配套的分权体系,以确保资金的精准投向和使用效率,因此在构建基金制度的过程中需注重资金的分层管理、分块使用,具体可从使用制度、使用趋势、使用效率三个角度设计资金分块使用的应用机制。

第一,资金使用制度。土壤污染修复基金以"专款专用"为原则,仅针对土壤污染的治理修复制定特别权利制度,尽管基金整体实行中央—地方两阶层管理,但地方土壤污染修复基金在中央基金的主导和约束下,应保持自身的独立运行,保障地方政府能够独立进行基金的筹集和运营,一旦突发性土壤污染事故出现,可以及时调拨额度内的资金应急处理,在其权利和职责范围内,保障日常土壤治理修复工作有条不紊地进行,充分发挥地方政府的能动性,确保地方基金制度的有效运转。同时,中央有责任在地方土壤污染基金账户资金不足以应对突发性土壤污染事件的处理时提供及时有力的支持补充;同理,当地方修复基金充裕且闲置时,中央可将一些国家级环境治理任务转移给一个或多个地方政府协作完成,地方政府不得拒绝或推脱。

第二，资金使用趋向。目前政府部门起草出台的《水污染防治行动计划》《大气污染防治行动计划》《土壤污染防治行动计划》中均规定了国家级重大环境治理项目类别，鉴于土壤修复基金的财务困境，基金的使用应重点放在重要区域、严重污染的地块，为重大土壤环境治理项目提供资金保障。此外，土壤污染修复基金还可助力绿色产业发展，为治理土壤污染的企业、环境友好型项目、第三方环境服务公司，以及地方环境基金补助等提供支持，满足修复参与主体融资需求，提升环保企业的生命力。

第三，资金使用效率。要使有限的资金投入实现最大化的污染治理效果，需要精准把握资金的投向和运作效率。首先，深入分析与评价污染场地的环境与风险，规划治理优序，制定与土地恢复后用途相适应的污染治理标准。当前国内一些区域性的土壤污染修复机构在立项时往往优先考虑项目的预期经济收益，以基金回收期短，投资回报率高为标准开展土壤治理，造成一些亟须治理但经济效益不高的污染土壤未及时整治，从而进一步恶化。污染治理排序可以借鉴美国设立优先名录的经验，按对环境影响的重要性排序，筛选出需要优先治理的污染场地，集中资源全力投入。在场地的筛选过程中，应注意建立评价指标体系，增强筛选的科学性、客观性。其次，优先治理项目清单应及时更新，确保修复资金投入到最需要的地方。我国污染项目管理存在着"重申报审查，轻实施监管"的问题，一旦项目实施的过程监督缺失，治理清单更新将趋于滞后，进而阻碍修复资金的有效利用。根据污染形势的轻重缓急，分清土壤治理修复顺序，合理规划资金用途，既可以保障土壤修复工作的有序开展，同时提高了基金使用效率。

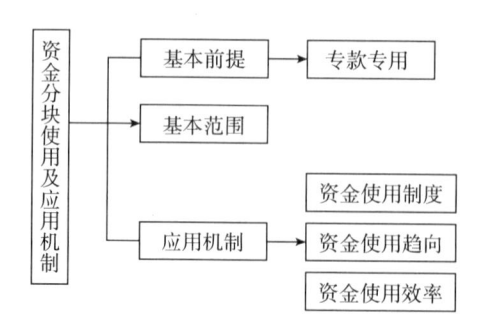

图 6-4　资金分块使用及应用机制

第四节　资金分层管理体系设计

一　资金分层管理的基本原则

构建修复基金的关键之处在于合理执行、有效管理，因此可以从基金的核算管理、功能管理、使用管理切入，优化基金核算方式，完善和创新分权、分层运行管理模式；合理划定政府和市场的行为边界，科学评估基金运行管理的经济效率及环境影响，实现土壤污染高效治理。

我国的土壤重金属污染修复基金应将分权管理理念作为基本原则，在组织系统中将基金的决策权分散在较低层级上，通过权力的分散下放提高中低层级组织的积极性和创造性，同时可减轻上层管理的压力。这种分权理念来源于政治学当中，运用在管理学中则要求最高领导层将涉及生产管理的决策权力赋予下层组织，最高领导层应在涉及组织整体利益和重大问题时行使决策权力。在面临土壤修复的紧急问题时做出及时有效的反应和处理是构建土壤重金属污染修复基金制度的重要目的。目前我国的环保基金制度缺乏有效运行的管理模式，导致资金的使用效率低下，在分权管理的模式下，不同层级的管理层能够在紧急、复杂的环境问题出现时及时做出反应并采取应对措施，避免环境污染范围的扩大，有效遏制住损失。我国的国土资源丰富、面积广袤、不同地区之间差异较大，通过在组织的不同层级进行分权的方式管理土壤重金属污染修复基金，可以充分调动各层级管理部门的主观能动性，更高效地管理土壤修复资金，此外，有助于不同层级组织间加强对资金使用的监督，提高基金制度的针对性、具体性和灵活性。

二 资金分层管理的基本框架

土壤污染修复基金制度的分层管理是指将基金的经营决策权合理分散到管理组织结构的不同层级，并根据决策权的大小分配相应的经济风险和责任，一方面有助于提高基金管理水平和使用效率，另一方面针对突发性紧急环境污染事件可以做出高效适当的处理。同时，对资金进行分层管理，有助于防止出现某一层级权力过大，肆意进行权力寻租、资金贪污腐败、公款私用或者不正当利益输送等问题。

（一）基金运作方面

分权管理的土壤污染修复基金采取多元主体相结合（财政部负责发起，由生态环境部负责管理，政府资金有效支撑，社会资本为主）、委托有资质的专业公司高效运作的模式。作为基金运营商，专业公司主要负责土壤修复资金的日常管理工作，应通过合理的投资方式在资金输出的同时实现资金的增长收益，以尽量平衡基金收支功能。作为基金的出资人，财政部是土壤修复基金的发起人，是政府资本的主要出资人，是最高的管理中心；作为基金的实际管理者，生态环境部的主要职责是整个基金项目的管理，起到上传下达的作用，既贯彻落实财政部的相关决策，又做好第三方财务基金类型专业公司的管理工作，三方之间分工明确，权责划分清晰、信息实现共享，优势互补，共同维护土壤修复基金的有效运行。然而，第三方专业公司如何才能实现自身"造血"呢？比如，专业公司可以在合理规划资金的前提下，根据资金需求和资金支出结构，合理计算出可能富余的闲散资金，将这部分资金进行投资。在投资时要仔细比对不同投资方案的可能收益和潜在风险，从而确定最优方案，将获得的资金收益反哺修复基金，实现盘活资金和资金增值的"造血"效果。具体来说，土壤修复基金可设立如下三个部门：

1. 土壤修复部门

该部门可由生态环境部、农业部和自然资源局分派各领域专家联合设立，主要负责调查评估农业用地、工厂用地不同类型的污染区域，自行进行修复工作或者委托第三方机构进行修复工作。

2. 财务部门

由环境保护部联合财政部共同设立，主要职责是管理修复基金资金的会计和审计工作，做好资金收支和投融资等财务工作。关于土壤污染修复基金的管理可以纳入我国政府性基金预算管理体系中，实行独立核算，自负盈亏，在一定程度上减少资金审批手续，以最大限度地发挥基金的应急功能。

3. 法律部门

该部门主要负责对被污染土壤修复后的资金追偿工作和土壤污染修复基金制度的草拟工作，由土壤修复基金代替污染者执行。在总结美国超级基金的经验后，土壤污染修复基金的代位求偿权主要由法律部门有效行使，由其制定合理的追偿方案，根据"谁污染、谁治理"的原则实现有序治理，避免给被委托的修复污染企业、政府和公众增加过多的负担和压力。

此外，除以上三个独立的部门外，可根据实际工作的需要，聘请土壤环境保护方面的技术专家或者环境法律专家、专业管理人员，加入土壤污染修复基金管理机构,设立土壤污染修复工作咨询小组,指导修复工作的展开。

(二) 基金管理方面

土壤污染修复工作是一项公益性的工作,因而在此基础上设立的修复基金也应具有公共性,也就是说可以将土壤污染修复基金定义为在政府财政保障下建立的具有公益性质的基金,为保障修复基金的有效运行,应当在符合法律的基础上,构建科学合理的土壤重金属修复基金的分层管理制度,各部门各司其职;具体来说:基金综合管理机构应当保障资本的持续供给,旨在拓宽资金来源,缓解土壤污染修复资金压力,具体措施可以为通过法定融资的方式,最大限度引入社会资本,为社会资本搭建土壤污染修复资金投资平台,保证多元化主体(政府、社会和个人)的资金来源,使得土壤污染修复基金制度化;立法部门在理清土壤污染修复基金管理机构的法定资质要件和组成人员的法定资格基础上,制定土壤污染修复基金管理规范,以明确各部门的职权和职能范围,协助解决土壤污染修复基金管理机构的工作人员专业性不足的问题;财政部门主要负责监督资金使用的合理性,审批资金发放的合法性,以确保每项资金的使用都符合土壤污染修复基金制度的相关规定,最大限度提高资金使用和拨付效率。但值得注意的是,土壤修复资金的审批使用,一方面需要遵守基金使用的法定程序,另一方面需要保障资金及时高效地投入修复工作中,因而除了本基金财政部门外,审计等相关机构也应定期对资金使用范围和用途进行监督检查,以有效察觉违规申请、违规使用修复资金的现象。

(三) 基金监督方面

保障土壤污染修复基金制度有效运转的难点在于建立多方合作高效的监督机制。基金从设立到运行,每个环节都可能会出现问题,要保障基金制度的顺利执行，必须建立有效的内外部监督机制，对土壤污染修复基金的日常运作进行动态监督，以推进土壤污染修复基金信息的公开，支撑和保障重金属土壤污染修复基金制度的持续运作。采用中央和地方双来源的政府性基金更加需要有效的基金管理体制来保驾护航，最有效的措施便是实施中央和地方双重管理的基金管理和监督机制，即在修复基金项目监督的层级机构中，最高层可设立具有半自主权的内部组织机构（袁广达、薛宇桐，2018），再通过层层授权，实现分层管理，给予每一层级一定范围内的权利义务，当有突发、紧急环境事件发生时，各层级均有一定的监督管理权限可以及时处理，避免需要层层汇报降低效率，延误最佳决策时机，造成更大的环境损害。此外，为了实现修复资金的有效使用和管理，可以在各部门之间搭建审计监督、媒体监督、公众监督等多方式融合的基金使用和管理监督协作平台；在监督制度上，应当完善讼诉制度、听证制度、举报制度和信息披露制度，采取听证反馈方式，定期收取公众意见，并及时给予反馈回复；同时可以定期开展基金资金使用评估和监管工作，并将评估与监管结果向社会公众公布，以实现基金的高效管理。

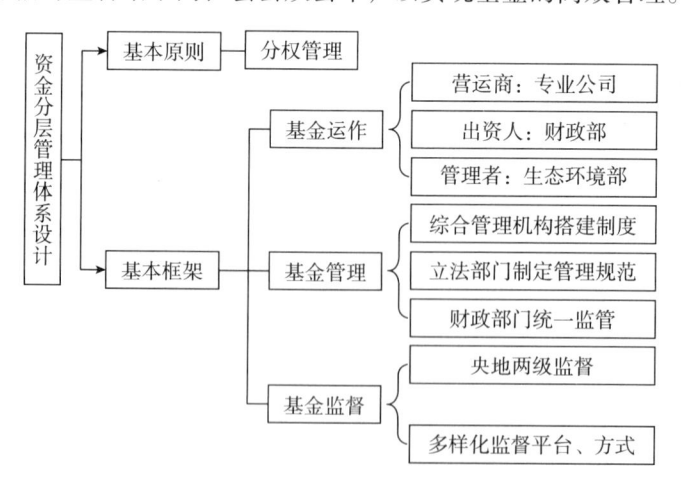

图 6-5 资金分层管理体系设计

第七章　基于 PPP 模式的土壤重金属污染修复基金融资机制研究

自改革开放以来，我国经济水平的快速提升在给国民带来丰富物质生活的同时，伴随而来的还有水、气、土壤的污染问题，生态和环境保护越来越受到社会大众的关注。而长期以来土壤修复主体不明确，土壤污染修复基金来源仅单纯依靠财政支持，存在诸多弊端。近些年，PPP 模式逐渐被引入环保产业，拓宽了资金的来源，以 PPP 土壤修复基金为代表的 PPP 环保产业基金有着广阔的应用前景。本章探讨了基于 PPP 模式的土壤重金属污染修复基金融资模式及其运营机构，并在最后对该模式存在的风险进行识别与应对，以期达到风险管理的目标。

第一节　土壤重金属污染修复基金应用 PPP 模式合理性分析

一　土壤重金属污染修复基金应用 PPP 模式必要性分析

党中央、国务院一直十分关注土壤环境保护，在生态环境部 2019

年 11 月的例行新闻发布会上,土壤生态环境司苏克敬司长指出,土壤污染防治专项资金自 2016 年以来共计下达 280 亿元,开展了一批土壤污染防治示范项目。但由于土壤污染的隐蔽性、滞后性、长期性,我国因历史原因遗留的污染问题非常严重。根据伍春晖、罗小兰(2016)等有关学者的预计,若想对全国污染土地完成修复工作,保底金额预计超过数十万亿元。长期以来我国实施的是以公有制为基础的土地产权模式,兼之土壤污染防治责任体系未建立,导致责任主体难以明确。除少数案例可直接追溯污染者外(如南化公司搬迁地块土壤治理修复,公司对搬迁地块进行修复并承担修复费用近 2 亿元),"谁污染,谁付费"的修复资金责任基本无法落实(董战峰,2018)。对于部分具有商业用地价值的土地修复可以采取受益方付费模式,主要是房地产开发商或地方土地储备部门。而更多的情况下,受污土壤已经无法找到对应责任人而修复治理工作又缺乏良好的收益回报,所以治理资金只能单纯依靠政府财政支持。

在土壤修复市场空间如此之大的背景下,单纯由政府出资筹措资金模式存在很多问题。一方面,财政供给的有限性无法有效匹配广阔的土壤污染修复资金的需求市场,政府财政赤字风险畸高(见图 7－1);另一方面,政府财政资金的单一结构无法应对当前日趋复杂的土壤污染修复问题,限制了土壤修复行业的市场容量与持续发展(高彦鑫等,2014)。通常而言,资金来源结构越多元就越能保障其充足性,而当前我国的土壤污染防治资金以中央财政专项资金以及地方政府有关财政资金为主,这种单一化的渠道来源就直接导致了修复资金的短缺困境。与此同时,这种专项资金的落实只限于使用过程,却忽视了总的项目投资效益,资金浪费和效率低下的问题普遍存在。总而言之,目前我国实施的土壤污染防治资金模式存在总量相对不足、融资渠道单一、结构不合理、使用效益不高等诸多弊端,无法满足现实工作中的修复需求(董战峰,2018)。由于现有的财政制度安排和融资机制难以满足资金需求,创新土壤修复与治理的投融资模式,探索多元的筹资模式,建立长效的资金筹措机制势在必行。

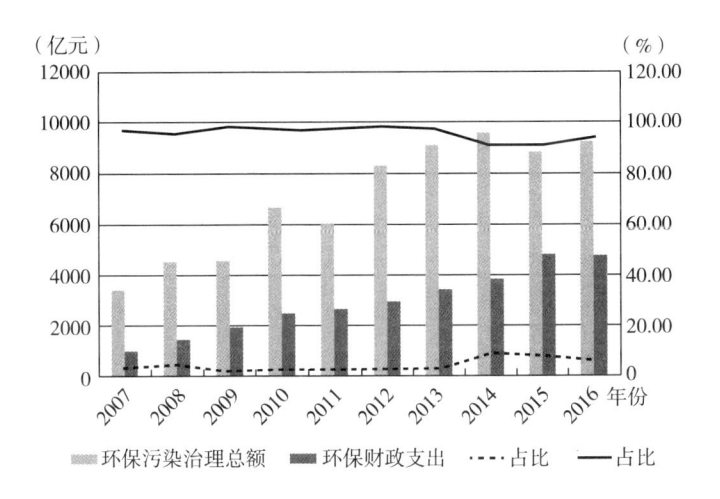

图 7-1 我国 2007—2016 年国家环保资金投入

自从政府提出环境治理领域应吸纳多种形式来源的资金,各种新兴融资模式纷纷涌现。基于中国土壤污染现实形势及场地特点,目前市场上的常见操作模式有 BOT、EPC、PPP。此外,"修复+开发"模式、政府购买模式也被较多应用于土壤重金属污染修复项目(董战峰、璩爱玉,2016)。前者是修复企业与土地开发商合作,具备相关资质企业通过招标取得污染土地治理项目,项目完成后通过商业开发获取收益,但这种商业开发不太适用于矿区及耕地土壤修复市场,最具代表性的项目为北京红狮涂料厂土壤修复;后者主要指先由政府负担相关治理费用,后期通过土地出让等方式补偿前期垫款,典型案例有武汉市药用玻璃厂（硚口）污染场地的土壤修复。对于耕地重金属污染修复项目，目前主要采用政府出资模式，即依靠政府财政拨款，如先期在湖南省长株潭地区试点的污染耕地综合治理。

表7-1　　　　　　　　土壤污染修复基本商业模式介绍

土壤污染修复商业模式	主要流程
BOT模式	通过招标选定项目公司，由项目公司负责为项目融资，在特许权规定的期限内进行经营，期满后将项目移交政府
EPC模式	将项目全部承包给项目运营商，由该承包商负责项目设计、采购、施工、试运行的整个流程
PPP模式	政府和企业共同出资组建PPP项目公司，以政府资本撬动社会投资，风险共担，收益共享

土壤重金属污染修复是明显具有正外部性的活动，存在着很高的社会效益。同时该修复属于综合治理，这就要求更为复杂的治理过程、更庞大的初期建设投资以及更漫长的投资周期，整个项目资金需求量大并且整个投资过程存在较高的不确定性，因此引入市场竞争机制、增宽融资渠道以及实现投资主体多元化势在必行（伍春晖、罗小兰，2016）。针对当前土壤污染治理项目的投融资，PPP被认为合乎我国实际情况，可以成为该行业的一种新型商业模式（王文坦，2016）。蓝虹（2015）主要从收益、运营、管理等多个角度探究了PPP模式下的环保产业投资基金，在此基础上提出，解决环保产业融资困境问题的最有效方法就是构建以PPP为基础的新型融资模式。郭朝先（2017）的研究发现，在多种投融资制度模式下，PPP和产业基金是解决资金来源单一和总量短缺的有效途径。

二　土壤重金属污染修复基金应用PPP模式可行性分析

PPP模式全称是Public Private Partnership，即政府部门与民营企

业的合作。PPP 代表的是一系列项目融资模式，凭借这种相互合作的方式可以实现比单独经营更好的绩效，是一种以政府、社会、企业多赢为理念的新型长期合作关系。PPP 模式遵循使用者付费的原则，其本质是在社会资本与政府间互补短长，从而引导社会总体利益达到帕累托最优。自诞生以来，在全世界范围内被广泛认可和推广，我国自然也不例外。2013 年党的十八届三中全会提出允许私人资本参与到公共事业中来，之后 PPP 模式开始在全国范围内推广，随后两年《关于推广运用政府和社会资本合作模式有关问题的通知》《关于在公共服务领域推广政府和社会资本合作模式指导意见》等一系列法规政策相继出台，政府政策的全力支持使得 PPP 项目得到了前所未有的增长。

随着 PPP 融资模式在基础设施建设领域中的成功应用以及较好的社会反馈效果，政府开始重视起私人投资者在环保领域所起的重要作用，出台了各种政策来鼓励并引导其向环保领域投资。2015 年"推行环境污染第三方治理"被明确写入政府工作报告中。2016 年 5 月中央在《土壤污染防治行动计划》中指出需要发挥市场作用，可以通过 PPP 带动社会资本积极性，鼓励绿色金融创新，通过债券等有关形式推动土壤污染修复工作进度。2017 年 7 月，财政部、环境保护部联合其他相关部门出台的《关于政府参与的污水、垃圾处理项目全面实施 PPP 模式的通知》提出要在污水治理和垃圾治理方面大力推广 PPP，有政府部门加入其中的新建项目必须强制其使用 PPP 模式。党的十九大报告也再次指出要强化土壤污染管控和修复，构建以政府为主导、企业为主体、社会公众一同参与的治理体系。在实际操作层面，常州市餐厨垃圾处理、合肥王小郢污水处理等一系列 PPP 项目获得了成功。截至 2017 年年底，全国 PPP 信息综合平台一共收录了 2133 个与环境保护有关的 PPP 项目（见图 7 - 2），占该平台 PPP 项目总数的

20.37%；环保 PPP 项目的总投资为 1.12 万亿元，占入库 PPP 投资总额的 8.9%。由此可见，我国政府已经意识到民间资金在环保行业等公用领域中的重要作用，PPP 模式应用于环保行业存在着良好的运作环境。

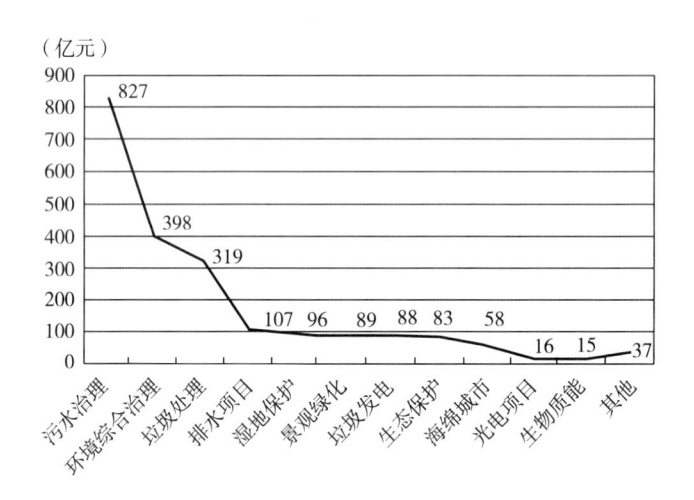

(亿元)

污水治理 827
环境综合治理 398
垃圾处理 319
排水项目 107
湿地保护 96
景观绿化 89
垃圾发电 88
生态保护 83
海绵城市 58
光电项目 16
生物质能 15
其他 37

图 7-2　环保领域各行业 PPP 项目入库数量

土壤重金属污染修复治理的工程技术复杂、投入成本巨大、周期较长但是资金收益较为稳定。而我国自改革开放以来，国民生产总值不断升高，民间资本逐渐积累，正急切需要新的资金投资方向。PPP 模式可以引导民间资金投入土壤污染修复中，有望成为解决我国土壤污染修复行业融资难题的重要途径。对于土壤污染修复市场，目前已经有一些环保企业开始探索 PPP 模式。2014 年湘潭市岳塘区联合永清集团出资 1 亿元组建 PPP 项目公司，共同推进湖南省湘潭市竹埠港地区重金属污染综合整治。为改善土壤状况，上海市政府指出 2017 年年底前要建立起相关修复项目库，同时积极推行 PPP 模式以吸引社会资本的加入。根据相关部门提供的数据，我国从 2007—2009 年，仅工业场地这一部分的污染修复总投入就增加了 8 倍，从项目数量上来看，总共增加了 36 倍，企业数目由最开始的几家增长至现如今的 2074 家。"土十条"等一系列政策的推进将有力推动土壤修复行业的规范化前行，也将会使得更多的私人资本甚至全球有名的金融集团投资我国的土壤修复产业。

第二节 土壤重金属污染修复基金 PPP 融资模式构建

一 土壤重金属污染修复基金 PPP 模式基本框架

PPP 模式的传统组织架构为政府通过公开招标等方法确定私人合作伙伴，随后与中标方签署特许合同作为合作的基础，该合约明确了双方主体的经营行为、权责分配等内容，最后共同出资组建 PPP 项目公司（SPV）。该 PPP 项目公司一方面与政府签订合同，合同包括转让价格、经营年限、资产转让时的质量内容；另一方面按照约定进行筹资、项目建设、后期运营以及维护，负责项目全程管理。此外，政府部门一般与银行等金融机构就资金支持达成一致，从而保障项目公司能够顺利融资。项目公司在直接协议的前提下，与券商、保险以及银行等机构签订贷款合约，取得建设经营所需的资金。PPP 项目公司根据项目需要选择设计方、承包方、材料供应商、运营公司、房产开发商、基础设施建设方等。具体结构形式如图 7-3 所示。

目前 PPP 在坏境保护领域的应用可以概括为三个层次：一是单一项目层次，例如污水处理领域的 PPP 项目；二是环保产业层次，例如本书讨论的 PPP 土壤污染修复基金；三是区域或流域环境保护，例如有关生态城建设的 PPP 项目。以产业基金的方式来投资环保领域，可以是直接股权投资、债权性投资，也可以是项目补助或者融资担保。

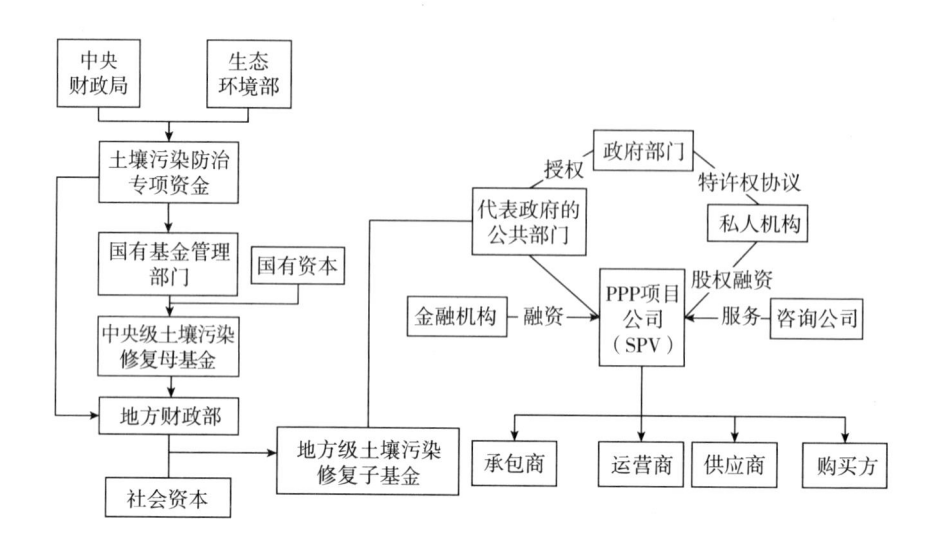

图 7-3　土壤污染修复基金 PPP 模式的组织架构

PPP 土壤污染修复项目涉及的资金往来复杂烦琐，总体可以划分为三个方面：

第一方面的融资涉及股权，即注资成立项目公司时的资本金筹集。政府可以将土地使用权作价入股参与到 SPV 中，以在后期土地再开发过程中获取土地出让收益；或者以土壤污染修复基金直接投资入股。通常对于以产业基金开展的 PPP 模式，该基金的特殊性表现在政府主要是起引导作用而不是投资作用，主要是想扶持更多的企业向环保领域进行投资，因而财政资金在资本构成中的占比并不高，一般低于总注册资本的 30%。政府性投资的资金通常来自财政拨款、行政收费和环境税费等长期稳定的资金。资金应定位于为土壤污染治理 PPP 项目提供融资担保、前期费用补贴、示范项目奖励，甚至是 PPP 项目的保障资金等公益性用途。第二方面是对外债务融资,是为了保证项目的建设与持续运营。当双方建立好SPV后,通常又会以项目本身和自身资产为依据向外界进行融资,主要手段包括银行贷款、企业债券、项目收益债、资产证券化、产业基金等。政府的介入在某种程度上等价于为PPP项目提供背书,通过信号传递可以为其获得贷款增加信用筹码。另外,税负减免等各项优惠政策会激励和促进民营资本加入重金属污染土壤领域。通常来说,PPP项目的对外债务融资一般可以达到70%,而且很多项目在运营期还会进行再融资,主要的民间部门有环保治理企业、农业企业、金融企业等。第三方面是SPV在项目各个阶段与不同利益相关者的账目往来,PPP项目公司需要支付一定费用并取得相应投资收益。

二 土壤重金属污染修复基金PPP模式主要角色分析

1. 政府

在中国,土地归国家所有决定了政府应该是土壤污染治理的主导力量。土壤修复不仅可以缓解目前中国紧张的土地供给状况及其引发的环境破坏;还可以推动关联产业发展,提供就业岗位,提升人民生活水平,全面推进城市的可持续发展。土壤重金属污染通常涉及多种污染源,治理过程极其复杂,想要将一片土地修复完成并达到可使用状态需要一大笔巨额资金的投入。吸引民间资本进行投资,可以缓解政府财政压力,通过相互合作为社会提供公共服务,赢得较好的民众反映。

在传统的土壤修复工作中,在治理早期政府需要花费大量时间开展调研,在治理过程中又缺乏专业技术、人才支持,很难科学决策。同时,修复资金使用管理也很难具体落实,因而项目整体效率低、效果差,很难让民众满意。引进社会资本参与土壤修复项目,可以充分利用社会资本以及拥有的土壤修复技术和治理经验,降低基金项目整体风险,最终达到提高时间效率与经济效益的目的。

在整个PPP流程中政府应当充当一个管理者而不是执行者,其职能不再是困于详细的土壤修复工作中,只需起到顶层监督管理的职责即可。通过实行适度的权力下放,将重点放在修复质量监管、修复进度把控以及公共服务上。PPP模式下的政府投资包括政府补贴、税收减免、技术支持、债券等,目前在PPP土壤修复领域主要采用的形式为财政补贴。通过全面思量建造成本、运营费用、实际收益率以及财政中长期承受能力等要素,建立动态补贴制度,包括固定补贴与变动补贴两种形式,贯穿项目建设以及项目运营两个阶段。

2. 私人机构

土壤修复产业基金是我国目前已经开始试点的PPP模式环保产业基金,市场需求巨大,发展前景广阔。另外,国家的政策导向及财政扶持为土壤修复行业提供了坚实的保障,修复后的土地可以用于第三方开发建设等方面,项目利润率相对较高。企业通过招标获取土壤修复项目,可以享受政府给予的税收优惠以及在该项目后期获利中获得相应的投资回报。产业投资基金可以使企业同时综合布局多PPP环保项目组来取得收益,此外PPP土壤污染修复基金还能够实现表外融资,降低企业资本负债率。当企业中标与政府合作之后,企业将在一定年限内拥有该项目的特许经营权,这会给企业带来特定的垄断收益。

社会机构的典型代表包含污染企业、土壤修复企业以及资本市场的投资企业三类(范利军,2015)。污染企业是指相关主体的排污造成了土壤的重金属污染,该企业可以在原有土地上进行升级改造,修复企业主要是承担技术性的工作,负责承包清洁修复工作,投资企业主要是诸如开发商、环保投资公司之类，这些公司通过担负部分风险并获得对应收益。社会机构的资金来源手段包括自有资金、银行贷款、发行债券、股市融资等。

3. 金融机构

PPP项目中所提到的金融组织是指参与金融业的相关中介组织，涵盖基金管理公司、政策性银行、商业银行、证券公司、保险公司以及信托投资公司。在我国，金融机构是被国家管制的，支持国家政策将获得隐性的便利，可以为自身的发展带来机遇。当前，我国土壤污染修复产业金融机构主要是作为PPP项目的第三方参与该项目，主要负责为该PPP项目中设立的项目公司提供资金，可以通过提供贷款、设立基金或者资产证券化的方式参与其中。

三 土壤重金属污染修复基金PPP模式机制分析

PPP模式下的基金制度设计最主要的是合同双方的契约精神，土壤污染修复基金的各利益相关机构会以契约为载体共同组建一个特殊目的载体（SPV），以做到权责明晰、风险分担、利益共享。

1. 基金进入机制

（1）基金发起人。PPP土壤重金属污染修复基金以设立基金的组织作为自身的发起人，通常情况下，主发起人包括政府、金融机构、企业。PPP环保产业投资基金从最开始的提出到整个项目的设计都需要政府的全力支持，以起到保障和引导作用，因而PPP土壤污染修复基金应该是由政府主导发起设立。

（2）组织形式。PPP土壤重金属污染修复基金保留了传统产业基金的一些基本框架。目前产业基金包括有限合伙型、契约型和公司型三种组织形式。

公司型产业基金是指依据公司法设立的法人实体，利用股份募集将汇集的资金用于投资。它与一般公司的治理架构相似，但存在谈判成本高以及双重征税问题，此外所有权和管理权的两权分离也会滋生由委托—代理关系而引发的道德风险。

契约型产业投资基金是依据信托契约组成的，一般来说，注资者是没有权利参与到基金的管理中的。目前契约型基金投资企业股权存在着无法直接进行股东工商登记、投资转让手续很复杂、转让成本较高的问题，更重要的是土壤重金属污染产业政府委派的有限合伙人往往希望参与基金管理决策，而契约型基金存在排他性的管理权，这将无法实现土壤污染修复基金的共同管理。

合伙型产业基金主体可分为普通合伙人和有限合伙人。作为经验丰富的资金组织者和负责人，普通合伙人在总体金额中所占的比重不大，对整体协调合作起主导作用。他们对基金负连带责任，此种基金模式可以高效地促进资深的技术人员参加到具体的组织活动中，创造价值。有限合伙人主要由机构中的资金投入者组成，其投入的金额占总体金额的大部分比例。值得注意的是，有限合伙人不充当组织者的作用，所以其不负重大责任，同时也不会获得大比重的资金收益。但由于有限合伙人投入的比例是经过谨慎计划的，在一定程度上可以协调收入与风险。合伙型产业基金是当今资本市场股权投资基金发展的重点形式。其优点可以表现在以下两个方面：首先，社会资本方和政府方可以通过股东协议、公司章程或另外签署协议来约定最终股权处理问题。其次，社会资本联合体可以与政府方在股东协议中明确双方的权利和义务，通过股东协议来激励约束社会资本方。

基于上文分析，本书得出有限合伙型与PPP模式下土壤重金属污染修复基金设立更加契合的结论。

2. 基金收益机制

通常来说，产业基金只是做融资，不涉及项目的建设与运营，只获得融资利润。而在 PPP 模式下则是将项目融资、建设与运营结合在一起，PPP 项目公司（SPV）既作为融资平台，又作为建设与运营的机构，与往常行为有明显差异，创新发展了项目运营新型模式，旨在开创更好的融资方法，将基金与项目相结合。因此，可以基于不同的角度来审视土壤重金属污染修复基金的收益回报机制，分别是作为金融工具的基金收益角度和 PPP 项目收益的角度，具体如图 7-4 所示。

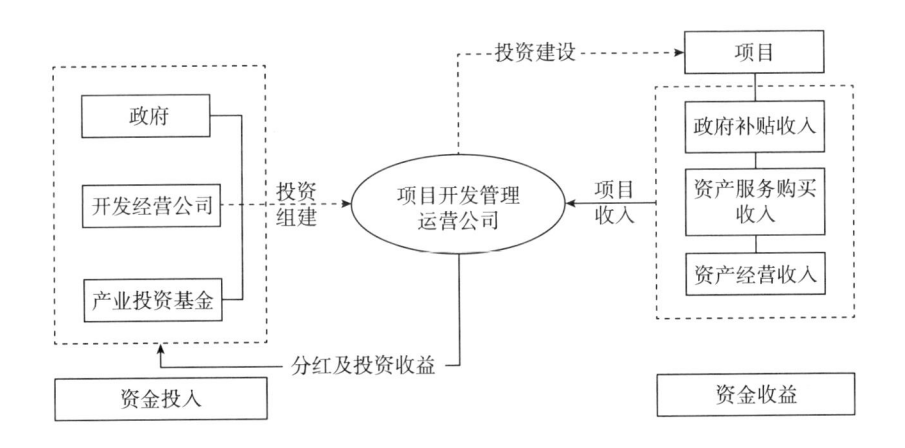

图 7-4 土壤重金属污染修复基金投融资收益机制

PPP 项目的项目收益主要指建设与运营利润，具体又可以包括以下两方面：

土壤污染修复与公众利益密切相关，也切实影响整体社会的发展，具有一定的公益性。对于非经营性的项目，缺乏一定的盈利能力，相对于盈利的经营性项目来说，较难获得持续投资。站在项目建设运营企业的角度，需要及时弥补企业的负收益，这就要求我国政府机构及时对企业进行监督，并核算收入与支出。让项目建设运营企业收益合理化、稳定化，形成产业利益链，全面改善此类项目出现的收益支出差距。

除政府补贴外，还可以通过对土壤污染修复项目的经营管理，创造高效盈利能力。社会资本加入此类工程，实现盈利的渠道可包括：共同经营收益、土地流转收益、股权转让收益。对于工业用地土壤修复项目，收益可能来源于对修复土地的共同经营收益、土地流转收益、股权转让收益。从农业用地修复角度来看，盈利方式有多种，投入方能够通过农产品种植、水产品养殖、农家乐、开发景区等多种方式获得收入。对于城市棕色地块和工业园区，可通过对相关土地改造后，开展房地产开发活动，通过房地产销售与转让、商圈构建等活动获得收入。对于矿区土壤重金属污染修复土地，可以转为第三方开发取得土地增值收益或者划拨资源开采权。

3. 基金退出机制

产业投资基金退出是资金运作的重点部分，同时也是其最终流程部分，应该提升资金的价值。产业投资基金具有时间限制，但是PPP土壤污染修复基金需要花费更长的时间，目前主要退出方法如下（伍春晖、李莉，2017）：

（1）股权转让和回购。股权转让/回购退出是指产业投资基金资金运用在具体企业，并且当企业达到具体要求时（或在本阶段实现目标），相关单位，例如政府部门及PPP项目企业对企业采取股权回购的方式，也可以用股权转让的方式，转至政府、项目公司及其他社会资本方。政府作为组织者，负责组织相关土壤重金属污染修复专业公司通过一定的渠道实现股权转让，可以直接转让给社会资本方，也可以公开转让，在这种情况下，之前的投入方在同等条件下可享有股权的优先购买权。

（2）项目清算。项目清算退出的概念是指在PPP项目运营企业中充分利用产业投资基金，企业达到工程目的（或完成本期间的工作）之后，用投资企业清算（或减资）的方法，退还投入基金可取得的投资收益，完成资金退出。同时，考虑到PPP相关产业基金的特征，建设运营结束之后，相关项目组织者能自行决定是否买回该建设运营企业的股份，达到清算的目的。政府下发的相关基金在实现土壤重金属污染修复之后，或者到达基金期限时，可以在清算后重新回到政府基金系统中，为下一步的运用做准备。

（3）资产证券化。资产证券化退出的概念是在建设运营企业中注入基金资本之后，经过一段时间的运作，创新资本收益新方式，把建设运营企业的资金入股上市企业、转化为金融产品以及国外信托基金等资金证券化形式，取得新的资金回报，完成撤资。目前由于相关资金机构在土壤重金属污染修复基金PPP模式等类似工程上，缺乏盈利的信心，基本不会把这种创新的方式视为一种好的方式。因此，相关机构可以在这种土壤重金属污染修复基金PPP模式上实现创新，实现高效运行与长远发展。

第三节 土壤重金属污染修复基金PPP模式运行架构

由于土壤重金属污染修复基金来源于基金管理中心和社会资本，作为一套完善的、遵循"污染者付费""受益者补偿"等原则的资金筹措与投资管理机制，土壤重金属污染修复基金PPP模式运行架构主要由运作流程、操作方案、支持体系三部分组成。

一　土壤重金属污染修复基金 PPP 模式运作流程

土壤重金属污染修复基金由国有基金管理部门和国有资本组成并下发至地方财政部，与社会资本一起组成地方级土壤污染修复子基金，构成 PPP 模式的重要资金来源，奠定土壤重金属污染修复基金 PPP 模式运作流程的资金基础。土壤重金属污染修复基金 PPP 模式的运作流程一般可以分为准备阶段、招投标阶段、合同谈判及签订阶段、项目建设运营阶段以及项目移交阶段，具体操作流程如图 7 – 5 所示：

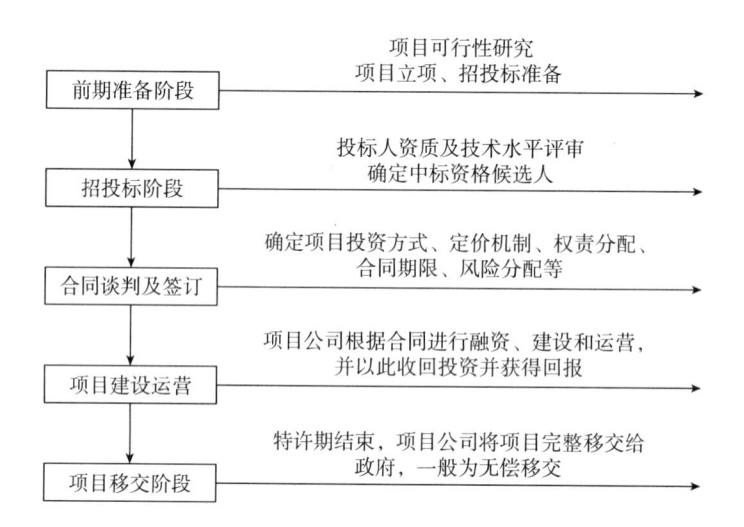

前期准备阶段	项目可行性研究；项目立项、招投标准备
招投标阶段	投标人资质及技术水平评审；确定中标资格候选人
合同谈判及签订	确定项目投资方式、定价机制、权责分配、合同期限、风险分配等
项目建设运营	项目公司根据合同进行融资、建设和运营，并以此收回投资并获得回报
项目移交阶段	特许期结束，项目公司将项目完整移交给政府，一般为无偿移交

图 7 – 5　土壤重金属污染修复基金 PPP 模式运作流程

1. 确定项目方案

基于 PPP 项目收费制度明确、有完整的资金体系的基本特征，土壤重金属污染修复基金对原始 PPP 项目形式进行完善。基于此种前提，土壤重金属污染修复基金行业的 PPP 项目从独立项目拓展成为囊括若干行业以及若干体系的项目，在此情况下，PPP 模式的每个产业都具有一定的连贯性与关联性,通过特殊设计可以改善收益较低项目,从而实现整体收益最大化的目标。各产业与产业链各个环节之间相互衔接相互呼应,使中低利润的土壤重金属污染修复项目降低风险,提高土壤重金属污染修复项目收益。在此基础之上,基于PPP模式包容性强的特点,土壤重金属污染修复基金PPP模式确定项目方案:通过对特许经营权契约化,集项目融资、建设和运营于一体的形式来取得投资收益。政府和企业两方使用特许经营权转让和契约的形式,给此业务设立专门的土壤重金属污染修复项目企业,从严按照合约条规执行项目规定,准备修复指标的审核,金融机构以及相关资本选择为达到该环境目标所要实施的包含中低利润项目和无利润项目在内的所有项目。

2. 项目招投标

PPP相关咨询机构基于PPP项目运营的运作机理,结合土壤重金属污染修复周期长、难度大等特征,可对项目的可行性与风险进行剖析,并设立一套系统的土壤重金属污染修复基金PPP运作规划,例如项目规模、建立项目相关企业、搭建基本交易结构、政府拨款、特许经营权的转移、股权回购与退出、风险运营控制、政府监管等。鉴于土壤重金属污染修复基金PPP项目的重要性与复杂性,国家需组织相关财务部门、发改委、基建等部门审核,并对政府相关内容进行记录,接受项目的运营,构建相关的审批基础。结合PPP模式政企合作基本要求,在相关PPP咨询机构筛选项目实施方案后,构建一套整体的招投标方案,推动土壤重金属污染修复基金项目招投标的落实。

3. 项目开发运营

鉴于污染修复基金的修复评估主要考虑进行过程中的状况和社会

效益，落脚于此项目的目的，可知 PPP 项目建设运营是整个体系的关键部分。由 SPV 构建相关建设工程的内容部分，例如与相关施工企业达成合作共识、对相关工程进行体系化的监督与管理。土壤重金属污染修复基金为扩大资金来源，引入社会资本，产生了产业基金入股模式。行业基金入股 SPV 可在运作的中间时段，考虑项目运作的整体水平，决定下一步资金投入的必要性，并对其开发与运作的监督工作负责。遵循灵活处理办法，项目运作时，土壤重金属污染修复基金可以以相关退出机制为基础，对股权进行回购和脱离。由此可知，构建公司的运作体系模式的同时，充分发挥国家的作用，可高效率地提高土壤重金属污染修复的整体水平。

4. 项目收尾移交

基于土壤重金属污染修复基金分权核算思想，在项目末期，政府应对相关资产进行估值，同时对项目中使用的机器进行调试，并确定相关项目的交接程序与规则。特许经营权使用期结束后，相关企业严格遵循合约规定，实现设备、资产、专利技术等交接，政府需对项目的运作进行监督把关，提高移交效率与安全保障。

二 土壤重金属污染修复基金 PPP 模式操作方案

根据 PPP 模式的基本特征，本书从土壤重金属污染修复基金 PPP 模式运作流程出发，构建出了一套具体的土壤重金属污染修复基金 PPP 模式操作方案。具体从领导机制、机构职责、公开招标咨询、公开招标社会资本、落实合同、强化审批监管、引导群众等方位出发，逐步推进土壤重金属污染修复基金 PPP 模式具体操作，旨在实现该模式的顺利运行（周静，2016）。具体操作流程如图 7-6 所示：

第七章 基于PPP模式的土壤重金属污染修复基金融资机制研究

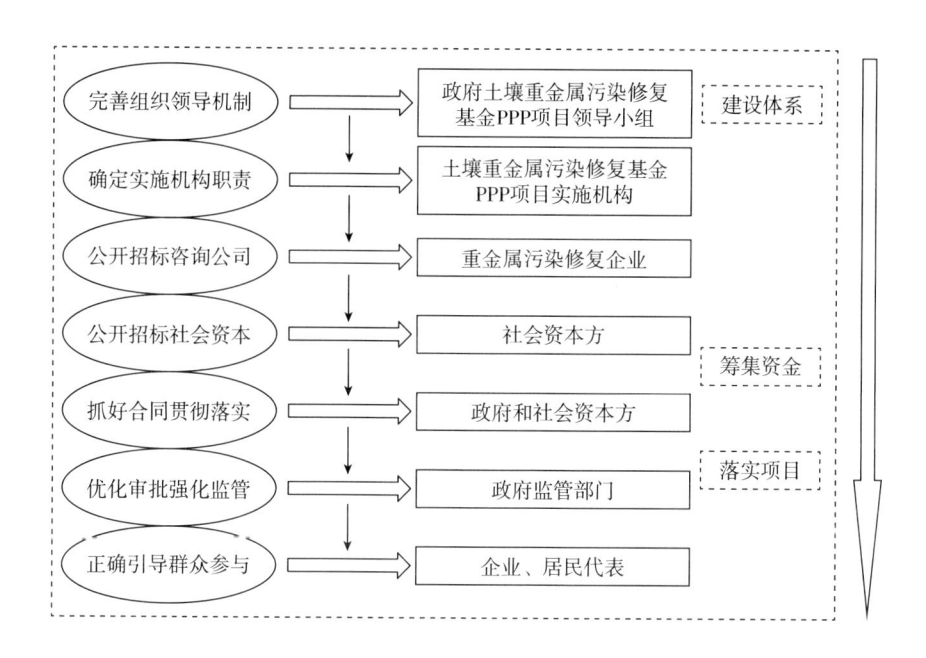

```
完善组织领导机制    →  政府土壤重金属污染修复     ┐
                     基金PPP项目领导小组        │ 建设体系
确定实施机构职责    →  土壤重金属污染修复基金     │
                     PPP项目实施机构           ┘
公开招标咨询公司    →  重金属污染修复企业
公开招标社会资本    →  社会资本方               ┐ 筹集资金
抓好合同贯彻落实    →  政府和社会资本方          ┘
优化审批强化监管    →  政府监管部门             ┐ 落实项目
正确引导群众参与    →  企业、居民代表           ┘
```

图7-6 土壤重金属污染修复基金PPP项目操作方案

（1）强化项目管理作用，构建相关管理制度。项目的中心重点问题需要相关制度体系的保障，例如在进行核心决策时，需要政府部门经过程序化的论证、控制、决策、验证，确保决策的科学性与准确性。具体落实行为包括：政府部门多方验证项目的可行性，并且设置该项目责任组，对该基金项目实施组织工作，例如落实工作部门与咨询公司、撰写招标报告、选择施工地点、设计审批流程以及落实特许经营一系列工作。同时，政府也应该保证责任组成员的全面覆盖，多方参与，保证相关部门的参与度。

（2）聚焦落实部门责任，统筹组织项目工作。落实具体的统筹部门，领导该项目的申请、核验、融资、监督、交接，统筹推进各个部门工作的顺利进行。具体可包括：前期对项目进行积极宣传，保证社会各方对项目工作的了解，确保项目研究资料的准确与完整，准备相关资料,和咨询公司明确制定合同。在项目招标过程中,确保招标企业的质量,例如技术的科学性、资金的充分性等,在此基础上以政府名义与其进行协商,签订合约。牵头合约工作,协调生态环境局等部门监督项目的运行,保证土壤重金属污染修复基金 PPP 项目的具体落实。项目任务完成后,与相关部门进行核验。

(3) 保证招标工作透明化,提升运营决策质量。保障数据来源的可靠性。这就需要数据核算方的专业性,同时,相关部门可采取抽查的方式,防止数据造假或不精准的情况发生。具体包括污染物种类、比例、具体工作量等(孙雪娇,2012)。只有做好这部分的工作,才能科学决定项目资金数量、修复机器数量与型号,以及预算费用等等。除了上述指标,还包括修复期间、污染物提取数等指标。这些数据的精确性将反映到项目效果。所以,在招标过程中,应该严选咨询企业,保证前期咨询工作的准确。同时,政府也可以对咨询企业的专业人员进行调查,对工作人员的专业性进行系统认证。在工作的实施过程中,也应让专业人员全程加入运营工作,辅助决策工作、合同制定、更新数据等,从本质上提升决策质量。

(4) 推进社会资本招标的透明化,确保运营工作落地。政府在招标的过程中,可预设招标门槛,制定一套系统的招标要求,并予以公示。此项工作一方面可以拦截部分不达标的社会资本方,降低招标成本,提升招标的工作效率。另一方面通过设置门槛的方式,可以厘清本项目的招标要求,推动招标工作的体系化。具体招标工作包括:组建招标工作组,对招标社会资本进行资质核验,并对社会资本方进行排序。责任组对排名靠前的资本方开展商讨工作,确保社会资本方的专业相关性以及资本充分性等。通过这种对项目承接方高要求的方式,提高项目的整体质量,保证项目工作的高效运行。

(5) 落实具体合约内容，监督工作顺利实施。相关合约明确了各方的工作内容，例如政府责任组负责统筹引导，咨询公司负责项目的核验和前期准备，社会资本方负责项目的具体运营。总之，整个项目的落实需要各阶段工作的联合落地，环环相扣。土壤重金属污染修复，财政拨款在合理预测或把握修复资金的缺少额度的情况下，根据修复工作的难度，确定拨出款。相关部门会根据具体的环保指标，确定环保修复底线，采取协调机制的形式，在修复量多于底线水平时，调整拨款数目；当修复量少于底线水平时，提高补贴强度，保证项目的有效运行。当处理量持续少于底线水平，可通过调整底线水平的方式，确保可持续发展。土壤重金属污染修复的建设运营是为社会与公共服务的，这就导致了此类项目本身固有的局限性，例如收支不平衡、收入无保障以及本身的依赖性。所以，社会各方应互相协助，规范自身行为，落实项目拨款与招标，确保资金来源的可靠性，推动此类工作的顺利开展。

(6) 划分项目职责，加强核验落实监控。环保部门加强环境监控，严格把控选址程序，保证选址避开居民活动区，合理对接相关部门，制定修复标准，跟踪污染物的处理工作与去向。与此同时，严格控制资本的获取环节，采用专业人士参与修复设备、材料购置工作，编制资金使用预算表，明确建设运营时期政府拨款方式以及特许经营支付的手段、约定付款时期。各部门参与落实项目的建设准备工作，例如选址、研究、水电等服务工作，联合调动各方力量，削减相关文件、减少审核程序、缩短核验期。

(7) 引领群众意识，优化各方效益。污染修复项目选址及水平可靠性是群众关心的重点。项目选址应保障环境防护，尽量设于偏远郊区。避免危险事件发生，影响正常生产与生活。还应考虑到土壤重金属污染修复规模，防止规模过小影响效果，规模过大影响效率。土壤重金属污染修复方法需要多方力量的配合，才能发挥出其中的重大效益，可通过让重要性和常识传播的同时，统筹企业和群众了解、参与相关运营流程，验证运营的合理性，确定土壤重金属污染修复处理标准，构建监控体系，公开检测验证，削减疑虑，聚集群众力量。引领企业、居民自行开展污染防治学习，增强社会力量，提高运营水平。

三 土壤重金属污染修复基金 PPP 模式支持体系

此基金 PPP 模式支持体系可以从合同管理、政策与法律体系、政府监管角度出发进行讨论。

1. 合同管理体系

PPP 项目过程中，项目参与主体需要签订多个合同且合同之间相互关联、密不可分，构成了一整个合同体系。项目合同应明确各方的责任、权利以及义务、项目范围和期限、风险分担机制、补偿机制以及利润分配方案等，通过强化项目合同管理保障参与方利益。具体操作流程如图 7-7 所示：

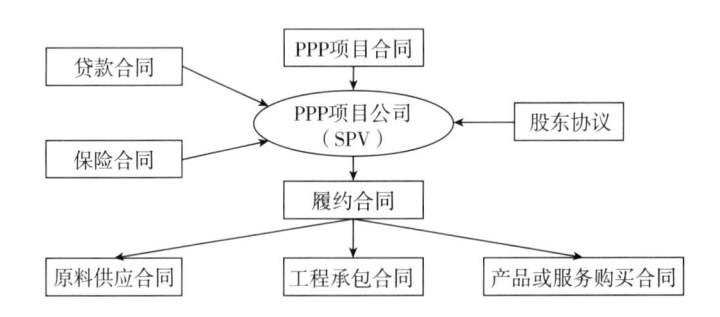

图 7-7 土壤重金属污染修复基金 PPP 项目合同体系

2. 政策与法律体系

优良的政策可以充分刺激各方积极性，推动项目顺利开展。从整个政策环境来看,我国在土壤重金属污染修复产业实施 PPP 模式起步较晚,相关的政府政策支持方面还相对较少。目前环保产业基金的 PPP 融资基本上以污水、垃圾处理项目为主,土壤污染修复还在试点探索阶段。这也导致众多企业及社会组织对该模式认识不足并形成一定的阻碍,政府应尽快出台相应政策并加强相关法律法规的建设,建立一套完善的法律框架体系,包括价格政策、税费制度、财政预算制度、奖惩制度等一系列措施,为 PPP 项目的实施和运行提供法律支持,促使社会各方正确地认识到 PPP 模式应用于修复产业的优势。

3. 政府监管体系

政府积极调整政府职责,聚焦自身服务者角色定位,实现部分权利下放。地方政府应在承接中央政府各项政策的基础上,把握当地土壤污染全局概况,并结合自身土壤污染情况进行具体修复治理工作。政府和社会资本间的紧密合作需要政府做好诚信榜样,完善 PPP 项目的契约精神,不得以政府换届等理由随意变更项目约定。通常来说,土壤污染修复项目长达几十年,政府自身财政收支动态评估、终身责任制的建立都十分必要。

此外,还应做好对土壤污染修复治理的监督工作,尤其是我国的 PPP 发展尚处于初级阶段,监管就显得更为重要。为此政府可以设立一个独立、专业的监管机构,制定科学合理的评价标准,重点强化 PPP 项目财务监管方面。与此同时应主动纳入社会监管,及时披露建设进展情况及相关的节点工期情况,同时建议邀请媒体、民众代表等深入一线施工现场,监督检查项目建设进展情况,在统一的信息发布平台上公布 PPP 相关信息,监管活动应贯穿于整个建设期以及运营期。

第四节 土壤重金属污染修复基金 PPP模式风险管理

一 土壤重金属污染修复基金PPP模式风险识别

在土壤重金属污染修复基金PPP模式运行过程中，并没有类似的参考经验，需要在治理过程中不断摸索出适合的运行方式。因而在该项目过程中，可能会产生一些风险，本书提供了6大准则层一级风险，在各一级指标下可以根据项目具体情况设置风险二级指标并识别评估重大影响的关键风险。

第一，政治风险。政治风险一方面包含政策性文件变更及相关制度不健全，是指在项目实施的过程中由于法律政策不完善给重金属修复项目的推进造成窘迫局面，因而给项目带来了风险、影响了项目的继续执行。然而土壤重金属污染修复基金PPP模式在一定程度上顺应国家目前对于污染修复继续寻求合理的与经营企业相结合的需求，并且随着"土十条"的出台、《中华人民共和国土壤污染防治法》的制定和相关PPP法律政策的逐渐完善，这些政策可以给土壤重金属污染修复工程保驾护航（邹明英，2015）。总体来看，将土壤修复项目与PPP模式相结合是一种值得推崇的模式（王文坦，2016）。该模式可为政府和环保公司带来巨大的经济和社会效益。另一方面则是由政府决策失误、工作程序冗长所引起的，由于私有部门和公共部门在土壤重金属污染修复基金PPP项目建设过程中存在着较为严重的信息不对称，可能形成审批时间过长、重大决策与现实情况脱节的情况。

第二，技术风险。在大部分情况下，在土壤重金属污染修复基金PPP模式中，技术风险由负责修复工作的企业把关。在此种项目中，私营合作方一般具有丰富的土壤修复治理经验，并且拥有自创的强大的土壤修复技术，更是由此类企业将国外现今的土壤修复技术与公司自主研发的相结合，成为专业的土壤修复环保企业。因而由此类修复企业来负责治理重金属污染土地，能将技术风险降到最低。

第三，财务风险。土壤重金属污染修复工程本身有复杂和周期长的特征，这就需要充足的资金支持此项目的开展与运行。但目前土壤重金属污染修复基金远远达不到基本要求，进而引发财务风险。一方面，主要表现为项目资金不够、成本超支，典型形式有企业借款过多导致无法按期偿还、融资结构不合理导致资本成本过高，同时，在其他PPP项目中，还存在企业无法偿还贷款造成债权人逼迫公司破产，从而导致项目无法继续进行的情况。另一方面，此类污染修复追求时效性，应控制污染的范围，避免二次污染的产生。然而，我国土壤重金属污染修复基金具有审批程序繁杂、过程冗长所引起的一系列问题，也会导致财务风险。例如，土壤重金属污染修复基金不能实现按时拨款。总体来说，土壤重金属污染修复基金存在资金筹集没有形成体系，同时资金运用缺少科学合理的模式。

第四，营运风险。由于此项目周期较长，并且土壤修复行业首次运用该PPP模式，存在很多不确定的营运风险，从而影响到项目的继续开展。主要可能由于营运收入不能达到社会投资方的要求，从而放弃与政府合作；或者在项目运行中风险机制未建立完好，导致风险分配不当等。虽然此类项目前期的盈利能力和营运能力都较好，给政府和私营合作方都带来了较好的收益，但由于土壤重金属污染修复基金运营周期较长，依然存在相对的营运风险。此外，代理风险广泛存在于现有企业中，由于土壤重金属污染相关工作与企业相结合，所以也存在运营主体、社会资本方以及技术企业之间难以协调、效率低的情况，各主体往往从本身角度出发思考问题，寻求更多的利益，造成土壤重金属污染修复基金代理风险。

第五，合同风险。土壤重金属污染修复基金，尤其是在使用PPP模式时，合同签订作为重要的运作保障环节，存在明显的合同风险。主要可能由以下几个方面引起：我国PPP项目相关的法律法规缺失、不完善或者相关的法律法规变更，导致基金PPP模式运营不合规引起的风险；由于项目合同在签订时设计不合理、不完善、不达标导致的风险；由于合同第三方的各种原因导致的违约风险。

第六，不可抗力风险。主要是指土壤重金属污染修复基金有关方所不能决定的因素导致的风险，如天气、自然、战争等因素导致的影响项目收益的情况。

二 土壤重金属污染修复基金PPP模式风险应对

PPP模式下土壤重金属污染修复项目风险可采取的措施主要有风险转移、风险分担、风险控制。

风险转移是指在风险很可能发生的情况下，产生的后果不在主体承受范围之内，可以采取避开和转移风险的情况。采取土壤重金属污染修复基金PPP模式风险回避和转移风险是为了减少损失发生的可能性，让项目顺利实施。在土壤重金属污染修复基金PPP项目融资过程中，风险分担可以将不利后果转移给第三方承担，例如技术风险可由掌握土壤重金属污染修复核心技术的土壤重金属污染修复企业承担。对于部分不可抗力风险采用保险方式转移，这也是基于风险最优分担原则的结果。

风险分担遵循的主要原则有有效控制原则、风险偏好原则、成本最低原则、成本收益匹配原则（严景宁，2017）。在土壤重金属污染修复基金PPP项目签署合作协议时，就应制定合理的风险分担机制，

第七章 基于PPP模式的土壤重金属污染修复基金融资机制研究

依据风险性质、动因来确定承担主体。例如政策性风险应由政府公共部门承担，而公司内部技术、管理风险则由私人资本承担，对于项目运营过程财务监督不力风险，需要社会资本方的内部控制，也需要政府的外部监管，任何一方的失误都可能造成财务风险，责任由双方共同承担。土壤重金属污染修复基金PPP及社会资本方与下游单位合作，通过PPP价格机制承包合同、运营合同、采购合同，将项目相关运作风险转移至承包商、运营商、供应商等第三方。具体操作流程如图7-8所示：

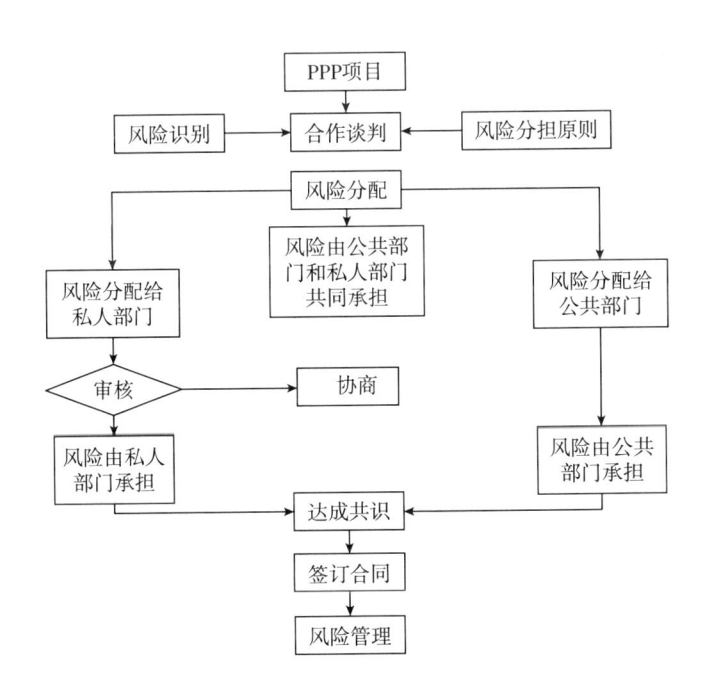

图7-8 土壤重金属污染修复基金PPP风险分担流程

风险控制是指风险发生的概率小，可以实施有效应对方法，减少风险发生的可能性以及损失量。可以根据土壤重金属污染修复基金

PPP模式相关风险发生的规律及其频率，进行风险危害度预测，通过相应的控制手段让风险损失降到最低，甚至让风险转化为有利因素。例如，对于土壤重金属污染修复基金PPP模式的合同风险，社会资本方可以聘请专业咨询公司、法律顾问，加强与政府各部门沟通以确保项目合同的完善。对于成本超支风险方面，应制定全面的成本预算，通过与经济效益进行对比，选择经济、合理、切实可行的方案并严格控制执行。

在土壤重金属污染修复基金PPP模式的运用中（杨海琳，2009），社会资本的回收和合理收益的取得主要是通过受污染土地修复成功之后由政府转让给环保公司进行第三方的商业开发，进而从后期的商业开发中来获取收益回收前期修复治理过程中支出的成本。因此，为了确保项目的合理运行，应避免项目风险的产生以确保PPP项目如期、高效地投入运营。土壤重金属污染修复基金PPP模式运行风险管理，具体可从以下五个方面落实：

（1）市场环境建设。营造一个公平、公开的透明市场环境，为土壤重金属污染修复基金PPP模式运行风险管理项目过程中可能出现的风险建立合理的风险承担机制，并且加强项目风险管控，根据收益运营的需要建立收益共享机制。同时，对于运营过程中出现的市场竞争风险，可通过政府限制的方式，控制该类项目的数量，减少项目之间的竞争。政府也可以对根据土壤重金属污染修复基金PPP项目价格进行宏观调控。政府部门可以设定相应的协定价格，若项目的收益价比协定价低，政府可通过补差价对相关项目进行扶持；若项目的收益价比协定价高，政府部门能够取得相应差价收入。

（2）资金支持。由于土壤修复项目需要投入的资金巨大，因而地方政府要利用一切资源来为该项目提供资金支持，拓展资金的来源，在必要的时候可以给予融入PPP项目的企业一些政策便利,以引导投资者将资金带到项目投资当中来,实现宏观操纵PPP项目。也可以拓宽项目基金来源,例如积极组织社会捐赠,来给土壤修复PPP项目提供充足的资金支持。

(3) 融资支持。通过金融机构向市场推荐PPP项目,使群众提高对该项目的认可度,鼓励相关机构为该项目做出信用评级,健全激励机制,鼓励社会资本参与到项目中去,从而丰富融资渠道。同时,提高项目的融资效率也是对土壤重金属污染修复基金PPP模式的风险实施运营管理的重要方面。相关政府部门与企业可以提前做好项目的宣传工作,对土壤重金属污染修复基金PPP项目的社会意义与经济效益进行宣传,吸引社会投资方的参与,提高项目的社会参与度,从本质上提升项目的融资支持力度。

(4) 法律政策保障。为土壤修复PPP模式的推行建设配套法律政策保障。从微观层面来看,在制定土壤修复相关法律的过程中,应聚焦土壤修复现有问题,例如合同、营运与技术等方面,真正做到为土壤修复扫清障碍。从宏观层面来看,政府应制定与土壤修复相关的法律政策以及完善PPP项目法律,使土壤修复PPP项目在整个项目周期内都能做到有法可依。政府也应该设计土壤修复相关法律政策的落实流程,对法律政策的贯彻落实提供制度保证。

(5) 配套措施。地方的各级财政和环保部门要重视土壤污染问题,协调各部门各司其职地为土壤修复工作的顺利开展做好相关准备。在修复过程当中,构建起公开的项目监督机制。鼓励社会公众的参与,加强项目监管。建立综合评价体系,让社会公众可以对该PPP项目做出综合评价,从而进一步完善该PPP项目的实施过程。

第八章　土壤重金属污染修复基金收支与预算管理体系构建研究

我国土壤重金属污染问题日益突出，对其提供充足的资金保障刻不容缓。然而，由于我国现有土壤重金属污染修复资金来源渠道还不够多元化，所筹资金规模有限，政府财政压力较大。随着社会主义市场经济的发展，土壤重金属污染问题以及市场经济的快速发展对政府职能提出了新要求，政府如何建立适应社会主义市场经济体制的基金收支体系与预算管理体系，成为新时代的新焦点。本章节借鉴美国等其他国家基金制度的成功经验，探索我国土壤重金属修复基金的收入来源及支出范围，构建我国土壤重金属修复基金收支体系与预算管理体系。

第一节　收支与预算管理体系构建思路

一　收支体系构建思路

在市场经济的环境下，收入都是建立在一定权利基础上的，与此同时，支出也是为利润最大化服务的。制度经济学已就这一基本规则进行了深入且细致的分析，其在市场经济环境下的每一领域均适用且被政府每一项收入和支出所遵循。因此，促使市场资源配置作用得到发挥以及保障广大人民的最根本利益，成为基金收支在上述环境下的目标。而基金收支分类，就是围绕着这一目标，对资金的运行情况进行系统核算的第一道工序。

本书构建的基金收支体系分别从基金收入来源、确认与账户设置，基金支出范围、确认与账户设置和基金收支表三方面展开。其中，基金收入来源主要可分为政府财政拨款、环境税、罚款或罚金、土地出让金、债务收入、生态损害赔偿金、责任方追偿所得、环保型PPP收入、社会捐赠收入、孳息及经营收入等，基金支出范围则涵盖了清除危害措施费用、修复措施费用、相关监测评估及计划制订费用、对他人实施必要措施的补偿费用、维护基金正常运行的行政支出和执法费用。具体如图8-1所示。

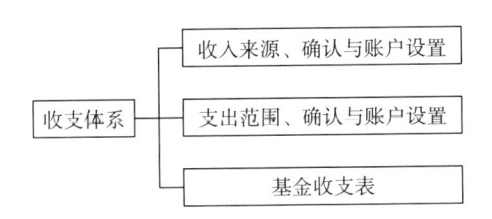

图8-1 收支体系构建

二 预算管理体系构建思路

预算管理作为当下现代化组织中一种至关重要的基金管理模式，它在整合基金资源的基础上适当地分、授权，在合理配置资源的前提下真实反映组织切实需求。土壤重金属修复基金预算管理体系的构建应遵循重视效率、专款专用和责任明确的原则，以最少的成本实现最大的环境效益和土壤污染修复的目标，并在根据项目收入与支出需要以收定支、专款专用的基础上，协调沟通各基金使用部门关系，对共同项目明确各方责任，防止造成重复预算或恶性竞争从而影响资金的使用。

在构建土壤重金属污染修复基金的基础上，为进一步提高基金使用效率，本书从预算编制、预算执行与预算决算三方面展开构建基金预算管理体系：预算编制部分，在提出"二上二下"理念的基础上具体明确基金收支预算编制的主要流程；预算执行部分，对资金收、支过程进行约束并对实际差异部分进行调整；预算决算部分，阐述决算的过程及报告内容。具体如图8-2所示。

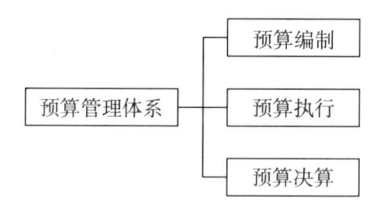

图8-2 预算管理体系构建

第二节 收支体系

一 收入来源、确认与账户设置

（一）收入来源

土壤重金属污染修复技术复杂，周期较长，所需资金规模巨大，基金的收入来源应是多样的，不能完全依赖于国家财政支持。若全部依靠国力，可能导致以下问题：①对国家来说，土壤重金属污染修复

第八章　土壤重金属污染修复基金收支与预算管理体系构建研究

基金资金全部来源于财政，国家财政负担加重，可能会使财政赤字扩大，与此同时，各级政府收到各个修复项目的拨款后，工作积极性可能会降低，导致修复项目进展缓慢；②对污染企业来说，必须承担污染责任的企业会因财政全额拨款而免予承担经济责任，从而无法对其起到监督、责罚作用，污染企业将为所欲为继续污染厂区周边和沿线土壤环境；③对公民来说，公民既有的环保意识会因政府全盘承担土壤污染修复义务而降低，可能会产生诸如"土壤污染修复是政府的事"等类似想法。因此，土壤重金属污染修复基金收入来源必须多元化，不能完全由财政补助。然而，我国目前土壤重金属污染修复资金主要依靠国家财政，中央和地方财政专项等相关资金构成了其主要组成部分。与2015年中央财政预算公布数中的土壤污染专项资金预算数相比，我国2016年该部分预算数增加超50亿元，数额约为2015年的150%。据统计报告，土壤重金属污染修复基金多由财政专项资金组成，国家财政出资占比超过50%，收入来源渠道单一，财政压力过重。

美国超级基金的收入来源在本书以前章节中有简略提及，它的资金收入除国家财政补贴之外，还有石油税、化学原料税、企业环境税、责任方、罚款和投资利息等。美国是发达国家中第一个进行土壤修复的国家，在1980年颁布《综合环境反应、赔偿和责任法》（CERCLA）并形成了《超级基金法》（1986年修订）法律体系（肖建华、袁野，2017），提供充实资金保障给国家土壤修复工作的超级信托基金被美国环保署（EPA）依法建立。联邦、州合伙出资共同治理美国各地土壤项目，联合对超级基金资金进行管理。超级基金方的主要收入来源则是国家财政拨款、污染场地责任主体的赔偿与罚款、石油化工行业税收、相关行业环境税以及基金贷款利息与发行的相关国债所得收益等投资收入。经过 1996 年的改革，超级基金收入项目的占比有所变化，责任方的金额大幅上升，石油税、化学原料税、企业环境税的金额及占比下降。表 8-1 和表 8-2 是美国 1991—1995 年及 1997—2001 年的超级基金收入状况（除国家财政补助外）。

表 8-1　　　　　　　　1991—1995 年超级基金收入

资金收入	金额（百万美元）	占总收入百分比（%）
石油税	2799.509	30.6
化学原料税	1327.282	14.5
企业环境税	3121.462	34.1
成本回收	0	0.0
责任方	900.791	9.8
罚款及处罚金	11.232	0.1
投资利息	1003.382	10.9
合计	9163.658	100.0

资料来源：美国财政部基金管理处有害物质超级基金信托基金（20X8145）损益表。

表 8-2　　　　　　　　1997—2001 年超级基金收入

资金收入	金额（百万美元）	占总收入百分比（%）
石油税	8.906	0.3
化学原料税	24.747	0.9
企业环境税	163.714	5.7
成本回收	0	0.0
责任方	1385.373	47.8
罚款及处罚金	14.456	0.5
投资利息	1298.208	44.8
合计	2895.404	100.0

资料来源：美国财政部基金管理处有害物质超级基金信托基金（20X8145）损益表。

在综合考虑国情的基础上学习美国的成功经验，我国土壤重金属污染修复基金收入构成应发挥政府主导作用，进行引导性投入，与此

第八章　土壤重金属污染修复基金收支与预算管理体系构建研究

同时，可以通过 PPP 模式进行土壤重金属污染修复项目的融资，积极鼓励民间资本的流入（幸红，2016；高彦鑫等，2014）。基金主要收入来源结构如图 8-3 所示。

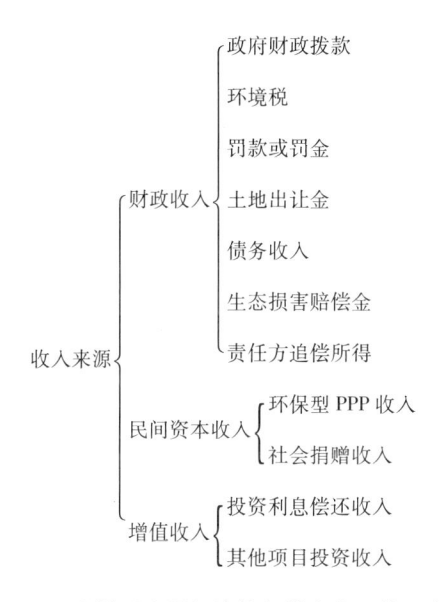

收入来源
- 财政收入
  - 政府财政拨款
  - 环境税
  - 罚款或罚金
  - 土地出让金
  - 债务收入
  - 生态损害赔偿金
  - 责任方追偿所得
- 民间资本收入
  - 环保型 PPP 收入
  - 社会捐赠收入
- 增值收入
  - 投资利息偿还收入
  - 其他项目投资收入

图 8-3　土壤重金属污染修复基金主要收入来源

我国该项修复基金主要收入来源具体可由以下几个方面构成：

1. 政府财政拨款

国家作为社会的管理者，根据国家环境义务论，保护生态环境安全、维护社会稳定、保障民众生活环境是其应尽的职责。污染场地土壤修复基金制度的目的并不是为了让全体纳税人替代场地污染责任人，而是为了救济生态损害。再者，场地污染的行为多是产生经济价值的行为，这种有经济价值的行为一方面促进了社会发展、科技进步，另一方面也带来了生态环境污染。从某种意义上说，每个个体都可以成为生态环境的危害人，更可能因为放任损害的发生而最终成为受害者。从国家财政中拨出一部分资金作为土壤重金属污染修复基金收入来源，有益于控制这种全民性质的风险，这也是生态损害责任社会化理论的实现。

数据显示，2015年1—6月，政府财政约占全国污染场地修复项目资金来源的半数以上，还有另外15.7%的项目与政府财政投入有关联，这表明政府财政在污染场地修复中具有至关重要的地位。此外，将专项资金用于修复污染场地土壤的部分计入基金里，可以借助基金这一金融工具，加强资金的杠杆，更便于污染场地的修复。

2. 环境税

为达到保护环境的目的和获得充足的用于保护环境的专项资金而分别设立的环境保护税、收入税构成了重金属污染场地土壤修复基金收入的环境税来源。其中，前者以抽象保护环境为目的，涵盖排污、资源税等。而后者则有具体的使用项目，用于污染场地的土壤修复就属于有具体的使用项目。根据目前我国的情况，可以一方面从环境保护税中按一定比例抽取出来，纳入土壤修复基金；另一方面通过立法赋予基金向某些生态危害行为征收税款的特别征收权，如场地污染多为重金属、无机物等污染，可对排放生产这些物质的行为人收取特别的税款。

3. 罚款或罚金

有关行政机关或司法机关对生态环境危害行为的罚款或罚金。这些罚款或罚金是对生态环境危害行为的处罚，原本属于国库，按照一定的比例将其纳入污染场地土壤修复基金，可以增强资金的杠杆作用，使这些资金更好地发挥保护生态环境的作用。

4. 土地出让金

土地所有权人以金钱交换特定时间内使用土地的权力是土地出让金的内涵所在。污染场地多处于城市人口密集区域，地理位置有较大的经济潜力,一旦完成这些地块的修复便能产生极大的经济效益。如武汉赫山毒地事件,三江地产在得知该地块有严重的土壤污染后便将该地块退回给武汉市土地储备中心。在历时3年的修复后,该地块以14.4亿元的价格被转让。可见,只有土壤生态环境安全,土地才能有经济价值,进而使得土地流转成为可能。因此,将土地出让金按一定比例纳入污染场地土壤修复基金,能保障污染场地的土壤修复工作开展,从而保障其经济价值,互惠互利。

5. 债务收入

债务收入指中央及地方政府利用其自身信用通过发行债券或向金融机构借款而从国内外获得的收入,其主要包括债券收入和借款收入两部分。鉴于我国政府财政资源的有限性和土壤修复治理活动的低经济增长贡献,专门针对土壤重金属污染修复项目进行的绿色贷款、发行的专项生态债券都为土壤重金属污染修复基金提供了可靠的收入来源。此外,由于每个省份的土壤污染情况不尽相同,其收到的财政拨款也有差别,因此,各级政府也可以通过环保福利彩票收入等创新型收入来源满足自身修复资金需求。

6. 生态损害赔偿金

生态损害填补责任包括赔偿和补偿两大责任。在责任人明确且有能力承担赔偿责任时,若其危害行为造成生态损害,无法恢复的,则应对该部分的损害赔偿责任负责。这部分损害赔偿金其实是出于公平理念对永久性丧失生态功能而给出的经济弥补,除此之外没有其他实在作用。生态环境是彼此联系、互相影响的系统,对系统中的任意一个组成部分的保护都是对整个系统的保护。因此,不妨将此部分的赔偿金按一定比例计入污染场地土壤修复基金,这更利于保护整个生态环境。

7. 责任方追偿所得

基金的特点是功能上的补偿性，基金对修复土壤所支出的费用是赔偿金的垫付，因此，需要设置追偿机制（周全等，2016）。即当基金承担修复责任后，发现了真正的责任人，应当向其索要基金所垫付的费用。具体来说，基金的适用包括责任人能力不足或责任人不明两种类型，在基金已为土壤修复等工作垫付费用的前提下，如果责任人恢复了偿付能力或者确定了责任人且其有偿付能力的，基金可随时追讨偿还，并将上述权力产生的所得列入修复基金收入来源。

8. 环保型 PPP 收入

PPP 模式全称 Public – Private – Partnership，即公私合营，政企合作，共同参与环境污染治理（蓝虹、刘朝晖，2015）。社会资本是我国修复基金收入来源的重要组成部分，我国财政部已经在全国各地成功开展了多个 PPP 环境修复示范项目，政企双方风险共扛、收益共享。由于经济体制原因，很多对历史遗留污染场地负有修复责任的国有企业经过改制和重组，其产权不复存在。在此情境下，无法对责任人追偿的污染费用支出将由土壤重金属污染修复基金承担，给基金造成巨大的资金压力。通过 PPP 模式引入社会资本，有助于丰富基金收入来源，缓解资金压力，解决我国土壤修复困境。

9. 社会捐赠收入

我国一直大力提倡社会捐赠活动，鼓励社会各界向国家基础事业建设贡献力量，并对捐赠企业和个人设置了税收优惠。随着公众环保意识的增强，无论是企业还是个人都明白自身与周围的自然环境息息相关，而且现阶段也都有一定的经济基础愿意回馈环境修复事业。社会公众对土壤修复基金的支持不仅仅是出于爱心或者企业形象的维护，更多的是以命运共同体的角度来思考，尤其是临近污染场地的企业和个人更是深有同感,因此,企业和个人既可以考虑非定向捐赠,也可以考虑定向捐赠,比如定向捐赠自己生活所在地的污染场地治理,这些捐赠均构成了该基金的重要收入来源。

10. 孳息及经营性收入

孳息天然应当为基金所有,不必赘述。基金的营利活动并不会与非营利的目的发生冲突,反而可以保障基金的收入来源。针对具有公益属性的土壤重金属污染修复基金,可依法从中提取适当份额投资于相对来说风险较小、收益较大的项目,并在基金投资渠道多元化的环境下,严格按照实际市场具体情况,合理选择最佳的基金投资方式,将所得收益计入基金收入来源,从而使基金在平稳运行的前提下实现保、增值和长期运转。综合来看,我国土壤重金属污染修复基金初期收入来源主要依靠国家财政补助,税收、罚款及民间资本应做辅助支持,到后期就可以逐渐地减少政府财政支出,并不断向社会资本、投资增值收益转移,且在整体考虑我国国情的基础上,可将近年来较为热门的以公私合营为理念的 PPP 收入作为土壤重金属修复行业的创新型收入来源。此外,该项基金还可利用土壤修复治理机构、银行与证券公司等获取收入,并取得项目高效运转效益,补偿社会资本。

(二)收入确认

会计确认基础可被划分为两类四种。我国政府预算会计实行收付实现制,个别事项可以使用权责发生制。从 2007 年 1 月 1 日实行的《政府会计准则——基本准则》(下文简称《准则》)来看,我国政府实行不完全收付实现制或完全权责发生制,我国政府财务报告的会计确认基础实际上采用的是修正的收付实现制。修正的比完全的收付实现制多出了对现金等价物资源的规定,完全的与修正的权责发生制内容大体相同,但后者涉及在财务报告中确认收入和支出。土壤重金属污染修复基金的会计确认基础需要与政府会计的确认基础相同，便于政府对其进行运行及监管。四种会计确认基础的区别如表8-3所示。

表8-3　　　　　　　　会计确认基础与财务报告目标

目标	收付实现制		权责发生制	
	修正的收付实现制	完全的收付实现制	修正的权责发生制	完全的权责发生制
法定预算遵循性	是	是	是	是
与法律合同开支限制要求符合性	现金和现金等价物的需求和限制	现金需求和限制	现金和经济资源需求和限制	现金和财务资源需求和限制
资源、分配和财务资源的使用	现金和现金等价物资源	现金资源	现金和财务资源	现金和财务资源
提供基金和现金需求	现金和现金等价物资源	现金资源	现金和其他财务要求	现金和其他财务要求

对收入概念的不同认识导致了不同的确认原则。经济学界将收益认为是"在期末、初拥有相同财富水平的条件下能够消费的最大金额"。传统会计收益是企业在一个会计期间经济利益的增加，包括收入和利得。《准则》规范了政府会计要素的确认，修复基金可参照该《准则》来进行会计要素确认。

收入是在一个财务年度内，由提供土壤修复及其相关服务或行使其他权利，接受企业、个人或者公益性组织的捐赠，及执行环保税收与罚款而使资产及负债相应变大和变小的经济利益总流入。

（三）收入账户设置

由我国财政部编写的《2019年政府收支分类科目》将政府性基金收入界定为非税、债务和转移性收入三大类。事业单位收入依照来源可划分为财政、上级补助，事业、经营、附属单位缴款，基本建设

第八章 土壤重金属污染修复基金收支与预算管理体系构建研究

拨款收入和其他收入等。这些均属于不需要归还的资金流入。而对于需要归还的资金流入部分，其构成了事业单位的负债。如果一笔资金在流入当时不能确定是否偿还或偿还的金额，可先将其作为事业单位收入，一旦确定为需要偿还或确定了偿还金额，则需转为事业单位负债。

基金收入账户涉及四个方面：①收到政府财政拨款时，"基金收入——政府财政补助"；②收到政府环保税收或罚款时，"基金收入——环保税收/环保类罚款"；③收到民间资本时，"基金收入——××企业/个人/公益性组织"；④收到增值收益时且当被投资方宣告发放现金股利或利润时，"资产基金——应收股利"；⑤债券收益与股权投资收益类似，在此不做赘述。

此外，本书认为土壤重金属污染修复基金会计的收入来源包括非偿还性的资金和偿还性的资金，而且土壤重金属污染修复项目的资金缺口大，引入社会资本成为未来重要举措，相比较于政府和事业单位会计，土壤重金属污染修复基金会计的收入可以新增一项"融资收入"。因此各类资金的来源参照我国政府及事业单位的收入项目设置，可以分为税收、非税、转移性、债务和融资收入。

表8-4 土壤重金属污染修复基金收入账户设置

收入分类	账户名称		核算内容
非偿还性资金收入	税收收入	环境保护税	反映中央和地方统一收取的环境保护税可以按照一定比例划拨给基金
	非税收入	经营收入	反映基金项目的经营收入
		投资收入	反映基金在市场上的投资收益等收入
		利息收入	反映基金存款、有价证券及其他利息收入
		捐赠收入	反映基金接收的非定、定向货币捐赠收入
		生态损害赔偿收入	反映经有关部门授权后基金方按照相关生态损害赔偿办法征收的相关收入

续表

收入分类	账户名称		核算内容
非偿还性资金收入	非税收入	责任方追偿所得收入	反映经有关部门授权后基金按照污染责任划分向责任方征收的相关收入
		罚没收入	反映经执法机关授权后依法规缴收的各类罚款、罚金以及所缴收物资的变价收入
		土地出让金	反映基金把污染土地的使用权先行转让所取得的收入
	转移性收入	财政拨款收入	反映基金收到财政专项拨款补助收入
		上级补助收入	反映基金从上级单位获取的财政补助以外的收入
		上解收入	反映上级基金收到下级的上解收入
		调入收入	反映各基金项目预算资金之间调入收入
		上年结余收入	反映基金的上年结余
偿还性资金收入	债务收入	债券收入	反映基金发行债券取得的一般债券收入
		借款收入	反映基金向政府或金融机构的借款收入
	融资收入	社会资本收入	反映基金与社会资本合作而取得的收入

二 支出范围、确认与账户设置

(一) 资金分配

资金的来源及分配是构建土壤重金属污染修复基金的重要环节，如前面所说，在我国，土壤重金属污染修复基金部分来源于政府，部分来源于民间资本，另外一部分来源于基金的增值收益，本书认为这种资金筹集方式能够调动政府及相关企业工作积极性，能有效利用资金。资金的分配涉及分配相关者、各环节分配额度及比例、资金拨付顺序这三个方面。

1. 分配相关者

分配相关者有政府、环保修复公司和受污染影响的公众。政府需要对受污染影响的公众负责，同时要对这些公众进行妥善安排及补偿。政府与环保修复公司的关系如图8-4所示。

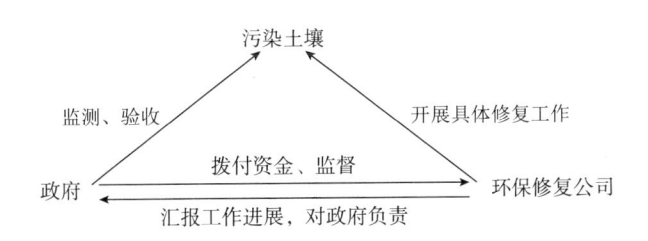

图8-4 政府与环保修复公司的关系

政府从土壤重金属污染修复基金中划拨资金给环保修复公司，由环保修复公司进行修复工作。在污染地区修复过程中，环保修复公司需要向管辖地的政府汇报工作，修复公司对政府负责。政府对污染土壤进行监测，待环保修复公司工程结束后进行验收，验收不合格由环保修复公司继续无偿修复或重新招标交由其他环保修复公司修复。

2. 分配额度及比例

资金分配额度根据土壤污染修复项目的大小、类型来划定，因为不同的污染类型修复的技术成本有高有低，因此不同污染类型有不同的资金额度。资金分配比例是按照修复工作的各个环节分配的，由政府制定一个预算标准，具体由环保修复公司来参照实施。

3. 资金拨付顺序

我国应建立一个类似于美国污染国家优先名录NPL，将各个污染地区按照国家污染检测标准，地区污染值从高到低排序，最高的地区应列入首要治理名单，进入首要治理名单的地区不适宜人类进行生产生活等活动。资金的拨付顺序按名单上的先后顺序，多个严重污染地区可以同时开展治理活动，污染较低区域也应进行初步调查，防止污染扩散及加剧。具体如图8-5所示。

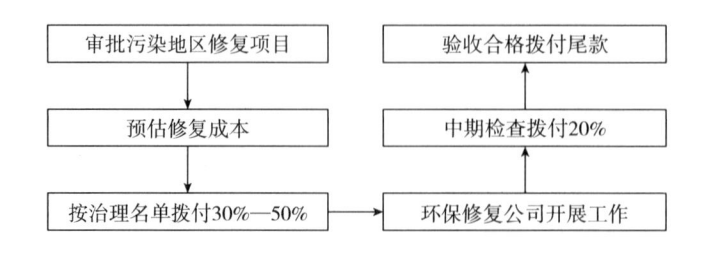

```
审批污染地区修复项目          验收合格拨付尾款
      ↓                              ↑
   预估修复成本              中期检查拨付20%
      ↓                              ↑
按治理名单拨付30%—50%  →  环保修复公司开展工作
```

图8-5 修复基金资金拨付流程

（二）支出范围

支出是解决土壤重金属污染的关键一环，直观反映出土壤重金属污染修复基金的管理和使用状况，保障资金管理和使用的安全、合规及高效，确保按时完成修复项目，发挥应有的作用，取得预期的环境绩效。美国超级基金的支出主要是调查、监测土壤情况，特定污染场地活动发生的成本以及管理机构的行政费用。

1. 清除危害措施费用

土壤重金属污染容易积累，甚至转化成毒性更大的化合物，通过食物链逐步扩散，危害性极大，对周围环境破坏强度极高，因此如何预防和阻止污染范围的进一步扩大至关重要。对于防治土壤重金属污染来说，清除危害措施这部分的支出是必不可少的，一般包括清理现场的费用、污染控制的费用、人员转移安置的费用。尤其是应急土壤重金属污染事件，更是需要基金现行垫付大笔资金，及时降低土壤污染损害程度。

2. 修复措施费用

土壤重金属污染修复需要发生土壤修复设备材料购买以及聘请专

第八章 土壤重金属污染修复基金收支与预算管理体系构建研究

家等费用支出。土壤污染这一修复工程极其复杂，其在技术、装备和资金实力等方面对修复方有较高的要求，一般而言，土壤污染修复可以交付给专门的环境修复公司，基金方可以采用招标方式，与修复公司订立合同并将业务承包给修复公司。

3. 相关的监测、评估、计划制订费用

目前，我国生态环境部、自然资源部已基本完成对于工业遗留或遗弃场地、废弃物处理场地、采矿类污染企业周边、油田等热点环境区域污染范围、程度、类型、分布、成因等基础信息的调查，并建立了全国土壤污染修复名录。土壤重金属污染修复基金对于污染场地的初步评估可以借鉴已完成的土壤污染调查情况，但是针对具体的修复计划，仍然需要详细的调查、评估，在修复活动启动后，也需要定期监测土壤污染的修复状况。

4. 对他人实施必要措施的补偿费用

土壤修复基金资金有限，不能对受到土壤污染企业的居民或企业支付人身权和财产权的救济支付，但是因修复工作而耽误企业生产经营所造成的损失以及该地块居民无法继续生活的损失，基金应当做出相应补偿。当然，这种情况的前提是该地块正在使用中，且场地污染责任人并非是该地块的使用权人。湖南省为了治理耕地镉污染，保障粮食安全，在重金属耕地修复试点区推荐种植镉低积累水稻，该品种的水稻较普通品种的水稻价格高，为了不使种植该品种的农民收益受损，《湖南省重金属耕地修复及农作物种植结构调整试点资金管理办法》第三条第一款规定了试点资金的支出内容包括"农民受益损失补贴，包括镉低积累水稻品种种子补贴、粮食差价补贴、农民收益风险补贴等"，此举目的在于更好地推动土壤修复工作的展开，保障社会公共利益。

5. 维护基金正常运行的行政支出

土壤重金属污染修复基金需要一些行政管理费用来维持其正常运行。因此会发生办公设备购买、业务运营和物业管理、相关计划、收购管理、信息技术基础设施和数据管理、人力资源管理、拨款和跨机构协议管理、替代纠纷方案和法律援助、信息交换管理等费用支出。行政费用应该尽可能详细，此外，相关行政部门还应不断提高管理效率，降低有关行政支出，将更多资金用于修复治理中。

6. 执法费用支出

土壤污染成因复杂，取证难度大，各污染责任方存在争议，如何对相关污染方进行识别并确定其修复责任具有重要意义。为确保修复责任的落实，需要对相关污染事件进行调查、分析、取证、确责，因此还应特别设立执法费用这一项支出，包括执法支持活动、对责任方的诉讼、与责任方谈判、识别责任方等支出。

（三）支出确认

基本确认原则在上文收入确认中已经阐述，此处不过多阐述。支出与收入对应，是在一个财务年度内，由提供土壤修复及相关服务、行使其他权利或运行基金时产生的费用等所产生的资源的消耗，导致资产减少和负债增加的经济利益总流出。

（四）支出账户设置

修复项目支出根据上文的划拨流程分为三次拨付，首次拨付30%—50%，中期检查合格拨付20%，竣工验收合格后拨付余款。涉及的账户有：首次拨付修复项目款项给环保修复公司时，"项目支出——A项目首期××%"；中期拨付时，"项目支出——A项目中期××%"；验收后，"项目支出——A项目尾款××%"。

表 8-5　　土壤重金属污染修复基金支出账户设置

支出分类	账户名称		核算内容
间接成本支出	基本支出	人员支出	反映为确保基金正常运行以及常规行政工作的顺利开展而发生的人员和公用支出
		公用支出	
	债务支出	债务还本支出	反映基金偿还借款的支出
		债务付息支出	反映基金偿还借款利息的支出
		债券发行费用支出	反映基金为发行债券而产生的相关支出
	科研支出	科研费用支出	反映基金为土壤修复理论和技术的改造升级而发生的支出
直接成本支出	项目支出	居民补偿支出	反映基金为修复污染场地而产生的征地和拆迁补偿支出
		监测、评估支出	反映基金为监测和评估污染场地而产生的相关支出
		清除危害支出	反映基金为清除污染场地重金属的危害而产生的支出
		修复费用支出	反映基金为恢复土壤功能而产生的支出
		执法支出	反映基金为确定污染方责任和取得修复资金而产生的支出
非成本支出	转移性支出	调出资金	反映基金项目预算资金之间的调出支出
		年终结余	反映基金的上年结余

三　基金收支表

以前章节已经论述过我国的土壤重金属污染修复基金的资金来源与支出范围，针对具体的收入与支出的划分，本书认为应该针对中央和地方两级土壤重金属污染修复基金组织，设立两级收支账户，以保障土壤重金属污染修复资金的多来源、多渠道、多种类。

（一）中央土壤重金属污染修复基金收支表

中央土壤重金属污染修复基金作为布局全国土壤重金属污染修复与整治工作的统领机构，对于促进全国土壤环境质量改善具有重要的引导作用，在资金的使用和管理上必须坚持遵循国家领导的以地方为主体的、强化绩效、用奖促治的原则。一方面,中央土壤重金属污染修复基金在资金筹集上相较于地方来说更多的是政府财政支持、税收、债务收入以及下级基金转移性收入。另一方面,中央土壤重金属污染修复基金支出主要是基本支出、债务支出、对土壤修复方法技术和设备研究的支出、转移性支出等,其中主要是根据国务院土壤污染预防整治工作部署,综合考虑地方《土壤污染防治行动计划》确定的调查、修复治理工作任务量等因素,并考虑东中西部财力差异,科学确定修复资金支持的重点领域、区域及省份,确定具体分配方案。

表8-6 中央土壤重金属污染修复基金收支表

编制单位: ___年___月___日 单位:元

项 目	本月数	本年累计数
收入:		
中央税收收入		
中央财政拨款		
中央债券收入		
中央借款收入		
中央投资收入		
中央利息收入		
中央捐赠收入		
上解收入		
上年结余收入		
其他收入		
收入合计		
支出:		
中央基本支出		
中央债务支出		
科研支出		
转移性支出		
向省级基金调出支出		
其他支出		
支出合计		
本期收支差额		

第八章　土壤重金属污染修复基金收支与预算管理体系构建研究

（二）地方土壤重金属污染修复基金收支表

地方土壤重金属污染修复基金面对各个地区的具体修复项目直接进行规划，对本地土地污染状况进行详细调查，有序开展土壤修复与治理工作。地方土壤重金属污染修复基金每年都将从中央获得部分修复资金，但对于修复工作而言还是远远不够的。近年来，PPP等合作项目在多领域展开，土壤重金属污染修复基金也可以借鉴，以引入社会资本，因此地方收支表的收入项目比中央收支表更为多样。而且项目支出也可以细分到具体项目，如"项目支出—修复费用支出—A 项目"。

表 8-7　　　　　　地方土壤重金属污染修复基金收支表

编制单位：　　　　　　___年___月___日　　　　　　单位：元

项　　目	本月数	本年累计数
收入：		
地方税收收入		
地方财政拨款		
地方债券收入		
地方借款收入		
地方利息收入		
地方捐赠收入		
生态损害赔偿收入		
责任方追偿所得收入		
罚没收入		
土地出让金收入		
转移性收入		
中央基金调入收入		
其他地区基金调入收入		
社会资本收入		
上年结余收入		
其他收入		

续表

项　　目	本月数	本年累计数
收入合计		
支出：		
地方基本支出		
地方债务支出		
项目支出		
居民补偿支出		
监测、评估支出		
清除危害支出		
修复费用支出		
执法支出		
其他支出		
支出合计		
本期收支差额		

第三节　预算管理体系

一　预算编制

（一）预算编制流程

根据财政部每年向中央预算部门下发的土壤重金属污染修复基金收入建议预算草案和支出计划通知，土壤重金属污染修复基金预算编制程序采用"二上二下"的方式（孙飞，2015），自上而下进行编制："一上"，由各级政府部门编报预算建议数并上报各级财政部门审核批准；"一下"，各级财政部门根据上述预算建议数下达预算控制数给各级政府部门；"二上"，各级政府部门根据所下达的预算控制数进一步调整编报预算数并二次上报各级财政部门；"二下"，各级财政部门将经国务院及人民代表大会审核批准通过的预算数二次下达给各级

第八章 土壤重金属污染修复基金收支与预算管理体系构建研究

政府部门,并由其具体实施。"二上二下"的基本流程如图8-6所示。

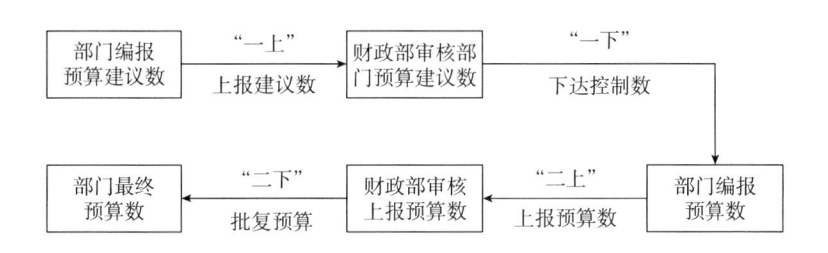

图8-6 土壤修复基金预算编制总体流程

(二) 预算编制方法

针对我国土壤重金属修复基金预算编制而言,主要运用方法如下:

1. 渐进预算法

渐进预算法在一年或几年预算数的基础上,通过相应增加或减少当年有关项目数量及金额,从而有效提高预算编制效率。由于土壤重金属污染修复基金中来源于政府财政拨款、融资收入和责任方追偿所得等方面的资金规模具有年度间相似性及关联性,因此,利用其增长趋势等运用渐进预算法进行编制,可使预算更为科学合理。

2. 预算绩效法

预算绩效法中,政府部门明确自身职能并根据需要完成的目标确定消耗的资源,编制预算,并以定量的指标衡量项目的完成情况与进程。该方法是以支出结果为目标进行的预算方式,注重资金的使用结果与使用效率。由于土壤修复项目持续时间长、资金规模大、相关责任方多等特点,相关修复基金资金利用效率不高,通过对该基金采用预算绩效法进行管理，可促使其使用效率达到最优，有效推动土壤污染修复活动开展。

3. 定员定额法

定员定额法依据机构规模和业务种类、任务量、繁简程度等规定人员配置情况或依照人员配备比例和业务量特定单位确定人员数量，以规定的支出标准与人员数量来预测机构的基本支出情况。对于土壤重金属污染修复基金预算编制采用定员定额法，预算标准根据实际情况制定，能进一步规范支出标准和预算管理行为，提高预算编制的效率并促进预算后续的有效执行。

二 预算执行

预算执行是政府进行财务管理，调节收支以及会计核算的主要过程（王秀芝，2015），通过政府定期披露的报告，社会公众可以对政府进行监督。土壤重金属污染修复基金预算执行，指预算编制经过各级人大批准后各级政府部门对预算项目的执行，包括基金征收、基金使用和预算调整三个阶段。具体流程如图8-7所示。

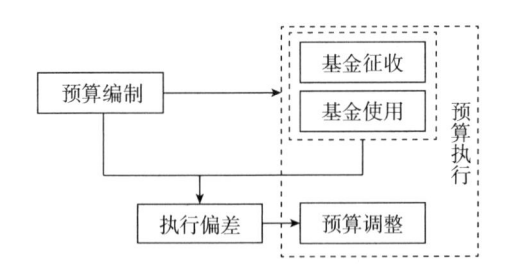

图8-7 土壤重金属污染修复基金预算执行流程

（一）土壤重金属污染修复基金的征收

生态环境部、自然资源部、税务部门、地方政府应加强对污染企业排污税费、环境保护费、污染责任方罚款、增值收益等资金的管理，保障各项土壤重金属污染修复基金按规按时、足额上缴中央及地方国库。每月月初，财政部门按上月实际缴入国库的排污税费、环境保护费的一定比例作为财政拨款收入转入土壤重金属污染修复基金收入。基金保值增值交由专业机构管理，同时，地方政府部门要实时对其监督，确保资金的安全，审计部门与财政监察部门要加强监督，确保基金的有效征收。

（二）土壤重金属污染修复基金的使用

"土十条"中规定，省级政府、生态环境部要加快健全监督机制，尤其应突出对基金资金使用、土壤修复整治工作进度、污染物质减排和土壤质量改善状况等的监察与督促，确保资金使用效率和效果。土壤重金属污染修复基金的拨付须遵循先收后支原则，按项目规划事先确定的支出途径、年度预算和基本建设规划进行，禁止擅自用作他处。例如，该修复基金中用于治理工程的部分，应提交经政府审核批准的土壤污染治理修复工程基本建设规划、基金使用预算和用款规划至财政部并申请划拨款项，财政部审核通过后方可按工程进度向环保修复公司分期拨款。

（三）土壤重金属污染修复基金预算调整

预算调整是由于在实际过程中出现与计划相偏离的、无法预见的特殊情况而需要对原有的预算做出改变，需要相关部门的批准（冯素坤，2017）。在程序上，本级政府负责编制预算调整方案，并交由相关级别的人民代表大会以及其常委会进行审核（李英，2018）。预算在当年执行过程中，土壤重金属污染修复基金收入执行数超过预算数较多的，由财政部通知生态环境部，并由后者依照超出部分数额，申请增加预算支出。

三 预算决算

土壤重金属污染修复基金预算经过程序审批之后就进入使用执行过程，由于实际过程中的使用情况与预算情况一定会产生差异，这就涉及决算过程。通过决算我们可以对比出土壤重金属污染修复基金的执行情况如何、收支是否平衡，从而发现使用中存在的问题，以期促进该修复基金的高效使用。

各级政府部门在预算周期末编制决算草案，记录实际发生额，严格审核项目收入与支出，不可随意改写数据。按照上级规定的基金决算编报规范，保证内容完整（王祥君，2016），禁止擅自增减和漏报，把握决算进度，按照规定的时间报送上级部门汇总。地方政府编写决算草案要严格审查项目收支，每一笔收入与支出都要有对应的凭证。根据预算法规定，与预算相照应，决算须按预算、调整预算和决算数分三列列出，并上报表格（资产负债表和预算收支决算表）及决算说明书。

（一）表格

1. 资产负债表

与一般企业财务报表的资产负债表结构大体一致，基金会计中资产负债表也满足相关的会计等式，列为资产＝负债＋基金，其中资产涵盖了现金、政府专项存款、相关债券投资、支出户存款等；负债主要涵盖了短期借款和暂收款等。等式左列反映资金的存在形式，等式右列反映基金的主要来源，从资产负债表中可以窥探出一个时点下的基金状况，包括资金来源、资金结构、负债比率、规模大小以及偿还能力等有效信息，方便高效监管。

2. 预算收支决算表

预算收支决算表要反映土壤重金属污染修复基金的最终收入来源

第八章　土壤重金属污染修复基金收支与预算管理体系构建研究

和支出去向。预算收支决算表展现了基金的各项收入和支出活动，具体包括各项税收及非税收入，各种项目支出，反映基金的流量情况，一般可用于评价一定时期的运行情况，属于动态的时期性报表。具体如表8-8、表8-9所示。

表8-8　　　　土壤重金属污染修复基金预算收入决算表

项目	预算数	调整预算数	决算数
非税收入			
经营收入			
投资收入			
利息收入			
捐赠收入			
生态损害赔偿收入			
责任方追偿所得收入			
罚没收入			
土地出让金			
税收收入			
本年收入小计			
融资收入			
债务收入			
转移性收入			
上级补助收入			
调入收入			
上年结余收入			
收入合计			

表8-9　　　　土壤重金属污染修复基金预算支出决算表

项目	预算数	调整预算数	决算数
项目支出			
居民补偿支出			
监测、评估支出			

续表

项目	预算数	调整预算数	决算数
清除危害支出			
修复费用支出			
执法支出			
基本支出			
债务支出			
科研支出			
转移性支出			
调出资金			
年终结余			
支出合计			

(二) 决算说明书

决算说明书是通过文字报告的方式分析总结土壤重金属污染修复基金收支情况。决算说明书要从各方面出发完整分析土壤重金属污染修复基金财务收、支状况和运作情况，工作取得的成果和仍存在的缺陷以及今后完善的建议。可采用因素分析法、比较分析法、结构分析法对基金的运行情况、结余实现情况、增减变化情况、暂收款项等进行分析，总结一年来的经验和问题，并提出改进的建议和措施，其主要反映以下内容：

(1) 修复基金的运行情况。结合预算收支决算表中所提供的信息，可对基金的运行情况进行掌握。在对基金的收支进行分析过程中，相关人员可以掌握基金运行的成本效率以及运行的合规性，从而在运行方面提出改进，在成本方面提高效率。

(2) 修复基金年度结余情况。土壤重金属污染修复基金年度结余情况通常以一个时间序列为比较，将当年度的基金结余同之前年度进行比较分析，得出结余增加或减少的原因，提出可改进的建议和举措。同时结合相关政策规定加以评述，以达到合规的目的。

（3）修复基金趋势变化情况。通过对财务报表与基金结余状况进行分析，反映土壤重金属污染修复基金数额大小变动情况及产生原因，评析基金运作遵循客观规律的情况。

第九章 土壤重金属污染修复基金会计核算研究

土壤重金属污染修复基金具有独特的资金来源和用途，对会计核算体系提出了更高要求。因此本书在土壤重金属污染修复基金投融资机制和收支体系的基础上，进一步完善土壤重金属污染修复基金会计核算研究，参考国际会计准则和企业会计准则，类比环境会计、碳会计、水会计和基金会计核算，结合土壤重金属污染修复事项特征，从会计核算的设计基础、三方会计核算主体、账户处理及核算和会计信息披露四个方面对土壤重金属污染修复基金会计核算体系进行完善，从而有序开展污染治理与修复，为土壤重金属污染修复效率评估和自然资源离任审计奠定坚实基础。

第一节 土壤重金属污染修复基金会计核算设计基础

一 基本目标

当前会计目标的主流观点仍是受托责任观与决策有用观。前者出现源于企业中委托代理联系的存在，企业所有者要求经营者提供能真实反映运营状况的会计信息,以此来对管理者的工作进行评价,进而决定做出管理者是升职加薪还是解聘减薪的决策。随着资本市场的不断发展,企业原有的委托代理关系也随之改变,尤其是证券交易更是为所有权人随时更换投资对象提供便利,其对信息的需求目标发生偏差,即他们希望获得更多的对投资决策有效的高质量信息,而不是以前仅仅反映受托责任的简单会计信息。这便促进了决策有用观的不断发展。美国环境污染修复义务会计(SOP96-1和GASBS49)则是融合上述两类目标观点对外提供会计信息,既要向报告信息使用者提供美国超级基金下的土壤修复资金分配和使用等相关依据,也要如实提供潜在责任方对于污染地的修复责任、金额估计及成本回收等高质量信息。

基于以上对企业会计目标的探究和对美国环境污染修复义务会计(SOP96-1和GASBS49)的分析,结合本国独特国情,修复基金会计的目标可以定义为以下两点:

(1)最基本的目标——对外提供修复基金的收入与支出基本核算信息,具体包括基金收入的来源和基金支出的流向,反映资金的使用用途,从而满足外界了解各个土壤修复项目资金的具体收支结余情况。

(2)更高层次的目标——提高修复基金的管理效率和生态绩效。基金方作为土壤重金属污染修复项目的组织者和资源分配者对土壤治理情况承担一定的责任。通过修复基金收支体系,能够评价基金方的资金管理绩效,确保修复资金的来源充足、使用合理,更能揭示潜在责任主体的修复义务,并对于修复项目完成后产生的收益归属问题进行划分。修复基金会计的构建有助于外界的良好监督,确保资金安全、高效投入土壤污染修复项目,刺激各方主体重视土壤修复项目,从而改善污染土壤质量,促进生态文明建设。

二 基本假设

1. 会计主体假设

土壤重金属污染修复的目标涉及多方利益主体，均对土壤修复效果与效率承担责任，如果各个利益主体均基于传统认定基础来分别确认、计量和披露，就无法真正反映作为一个联合体在土壤重金属污染修复的事项下对项目的计量结果，也无法反映整体修复资金在不同主体间的流动分配是否公平，从而导致资源配置的效率受到影响。在土壤修复目标的指导下，会计信息的内外部使用者都对会计信息的内容提出更高的挑战，要求能从整体判断或者预测土壤污染修复状况以及效率，全面了解信息，而不仅仅局限于单一方面的信息，而是综合化和整体化的土壤修复价值相关信息。在这种需求下，国际上已经开始有不少学者提倡突破单一主体的界限，由相关的多个单一实体主体结合组成新的会计主体，只有这样，才能全方位确认、计量和报告信息需求者所要求的会计信息。一般而言，土壤修复项目的资金利益主体主要涉及基金方、修复方以及污染方，本书将突破传统情境下单一会计主体模式，以高效修复污染土壤为目标，以虚拟组织为边界，以权责统一为内涵，以利益相关者的需求为导向，形成基金方、修复方以及污染方联盟会计主体。

2. 有限期经营假设

会计核算的基础前提就是持续经营假设，将直接影响会计主体如何选择会计方法和原则。但是，土壤重金属污染项目都是有周期的，由于土壤修复的污染程度和范围存在差异，项目完成时间也不一定。大部分土壤修复项目中，土壤重金属污染都是长期性的，一般都长达几十年，当项目完成后，交付给政府或相关部门，项目随之终结，基金方、污染方、修复方三方合作机制宣告结束，土壤修复项目不再持续。土壤重金属污染修复项目主体核算的内容是在项目存续期间，即项目有限期内的相关信息。主体有限期的经营与传统的持续经营并无较大区别，有限期经营假设对于会计原则选择并无影响。

3. 会计分期假设

对于土壤重金属污染修复项目而言，会计分期假设主要是指土壤修复项目持续期内的期间划分，即从项目开始到项目结束之间的期间划分。对于长期项目来说，依旧可以划分为若干个相同的短周期，如季度、年度，并将项目的日常经营活动按照所在周期进行划分及核算，同时为这些期间出具财务报表。

4. 价值计量假设

修复基金的会计核算应以项目基金的资金收支为主，同时也要考虑对非资金收支信息进行计量来评价土壤修复项目实现的社会效益。修复基金更多考虑的是社会效益，对于非货币信息也可以进行货币价值化，最终将价值计量统一为以货币计量为最主要的形式。涉及社会效益以及土壤资源资产负债核算，可以结合实物计量和货币计量，必要时附以相关文字说明。当下针对土壤重金属污染修复项目的社会效益或者正面影响分析评价受到重视，社会效益评价能够更准确地反映其运营成果，为建设和运营策略的选择提供可借鉴的依据。所以修复基金会计的计量需要同时考虑资金以及非资金收支信息。

二 会计基本原则

会计基本原则，是指会计工作中的基本指导思想，即指导和约束财务会计行为的一般规则和规范，具有普适性。美国FASB将基本会计原则分为权责发生制、配比原则、实现原则、历史成本、稳健性以及充分披露原则等。而我国财务会计基本原则也与美国大致相同，但是由于土壤污染项目核算的独特性，在参考传统会计基本原则基础上，还应具备以下原则：

1. 社会性原则

土壤资源作为社会公共资源，是人类生产生活的重要物质资料，尤其是土壤重金属污染更是与人类生存健康息息相关。土壤污染的修复兼顾经济价值、环境价值和社会价值。因此，修复基金会计信息也必须反映其社会性原则，真实披露土壤资源的破坏和损害程度以及未来的长期不良影响和范围，从社会效益的角度衡量基金方、修复方以及污染方的经营性和社会性修复活动及成果，引导社会重视土壤重金属污染修复项目价值，平衡经济绩效和生态绩效。

2. 多重计量原则

对于土壤修复项目来说，仅仅披露修复资金的使用金额是远远不够的，不足以反映土壤修复的价值与意义所在，无法提供利益相关者所需要的信息。对于土壤这一特殊资产，可以利用其物理特性，先对其土壤污染程度、污染面积的变化进行物理量核算，并借助土壤资源价值评估方法进行土壤资源价值计量。因此，土壤资源资产核算应坚持实物与价值计量相结合模式，在实物计量基础上进行价值评估，从土壤资源资产"实物"和"价值"角度进行列报与披露，从而满足信息使用者多方面需求。

3. 由易到难原则

修复基金会计是一个新概念，目前国家尚未出台相关会计准则或规定。现阶段处于理论研究探索阶段，通过由易到难，由片面到全面的路径，在收支体系以及核算方法、信息列报上逐渐完善，从而逐步探讨我国的修复基金会计准则制定办法。

四 质量信息特征

根据 FASB 与 IASB 财务报告目标，会计信息决策有用性成为最主要的指引。为满足此要求，必须同时拥有相关性和可靠性，并指出必须根据实际情况确定会计信息质量特征的相对权重，各个时期突出的差异化重点。由于报告主要面对的是修复被重金属污染的土壤这个特殊客体的义务，其相关性毋庸置疑，但能否如实反映真实信息直接影响可靠性，对会计处理的确认、计量与披露等各方面都有严格要求。而且土壤修复的责任重大，对社会公众影响深远，因此必须考虑社会公众和监管机构的会计信息需求。本书在借鉴 FASB 和国内信息质量要求基础上，结合修复基金会计核算的特点，将其主要信息质量特征进行下列扩展：

1. 相关性

相关性是指会计信息具有预测价值，能帮助会计信息使用者评价会计主体现在或未来的经营状况。相较于一般企业，修复基金的资本提供者不仅仅包括污染企业，还有政府以及社会力量，考虑的不仅仅是盈利，更多的是公益性质。由于土壤重金属污染严重损坏人类生存环境，因此，政府、社会公众和环境监管机构都是修复基金会计信息的重要使用者。而且，社会公众和环境监管机构的信息需求与一般企业资本提供者有较大区别，不仅仅关注基金本身资金营运情况，还关注土壤重金属污染的修复程度，以及在未来是否具有相应的履行保障，以便于自身权益诉求和监管。因此，修复基金会计处理信息的相关性要求，不仅应提供修复基金在金额、时间和不确定性上的信息，满足于资本提供者的多重需求，满足于社会公众和监管机构的要求。

2. 可靠性

修复基金会计处理在可靠性的要求上与通用财务信息质量要求一致，但由于土壤重金属污染修复主要针对的是各个修复项目，且通常土壤修复时间长、任务重、资金紧，从而对可靠性的要求更高。具体来说，在信息质量上，要求披露的信息试图呈现出土壤修复项目的所有信息，包括土壤污染的特点、修复方法、预计资金、履行保障、法律法规要求及其变化趋势等信息,而非仅仅是高度概括的修复金额信息。

3. 成本约束

成本约束要求提供财务报告信息的成本能够被其收益所覆盖。一般提供财务信息的成本包括收集、处理、验证和发布财务信息的成本,也包括信息使用者分析和使用的成本。而收益主要通过披露财务信息,吸引更多投资者或者取得更低的资本成本获得,还包括财务信息需求者根据披露的信息中做出决策而产生的收益。但是对于是否提供修复基金会计处理信息,及提供何种程度的土壤重金属污染修复信息,不仅要考虑其对企业、资本提供者的信息成本与收益的比较,还要分析是否对整个社会福利有所改进,以此作为成本约束下的会计信息质量要求。

第二节 土壤重金属污染修复基金会计核算主体

PPP模式是为了弥补政府投资资金不足而衍生的新型经济合作模式,即政府资金和民间资本通力合作,为人民大众建设公共基础设施或者提供公共产品和服务,主要采用采购服务、特许经营权、股权转让等方式与社会资本合作,合作的最终目的是实现三赢:政府解决投资资金不足的问题,民间资本获得投资盈利机会,社会公众享受到基础设施及公共平台建设的使用福利。PPP项目的运营模式主要有建设—运营—移交的BOT模式、建设—拥有—运营BOO模式和OM委托运营模式等。由于土壤重金属污染修复工作量大、资金缺口大等原因,《中华人民共和国土壤污染防治法》规定允许土壤污染修复的工作可以采用公私合营等方式进行污染修复资金的筹集。基金方代表政府出资、污染方按法律规定承担修复义务、修复方可以介入基金方的污染修复活动,参与资金筹集、分配及使用等环节,待土壤污染修复后，以获取更大的收益。因此，本书认为要全面核算修复基金的资金活动及有效披露相关信息，需要从基金方、污染方以及修复方三方会计主体出发，各方的会计核算内容存在一定的差异，各有侧重。

一 基金方会计核算主体

基金方主要核算资金的收入与支出，由于基金方存在两级管理组织，为扩大资金的来源，中央和地方修复基金委员会都有权筹集和支配资金。中央的资金来源主要为财政收入，资金有限，一般为以收定支，地方的资金来源除下拨和地方政府的财政资金以外，更多的是利用政府资金撬动社会资本，以补充土壤修复基金的资金不足，因此为以支定收。中央与地方为土壤修复活动而产生的支出范围也存在差异，中央主要是下拨财政等资金给地方基金组织以及为负责全国的土壤修复事业而发生的科研、调查、监管等事务性支出，地方则主要是针对土壤重金属污染修复项目而发生的具体支出，包括调查、谈判和修复等支出。因此根据中央和地方修复基金委员会资金权限的不同而设置有差异的会计核算方式，可以有效提高基金的管理和使用效率，可以有效避免各层级出现权力过大的情况，避免基金权力寻租，利益输送和资金使用中的贪污腐败、公为私用等违法乱纪情况的发生。但不管是中央还是地方都是统一的基金方，仍然需要一致的会计核算口径，对于基金方资产、负债、收入、费用等要素的确定和计量方式是统一的，以便汇总和比较。

二 污染方会计核算主体

污染方主要核算自身对于重金属污染场地的修复义务，需要对土壤重金属污染修复活动进行总体性描述，包括土壤污染修复义务事项、确认的负债及其相关业务活动内容、补偿修复支出的状况、出乎意料之外的业务活动部分及原因、事后事项导致负债变动及原因等。

目前，周志方、肖序等（2009）相关学者对我国土壤污染修复义务会计规范，进行了初步研究，但在实际中，仍然缺乏公司针对土壤污染进行相关披露，甚至未做相关会计处理。

三 修复方会计核算主体

环保修复行业具有显著的政策拉动特征。近年来，随着国家对环境保护的日益重视，从事大气污染治理、固体废弃物处理、环境修复等的环保公司成为市场热点，吸引大量资本投入。近期来看，"十三五"期间，土壤修复产业的蓝海空间在1200亿—6000亿元的区间①；远期而言，整个土壤治理产业的市场规模将超过7.5万亿元。我国土壤修复产业尚属于朝阳产业，相关法律法规和管理的缺位，导致乱象丛生，存在恶意竞标、混乱扩张、急功近利等诸多问题，对整个行业健康发展极为不利。对于重大土壤重金属污染修复项目而言，修复进度、修复效果、修复技术、修复费用等信息的详细披露也就显得尤为重要。常州外国语学校污染事件曾引发社会强烈关注，原因在于学校搬迁至还未完全修复的常隆污染场地旁，导致部分师生身体出现异样。如果修复方及时对污染场地的相关信息进行披露，让社会进行监督，便能有效避免此类事情的发生，并提高修复效率和质量，杜绝不达标修复工程。因此急需对重大污染修复项目进行修复实现的信息披露。

四 三方会计主体关联

土壤重金属污染修复是一项难度大、周期长的工程，任何单一方面的努力都不能解决问题，需要多方协调合作才能更好地发挥作用，因此需要构建由基金方、污染方和修复方相互关联的土壤重金属污染治理会计核算流程。GASBS 49 是本章核算的重要参考准则，借鉴了 SOP 96-1

---

① 融资投资。

的范围界定，并考虑到 2001 年 FASB 的 FAS 143《资产弃置义务的会计处理》准则的影响，将当前的污染预防和控制活动、与资产弃置有关的未来污染修复活动（如垃圾场地关闭及后续维护等）的会计处理排除

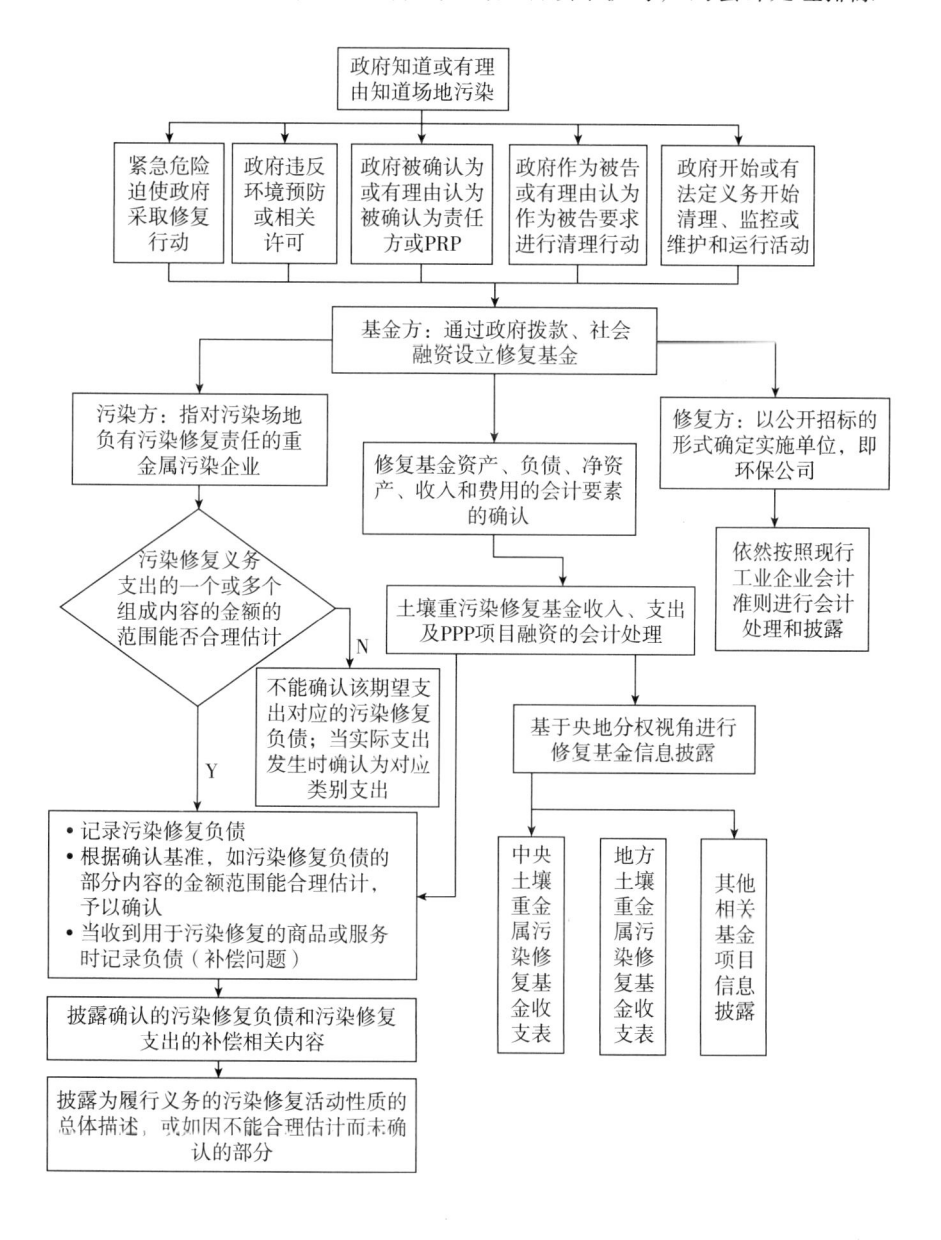

图 9-1 土壤重金属污染三方主体处理流程

在该公告规范之外。这使之界定的范围更加明确，且与相关准则规范共同构建污染问题会计处理的完善体系。因此，本书以 GASBS 49 作为主要针对报告主体为基金方的会计核算，但由于作为潜在责任方的企业和政府在超级基金下，对场地污染的处理流程基本一致，故 GASBS 49 对污染方企业的土壤污染修复义务确认及会计处理有着极其重要的借鉴。同时，修复公司作为普通公司开展各类环境修复业务，按照现行工业企业会计准则，进行会计账务处理和信息披露（见图 9 - 1）。

第三节　土壤重金属污染修复基金会计账户处理与核算

一　基金方主体的会计账户处理与核算

本书构建基金方会计核算体系，涉及宏观和微观双层面核算内容，具体框架结构如图 9 - 2 所示。宏观是核算中央和省级基金的收支状况，微观层面则以具体修复基金项目为对象，单独核算其资金活动，定期披露污染场地非资金信息以及污染责任人信息。中央基金账户资金活动比较单一，只涉及收支两方面，因此其会计核算办法与财政预算中的各类专项资金的核算方法一致，无须变动。而省级修复基金为扩大资金来源，引入社会资本，因此财政资金与社会资金共存，导致其会计核算方法必然与中央基金账户存在差异。而针对特定污染场地的项目基金账户，除财政专户资金外还存在针对项目筹集及经营产生的非财政资金，在专款专用前提下，拥有更多的自主权，除收支外涉及更多会计要素的确认、计量和报告。

第九章 土壤重金属污染修复基金会计核算研究

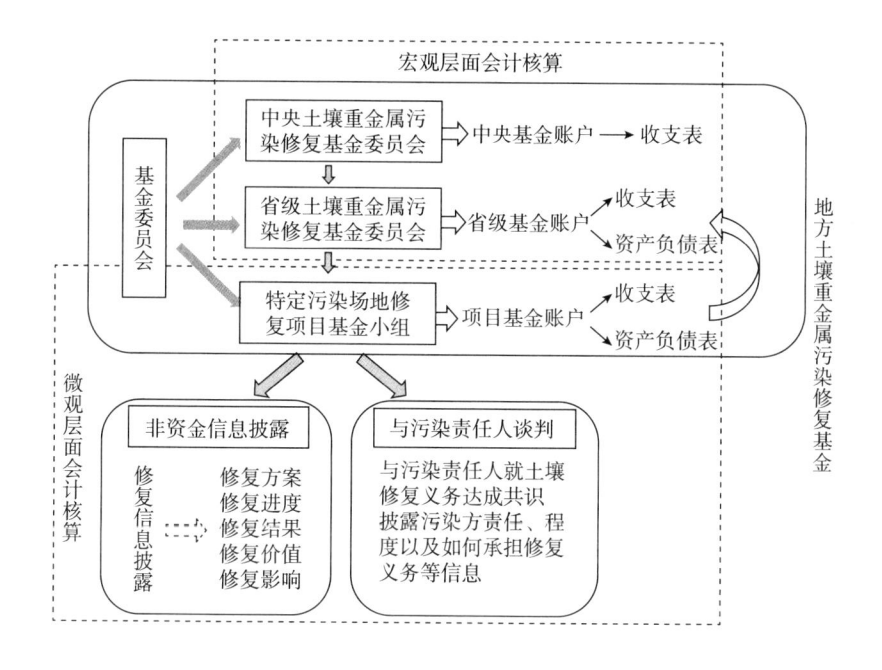

图 9-2 基金方会计核算基本构架

（一）会计要素的确认与计量

修复基金方会计核算既不是政府会计，更不是企业会计，既具有公益性质也希望拓展收入渠道，以扩大资金来源。依据上文对修复基金的基本理论和基本特点的分析，参考我国《政府会计准则——基本准则》《政府会计制度——行政事业单位会计科目和报表》《社会保险会计制度》，笔者认为修复基金会计要素包括资产、负债、净资产、收入和费用。

1. 资产确认与计量

资产在这里是反映由政府过去的交易或事项形成的经济资源。对于基金方目前已经拥有所有权的用于行政办公或者土壤修复的固定资产及无形资产不存在较大的争议，重点在于PPP及修复场地的所有权是否能确认为基金方资产。英美国家对于PPP项目资产的归属采用实质重于形式原则和控制原则进行判断，资产归属于承担风险和获取收益的一方。张沙沙（2018）基于我国《企业会计准则解释第 2 号》，认为 BOT 项目的经营方将所建造的基础设施项目按照收取或应收对价的公允价值计量，且不能确认为固定资产而是金融或无形资产，这表明项目所有权不归属于经营方。而且《政府和社会资本合作项目财政承受能力论证指引》第 33 条规定，政府部门对 PPP 项目中的资产投入或相关资产进行核算并在政府财务报告中反映，进一步印证了 PPP 项目资产所有权问题属于政府。土壤重金属污染基金组织则是由政府直接领导的专门针对土壤修复的机构，因此对于基金方与修复公司合资合作的 PPP 项目中涉及的资产，由基金方代表政府享有所有权。

土壤修复过程的周期比较长，最初修复场地由于存在污染，尽管土地所有权归于当地政府，拥有控制权，但污染土地价值很低，未来能带来的经济利益无法进行可靠的计量，无法确认为资产。经过污染修复治理，预期土壤污染场地恢复价值，只要经检测验收合格，风险因素消失，符合基金方的土壤恢复标准，可以重新投入使用，便能确认基金方的资产。土壤修复项目形成的有形和无形资产均可按照历史成本法、公允价值法等方式计量。

2. 负债确认与计量

与资产相对应，负债是指未来为了治理污染土壤流出的能可靠计量的经济利益的现时义务。基金方的负债包括借贷、日常业务活动以及土壤污染修复义务所产生的负债。土壤修复基金会计负债确认和计量的重点依然在于对于土壤重金属污染场地修复责任的确认和计量。

加拿大的会计政策出台了有关于补充政府对于污染场地的修复责任，基金方可以有所借鉴。在财务报告日，当污染场地污染程度超过了环保标准时，如果基金方代表政府拥有土地使用权，并且所有其他确认标准都已得到满足，则应记录修复责任。在某些情况下，如果过去的活动和政府自拥有土地以来的地面活动无法确定责任方，则由基金方直接负责修复。大多数修复责任来自法律义务，法律义务可以由法院强制执行。在没有法律上可执行协议的情况下，基金方可能会通过自己的行为或承诺自愿承担污染场地的修复责任，但是只有那些符合财务报表日负债定义的修复义务才能得到承认。当存在不确定的责任和意外事件时，基金方对于土壤污染没有直接责任，也不承担责任，但对此是否负责是不确定的。在这种情况下，基金方可能会有或有负债。如果未来事件可能确认基金方的责任，则可以合理估计金额确认或有负债。如果无法合理估计金额但预计成本会很高，则应在部门财务报表附注中披露。如果基金方不太可能负责，则不会披露任何责任。如果未能确定未来事项的结果，则或有负债的存在，性质和范围应在财务报表附注中披露。一旦针对污染场地的损害赔偿诉讼已经向污染责任人提起，则该索赔必须作为或有负债报告。无论基金方是否选择进行补救活动，超过环境标准污染的存在都可能产生责任，但是预计未来的经济利益不会被放弃，则现有义务可能不会被确认为负债。除非成本与减少或去除污染物直接相关，否则不应将"风险管理"场地的成本记录为负债。

修复责任金额的估计应包括直接归因于修复活动的成本，并且要求在污染之前使该场地达到目前政府规定的最低标准，或者用于预期的使用用途，以较少者为准。将污染修复地提升到更高水平所包含的成本将被视为"改善"并且应该被资本化。直接成本包括但不限于工资和福利、设备、设、料以及法律和其他专业服务，通常不包括与自然资源损害有关的费用。修复成本应包括在将场地重新分类为污染场地后制定和实施补救策略的成本，还包括最终确认抽样和最终报告的成本。一旦修复地达到可接受的水平而产生的成本被视为常规运营成本。只要资产没有除修复活动以外的其他用途，修复金额估计数还需要包括作为修复活动的一部分而购进资产的成本。而且维护和检查等成本也只有是修复策略的一部分并且在修复阶段完成时，才能纳入修复责任的估计数。在确认修复责任之前或在修复阶段完成之后，维护和检查等活动所产生的成本被视为运营成本。基金方采用的计量方法应能最好地估算清偿责任所需的金额，一般采用最佳估计数。最佳估计数在财务报表日合理支付以解决或以其他方式消除负债的金额，即将基于完成修复所需支出的最佳估计。支出估计需要专业判断，并辅以经验加第三方报价，在某些情况下还需要独立专家的报告。基金方可以根据对具有典型或共同特征的一组污染场地的评估来估算其修复责任，例如历史土地使用的相似性，污染场地特定重金属污染物以及重金属污染的性质和程度等，但修复技术的研究和开发，不应包括在其中。如果责任估计基于未来现金需求，则应使用政府贷款利率贴现估计未来现金流量以接近其现值。

3. 收入与费用的确认与计量

收入是指报告期内导致基金方会计主体资产增加或负债减少的可计量经济利益流入。报告包括各级政府的财政拨款、税收收入、土地出让金收入、发行彩票收入等都需要法律、行政法规及有关文件的保障，而且只能专项用于土壤重金属污染修复事业。一般而言，基金方的收入都可以按实际收到的金额予以确认。

费用是指报告期内导致基金方会计主体资产减少或负债增加的可计量经济利益流出。基于相关法规和修复基金未来可能发生的费用，设置业务活动费用、管理费用、财务费用等几大分类。业务活动费用专门核算基金方因实现土壤修复的目标，依法履行职责而开展各项土壤修复活动及其辅助活动而发生的各项费用。管理费用是指基金方各级部门展开相关管理活动发生的各项费用。财务费用是指基金方为了筹集土壤修复所需资金而发生的费用。费用的计量基础则有四种，即历史成本、现行成本、可变现价值及现值。

(二) 主要账务处理

1. 基金收入

基金的收入来源在第八章第二节已阐述过，可以来源于政府、民间资本和增值收益等，多途径、宽渠道的资金来源构成了土壤污染修复基金的收入。我国财政部制定的《2019年政府收支分类科目》中将政府性基金收入界定为三类："非税收入""债务收入""转移性收入"。事业单位的收入则按来源分为"财政补助收入""上级补助收入""事业收入""经营收入""附属单位缴款""其他收入"和"基本建设拨款收入"等。

当资金来源为财政拨款时，财务会计必须运用"零余额账户用款额度"这一会计科目，而不能直接计入"银行存款"这一会计科目，便于财政资金的严格控制与管理，因此借记"零余额账户用款额度"，贷记"财政拨款收入——政府财政补助"。当资金来源为投资收益、长期借款或者机构和个人捐赠时，相关账务处理则不需要运用"零余额账户用款额度"这一科目，一般使用"货币资金""银行存款"等科目。具体账户处理如表9-1所示，在此不做赘述。

2. PPP项目融资

郭滨辉（2019）研究总结了PPP融资方式的多样性，但从企业参与土壤修复项目的操作模式来看，目前主要有三种，分别为EPC模式（工程总承包模式）、BOT模式（建设—经营—转让）、岳塘模式，其模式流程图分别如图9-3、图9-4、图9-5所示。

本书选择 BOT 模式来说明会计处理办法，如表 9-2 所示。首先由基金方通过招标选定土壤修复企业与之签订特许经营权协议，中标企业成立土壤重金属污染修复项目公司，以此公司为主体负责污染场地修复事宜。土壤修复项目验收后，项目公司可以在特许经营期内管理该项目以获取收益。待特许经营期结束后，项目工程无偿移交给基金方。基金方作为监管主体，对污染场地的修复工程及运营进行监督。资金投入初期，首先要确认基金方应承担的土壤修复补贴，借记"经费支出"，贷记"长期应付款"，实际拨款时，借记"长期应付款"，贷记"银行存款"。对于项目修复完成验收后，基金方应当对资产进行初始确认，因为项目自身运营价值可能不能覆盖项目修复及建设运营成本，因此基金方应当给予补贴，达到项目公司的合理报酬需求，所以在资产形成被确认成基金方资产的同时，构成了基金方的一项长期负债，借记"修复项目建设"，贷记"长期应付款"。营运期间，基金方合理估计应给予项目公司的补贴，借记"长期待摊费用"，贷记"预计负债"，实际支出时，借记"业务活动费用"，贷记"长期待摊费用"。

表 9-1　　　　　　　　　　基金收入账务处理

业务和事项内容	账务处理
收到政府财政拨款	借：零余额账户用款额度 　贷：财政拨款收入——政府财政补助 借：零余额账户用款额度 　贷：财政拨款收入——环保税收收入
收到投资收益	借：银行存款 　贷：投资收益
收到利息	借：银行存款 　贷：利息收入

第九章 土壤重金属污染修复基金会计核算研究

续表

业务和事项内容	账务处理
实际收到绿色债券发行收入时	借：银行存款 　贷：债务收入
借入长期借款	借：银行存款 　贷：长期借款——本金
收到个人、机构捐赠	借：银行存款/库存现金 　贷：捐赠收入
上级补助收入	借：其他应收款/银行存款等 　贷：上级补助收入（应收或实际金额）
经营收入	借：银行存款/应收账款/应收票据 　贷：经营收入
收到罚款收入	借：银行存款 　贷：其他收入——罚没收入

表9-2　　　　　　　　**BOT 融资模式账务处理**

业务和事项内容	账务处理
修复期 （主要是资金投入）	基金方确认拨款： 借：经费支出 　贷：长期应付款 实际拨款： 借：长期应付款 　贷：银行存款
修复完成 （初步确认资产）	借：修复项目建设 　贷：长期应付款
营运阶段	预估营运补贴： 借：长期待摊费用 　贷：预计负债 实际支付补贴： 借：业务活动费用 　贷：长期待摊费用
移交阶段	对项目价值进行重新估计，若出现变化，调整账面价值

(1) EPC 模式。

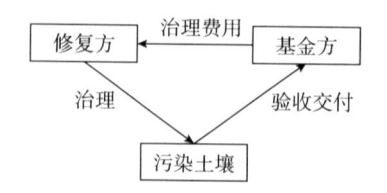

图 9-3　EPC 土壤修复流程模式

(2) BOT 模式。

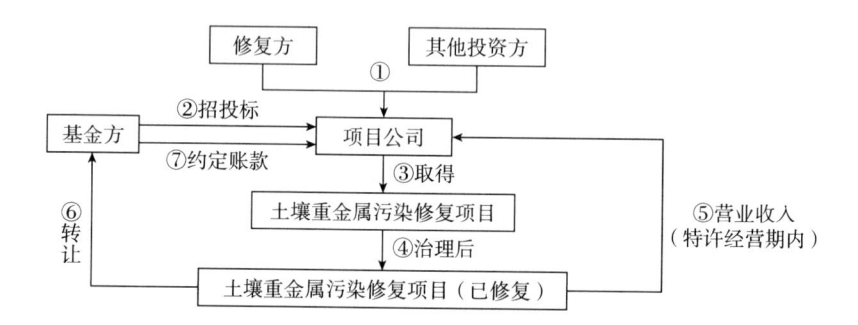

图 9-4　BOT 土壤修复流程模式

(3) 岳塘模式。

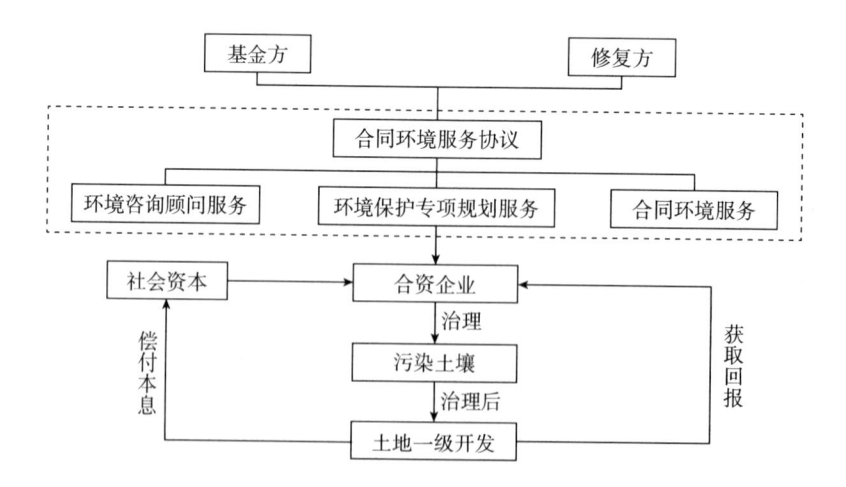

图 9-5　岳塘土壤修复流程模式

第九章 土壤重金属污染修复基金会计核算研究

3. 基金支出

由于修复基金来源有限，因为对于基金支出的控制更为重要，本书已经在第八章第二节讨论基金支出范围，将基金支出具体分类，并确定支出账户名称。通过支出账户设置，可以清楚了解基金的钱干了什么事，最终用到了什么地方，以便准确反映和科学分析支出活动的性质、结构、规模以及支出的效益，为预算管理、统计分析、宏观决策和资金监督等提供全面、真实、准确的经济信息。

修复项目支出是土壤污染修复基金支出的核心，修复项目的会计处理同样在账务处理过程中处于较为重要的地位（见表9-3），基金方根据自身职能，可先自行聘请外部机构进行相关预修复活动，如场地调查、评估和护理污染场地等，但大型的土壤污染项目则是需要进行招标来选择修复方，而且修复项目的资金则是按照合同交由环保修复公司进行分配的，在资金的分配方面，基金方扮演的是监管角色，因此在该基金的会计核算的角度上，账务处理较为简单，一般按照修复合同，修复业务活动可以根据划拨流程分为三次拨付，首次拨付30%—50%，中期检查合格拨付20%，竣工验收合格后拨付余款。因此财务会计上也需要按进度确认业务活动费用，而且分配是基金方责任还是污染方责任，会计处理办法存在差异。首次拨付修复项目款项给环保修复公司时，预算会计借记"项目支出——A项目首期××%"，贷记"资金结存——货币资金"；中期拨付时，借记"项目支出——A项目中期××%"，贷记"资金结存——货币资金"；验收后，借记"项目支出——A项目尾款××%"，贷记"资金结存——货币资金"。

表 9-3　　　　　　　　修复业务活动账务处理

业务和事项内容	账务处理
支用财政资金	借：业务活动费用 　贷：零余额账户用款额度
支用非财政资金	借：业务活动费用 　贷：银行存款
雇用外部机构评估、护理和维护污染场地（预修复活动）	借：业务活动费用 　贷：应付账款/银行存款
确认修复责任	借：业务活动费用 　贷：预计负债
项目修复支出	基金方责任： 借：业务活动费用（不可回收） 　贷：应付账款/银行存款 借：营业成本（可回收） 　贷：应付账款/银行存款 污染方责任： 借：业务活动费用 　贷：应收账款——A 污染企业

二　污染方主体的会计账户处理与核算

污染方一般指对污染场地负有污染修复责任的责任方，可以是企业，也可以是个人。个人相对于企业来说，造成土壤污染的危害性较小，污染程度和污染面积无法进行比较，因此对于污染责任的鉴定和会计核算更为容易，尤其是个人尚无对公众进行相关会计信息的披露要求。因此本书有关于修复基金会计污染方会计主体的核算研究仅针对重金属污染企业。

（一）主要账户处理

1. 收到行政通知

污染企业在收到被确认为污染责任人的行政通知或诉讼通知时，如果污染场地责任方仅此一家，则有关于与清理成本相关的未来全部金额均由其承担，但如果污染责任方不止一家，则需要开始评估自身对于污染场地的责任以及存在的其他潜在责任者及其贡献。在收到行政通知的早期阶段，污染企业也无法精准评估其修复责任，随着修复调查可行性研究、修复设计、修复活动等阶段的不断开展，对或有损失的估计信息越来越多，使估计金额逐步走向精确。因此在收到被确认为污染责任者的行政通知时，可以先根据其他污染场地修复成本预估其修复责任金额并在附录中进行披露。

2. 污染监测与评价支出

根据《中华人民共和国土壤污染防治法》规定，污染企业与其他潜在责任者被要求进行土壤污染监测与评价。一般而言，所有潜在污染责任者会统一聘请第三方公司进行监测与评价，所产生的费用支出应该在所有潜在责任人中进行分摊。当然，如仅为本公司利益而支付法律人员或法律事务所的相关法律服务费用无须分摊，但除此之外的其他成本都需要。待相关费用产生后，污染企业首先应确认所有的潜在责任方、考虑各潜在责任方对基金方要求承担清理义务的态度和可能的未被列入潜在责任方名单中的责任方，以综合考虑分配比例。对于暂时无法承担污染责任的责任人，污染企业和其他责任人有义务承担其修复义务责任，但可以进行追偿，具体责任分担办法将在本书案例中详细阐述。

3. 污染修复支出

污染企业完成土壤检测与评价且经行政裁决后，将未来预计支付的污染修复支出按"公允份额"在参与的潜在责任者中进行支出分配。首先，将预计金额在潜在责任中进行初步分配；其次，对于无法对其分配确认的潜在责任者份额和反抗的潜在责任者份额，需要在有能力和愿意支付的责任者中进行再分配；最后，得出污染企业的预期清理成本，具体账户处理如表9-4所示。当然经过修复阶段的不断深入，修复责任越来越清楚，或者发生其他污染新事项，则需要对污染企业承担的土壤重金属污染修复义务负债进行重新调整。

表 9-4　　　　土壤重金属污染修复义务负债账户处理

	义务事项	账务处理
负债的确认	◆ 收到罚款或移除污染物等单边行政命令 ◆ 经谈判或环保诉讼要求企业承担修复责任	借：营业外支出 　贷：土壤污染修复义务负债
或有负债的确认	◆ 存在或有修复责任且能合理估计金额	借：营业外支出 　贷：或有负债

（二）会计要素确认和计量研究

重金属污染企业作为污染场地的直接责任人，除了要对其污染行为进行罚款，还难逃土壤重金属污染修复义务。修复基金会计对于污染方的会计核算主要集中于修复义务负债的确认与计量。随着《中华人民共和国土壤污染防治法》中关于污染责任必究等内容的实施，土壤污染修复义务负债的概念将被更多的污染企业应用。一般来说，企业为了避免负面影响，都尽可能隐瞒实际污染情况，甚至在收到相关环保机构行政通知或法院判决强制要求承担修复义务后，都暂时不对这部分预计的支出进行会计处理，也不在附录中进行相关文字说明，直到该笔修复费用实际支出，污染方才作为费用进行披露，不利于信息使用者了解企业真实土壤会计信息。因此本书参考美国 SOP96-1 和 GASBA49 等相关土壤会计准则的规定，对土壤重金属污染修复义务的确认与计量进行规范化研究。

1. 土壤重金属污染修复义务负债的确认

我国《企业会计准则》明确提出当发生导致企业经济利益流出的现时义务应确认一项负债，按照该逻辑，则重金属污染企业在很可能承担污染修复义务且该笔义务能合理计量时，就要确认相关负债。美国 SOP96-1 对于土壤污染修复义务负债的判断基准为是否收到强制修复的行政命令，或者是否被要求参与土壤污染的修复设计、运行维护以及修复后监控等工作。基金方需要对污染场地情况进行详细调查，查明污染场地污染责任各方的存在，采用诉讼或和解方式划分其修复责任义务，并将清理成本或任务进行合理分配。污染责任企业根据基金方责任分配结果确定对土壤重金属污染的修复义务，并确认为负债，主要包括但不限于：修复责任确定费用（包含诉讼或和解费用）、土壤污染检测费用、土壤污染修复方案设计费用、土壤污染修复工程费用等。

2. 土壤重金属污染修复义务负债的计量

由于土壤重金属污染修复义务负债的确认在实际支出之前，因此负债金额应该是一个预估数，其计量方法可以参照 SOP96-1 和 GAS-BA49 土壤污染会计准则。如果污染方自行修复，则按照现有污染场地修复成本为基础，对未来污染修复支出进行估计，得出污染修复支出估计范围；如果污染方拒绝自行修复，由基金方和其他污染方代为修复，则支付估计还要考虑其他方的管理费用。若预计修复时间较长，未来修复应付金额还要折为现值。对于预计的污染修复支出范围，重金属污染企业进行最好估计，以最佳估计数作为最终计量金额。当然土壤重金属污染修复负债金额不是一成不变的，随着土壤修复信息的完善，修复金额估计越来越精确，土壤重金属污染修复义务负债也要随之调整。

3. 土壤重金属污染修复义务或有负债的确认

上文提到土壤重金属污染负债的确认条件之一是确定重金属污染企业修复责任的存在。但由于潜在责任方的重金属污染行为隐蔽性强，污染行为发生与最后承担修复支出的时间点间隔较长，而且当土壤污染修复义务牵扯多方污染责任人时，最终修复责任的划分受到谈判、各方支付能力等多种因素的影响，因此污染企业对未来修复义务是潜在的，而不是现时义务。不同于土壤重金属污染修复负债的定义中确定修复义务的存在，修复义务或有负债是指该义务发生的概率是很可能且能估计金额的。如果企业在修复义务事项发生时没有充分信息进行合理估计，企业不需要确认该项义务的负债，但是该事实和原因应进行披露。当以后企业有充分的信息进行合理估计时，应立即确认该负债。FASB 对资产弃置义务合理估计的分析流程如图 9-6 所示。

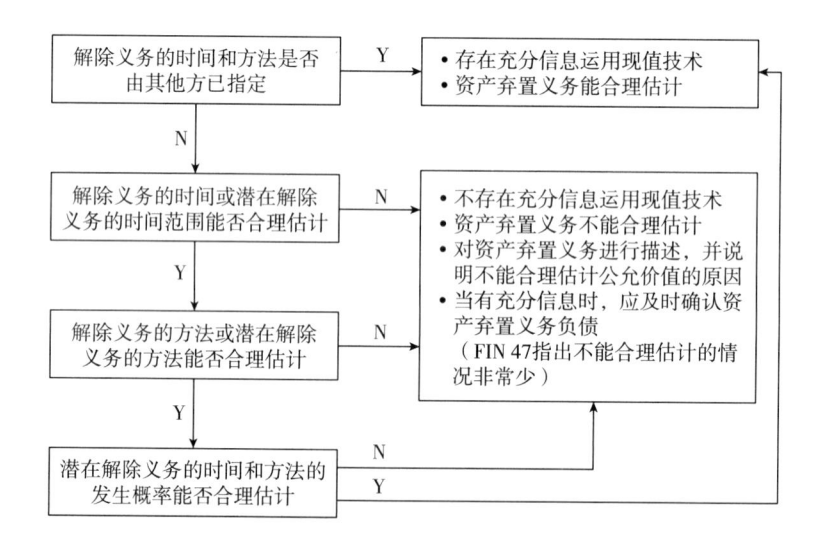

图 9-6 资产弃置义务合理估计的分析流程

三 修复方主体的会计账户处理与核算

土壤重金属污染修复行业受益于《中华人民共和国土壤污染防治

法》等国家政策的实施呈现飞速发展趋势。为规范土壤重金属污染修复行业的健康、有序、公平发展，将修复方纳入修复基金会计核算的研究范畴也是必不可少的。财政支持的土壤重金属污染治理项目必须以公开招标的形式确定实施单位。因此，修复公司必须作为土壤重金属污染修复项目的重要实施方，修复项目的成果关键在于修复公司的修复效果。在会计处理上，修复公司作为普通公司开展各类环境修复业务，公司具体有关于修复设备购买、修复活动实施的交易，依然按照现行工业企业会计准则，进行会计账务处理（见表9-5）。

表9-5　　　　　　　　修复方主体会计账务处理

业务和事项内容	账务处理
收到基金拨款	环保企业确认收款： 借：银行存款 　　贷：预收账款——修复项目A
土壤污染修复期间	根据项目进度或工作量定期确认成本和收入： 借：预收账款——修复项目A 　　贷：主营业务收入——修复项目A 借：主营业务成本——修复项目A 　　贷：库存商品
项目完结阶段	对项目价值进行重新估计，若出现变化，调整账面价值

第四节　土壤重金属污染修复基金会计信息披露

一　基金方会计信息披露

相比于企业财务会计的信息披露，土壤污染修复基金的会计信息使用者的覆盖面更为广泛，包括政府财政部门、环保修复公司、民间投资者、坏保主义者及广大纳税人等。基金方作为土壤污染修复资金的管理者,需要通过土壤污染修复基金会计报告对环保修复公司进行修复项目的成本、效益与实施情况有一个较为全面的掌握。其他资本投入者作为资金的重要来源方,需要通过财务报告对整个土壤污染修复基金的建设运行情况有一个全面清晰的认识。

(一) 中央—地方两级收支表

中央修复基金委员会作为布局全国土壤重金属修复与治理工作的统领机构,对于促进全国土壤环境质量改善具有重要的引导作用,在资金的使用和管理上必须坚持遵循"国家引导、地方为主、突出重点、以奖促治、强化绩效"的原则。一方面,中央修复基金在资金筹集上相较于地方来说更多的是政府财政支持、税收、债务收入以及下级基金转移性收入。另一方面,中央土壤基金支出主要是基本支出,债务支出,对土壤修复方法、技术、设备研究的支出,转移性支出等,其中主要是根据国务院土壤污染防治工作部署,综合考虑各省份《土壤污染防治行动计划》确定的调查、修复治理工作任务量等因素,并考虑东中西部财力差异,科学确定修复资金支持的重点领域、区域及省份,确定具体分配方案。因此设置中央修复基金收支表(见表8-6),对中央基金资金来源和分配进行记录和信息披露。

地方修复基金是面对各个地区的具体的修复项目直接进行规划,对本地土地污染状况进行详细调查,有序开展土壤修复与治理工作。地方修复基金每年都将从中央获得部分修复资金,但对于修复工作而言还是远远不够的。近年来,PPP等合作项目在多领域展开,修复基金也可以借鉴,以引入社会资本,因此地方收支表的收入项目相比中央收支表更为多样(见表9-6)。而且项目支出也可以细分到具体项目,如"项目支出—修复费用支出—A项目"。对中央基金资金来源和分配进行记录和信息披露。

表9-6 中央—地方修复基金收支表项目对比

	中央土壤重金属污染修复基金收支表项目	地方土壤重金属污染修复基金收支表项目
收入	中央税收收入 中央财政拨款 中央债券收入 中央借款收入 中央投资收入 中央利息收入 中央捐赠收入 上解收入 上年结余收入 其他收入 ……	地方税收收入 地方财政拨款 地方债券收入 地方借款收入 地方利息收入 地方捐赠收入 生态损害赔偿收入 责任方追偿所得收入 罚没收入 土地出让金收入 转移性收入 　中央基金调入收入 　其他地区基金调入收入 社会资本收入 上年结余收入 其他收入 ……
支出	中央基本支出 　中央债务支出 　科研支出 转移性支出 　向省级基金调出支出 其他支出 ……	地方基本支出 地方债务支出 项目支出 　污染调查支出 　居民补偿支出 　监测、评估支出 　清除危害支出 　修复费用支出 　执法支出 ……

(二) 资产负债表

修复基金资产负债表反映某个时刻基金方的资产、负债和净资产状况。资产负债表的披露帮助基金内外部信息使用者了解基金占用的资源和性质，侧面反映资金使用效果。由于资产负债表不同于基金收支表，不存在中央与地方收支的差异，因此其使用统一模板（见表9-7），遵循"基金资产=基金负债+基金余额"的会计恒等式，客观反映基金方现有资源。

表 9–7　　　　　　　　　　　基金资产负债表

编制单位：　　　　　　　　　　　___年___月___日　　　　　　　　　　　单位：元

资产			负债和净资产		
项目	期初	期末	项目	期初	期末
流动资产：			流动负债：		
银行存款			应付修复金		
库存现金			应付托管费		
结算备付金					
存出保证金					
其中：股票投资					
债券投资					
应收股利			其他应付款		
其他应收款			应付短期环保性债券		
……			……		
流动资产合计			流动负债合计		
非流动资产：			非流动负债：		
长期股权投资			应付长期环保性债券		
固定资产			……		
……			非流动负债合计		
非流动资产合计			负债合计		
			专用基金结余		
			资产基金		
			减：待偿债净资产		
资产合计			……		
			净资产合计		
			负债及净资产合计		

二　污染方会计信息披露

土壤会计信息披露对我国而言还属于一个较为陌生的领域，但周志方（2018）、Blanco 等（2017）对环境会计信息披露、碳会计信息披露和水会计信息披露都进行了研究与探索，包括《企业事业单位环境信息公开办法》《环境信息公开办法（试行）》等政府环境工作条例也强制要求排污企业公开环境信息。国外环境会计信息披露主要指环境政策、环境负债、环境成本等内容。国内各类环境会计信息披露内容主要涵盖以下几方面：①基本信息；②排污信息；③污染防治信息；④环境评价信息；⑤相关环境事件。上述披露内容一般而言都是针对资本市场进行的引导性环境信息披露，主要为了梳理企业绿色形象，进而开展有关融资活动。同样地，对于修复基金会计来说，信息披露也需要逐步进行相关规范。

本书认为重金属污染企业有责任和义务进行相关信息披露，不仅有助于外界了解相关情况，也有利于企业自身对于土壤污染进行严格管理。目前还没有关于企业土壤污染修复义务的会计信息披露具体规范要求，进行土壤信息披露的企业也寥寥无几。本书参考周志方（2018）、何玉（2014）和 La Bruslerie（2014）对于环境信息、碳信息、水信息披露的相关研究，总结出下面的污染方信息披露内容（见表9－8）。

表9－8　　　　　　　　土壤重金属污染信息披露内容

预防信息	签订《土壤污染防治责任书》 规章制度的建立和完善情况 生产经营中可能存在重金属污染的环节及预防措施 土壤重金属污染检测和隐患排查 对于重金属污染事件的应对办法
治理信息	基金方对于污染企业的问责情况 具体土壤重金属污染活动 重金属污染物种类、排放情况、污染场地污染程度监测及评价 与相关土壤重金属污染责任人交流情况、与利益相关者交流情况 污染场地修复方案、修复措施、修复进度、预计修复完成时间 土壤重金属污染修复义务负债金额披露 土壤重金属污染修复后续监控措施

三 修复方会计信息披露

目前上交所针对环保服务业的信息披露问题，制定了《上市公司行业信息披露指引第十六号——环保服务》，为本书提出土壤重金属污染修复方会计主体信息披露提供重要参考。该指引提出上市公司从事环境修复行业的，应当披露城市环境修复、矿山修复、耕地修复等业务类型的业务收入和占比，以及修复项目合同中标时间、合同金额、交易对方、修复方式、实际开工时间、完工进度、收入确认以及项目回款情况，还需要披露关键财务信息，比如资金需求和筹资安排等。通过对有关环保产业信息披露政策文件的分析，结合社会公众的实际需求，本书从微观视角针对具体修复项目的信息披露可以从以下几个方面开展：

1. 修复方自身资质信息

基金方利用购买社会服务的形式将污染场地具体修复事项交由土壤污染修复公司，既增强了土壤修复的专业化以提高效率，也促进了土壤污染修复产业的发展，但土壤重金属污染修复是一项长期且复杂的任务，一般的修复企业并不具备能力和条件，因此修复方是否与污染场地修复技术要求匹配非常重要。为了方便监督，修复方应披露公司目前取得的土壤污染修复资质、取得条件、拥有资质情况及有效期、目前已掌握的土壤修复技术和工艺情况及大致修复成本。

2. 项目基本信息

当修复方采取项目运营方式修复重金属污染土壤时，应对项目的基本情况，包括名称、地点、面积、污染程度、主要重金属污染种类、修复环节（调查、评估、修复）、污染修复拟采用方式、修复周期安排、资金预算安排、特许经营及到期日以及政府补助等信息进行披露。

3. 项目运营信息

修复方信息披露的重点在于项目运营信息，公众和基金方监督的焦点也集中于此。包括项目修复进展情况、土壤污染修复施工方法、土壤修复效果、重金属污染物浓度变化、资金使用信息、完工程度、预计完工时间以及土壤污染场地对周围环境和人类健康的影响。

第十章　土壤重金属污染修复基金二元约束管理机制构建研究

随着市场经济的成功转型，政府和市场共同参与社会治理，为社会资本进入公共环境治理提供契机。土壤重金属污染是当前的热点环境问题，据此，在初步构建了土壤重金属污染修复基金的基础上，本章以二元管理为切入点，根据政府资金和社会资本的特征，从强制性约束和引导性约束出发，分析与构建修复基金的管理机制，其中强制性约束机制包括监督、绩效评价及风险控制三个方面内容，约束性管理机制则是从责任和权利约束两方面构建。

第一节　二元约束管理机制的构建逻辑

当前政府投资模式已由单一主体资金投入转为多元主体参与，其中资金渠道和管理模式都将多样化，给民营资本介入提供契机。行政管理的改革目标开始聚焦于改善和转变政府的机构和职能等方面，政府部门的职责性质由"管制型"转向"服务型"，社会团体以及私营企业开始接手处置不属于政府管辖范围内的公共事务。同时，政府机构也配套构建了多种法律规章政策，为政企合作 PPP 项目提供了一定程度上的制度支持，这其中的管理与协调机制尤为关键。

管理机制是管理体系框架构建及其运行管理过程，其实质是为整个管理体系提供内在要素关联，加强各部分具体功能的运行管理。冯周卓（2005）提出技术、制度和文化三个基本点及相互联系与区别，最终构成全面立体的管理机制。周申蓓和马炼（2007）在对多向度两级对偶结构分析的基础上构建相应管理机制，并以个体和群体的行为方式、集权和分权的协调方式以及封闭和开放的创新方式作为切入点，概括并剖析组织的管理机制。管理机制两级对偶方式是管理部门依靠其内在联系及系统的管理模式使管理效果和管理效率达到最大化的一种具体运作方式。另外，约束类和引导类管理构成了管理机制的另一种类别。其中，约束类主要是制度类型的约束机制，其方式包括制度、纪律方面监管和其他惩处。相反，引导管理则使用非制度性、非强制性的柔性管理手段，包括激励、启发等方式，是因事而变的刚柔并济的管理模式。

政府主导的土壤重金属污染修复基金能够有效解决土壤修复过程中的资金问题并且调动地方资本的积极性，是恢复土壤水平的重要途径。但如何有效管理并发挥基金的作用仍然存在一些障碍。其一，资金的多样性来源和监管部分缺失使政府对基金的风险管理不足而达不到预期的标准；其二，社会资本和财政资金如何在基金的管理当中实现权责利的分配，社会资本具有一定的利益导向，如何满足社会资本收益与风险匹配是基金管理的关键难点；其三，土壤重金属污染修复基金是由各级政府部门主导设立的，而不同部门的资金投入、人员以及管理水平存在较大差异，导致管理成本上升。为了发挥政府资金的社会与经济效益的双赢，与实际情况紧密结合，需利用有效管理机制，在达到基金目标实现的前提下降低管理成本。

据此，本章节拟构建土壤重金属修复基金二元约束管理机制，修复基金不仅需要个体的积极参与，也需要政府层面、企业层面给予一定的支持。在基金制度推行的过程中，需要协调好多方组织的利益，同时借鉴国外土壤修复基金管理的方法和经验，形成多方共赢的局面。土壤污染修复基金的管理机制需要一种自上而下的设计，涉及制度与文化两大方面（见图10-1）。制度方面包括组织与设立、激励、验收评价、投资运作、监管、风险控制等制度；文化方面包括责任和权利约束及组织文化宣传等。部分制度、文化方面不单单存在于一个环节，而是存在于两个环节或贯穿始终，监管制度、责任约束、权利约束以及激励制度涉及各个环节、各个层级。通过财政资金、社会资

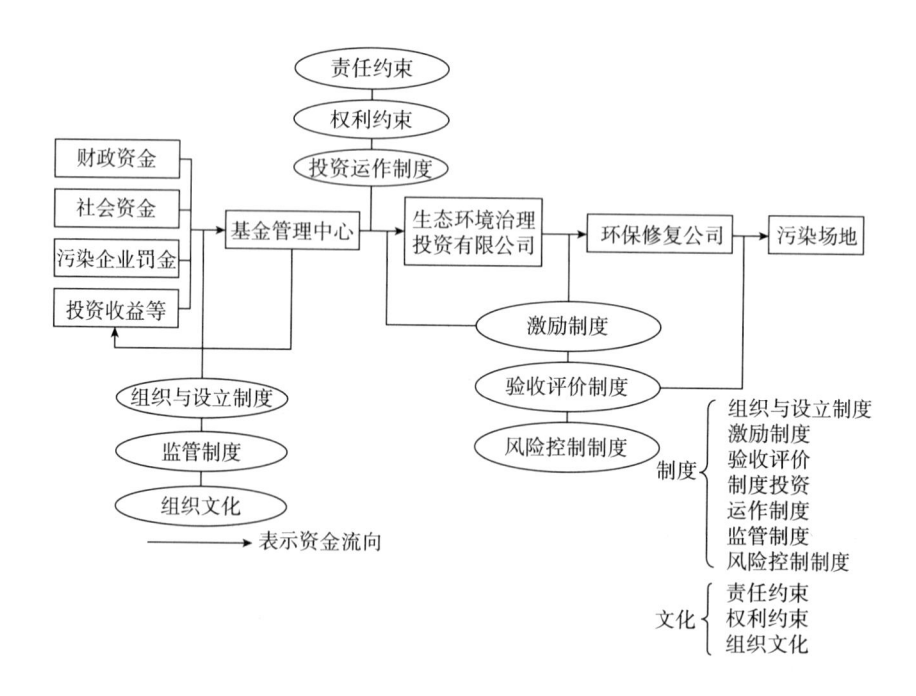

图10-1 修复基金资金流向与管理机制

金、污染企业罚金等多方主体的资金投入基金管理中心，基金管理中心在投资运营下借助生态环境治理投资有限公司对重金属土壤污染进行修复，对于修复过程和修复结果，土壤污染基金管理中心需要结合激励制度、验收评价制度、风险控制制度等采取相关举措对生态环境治理投资有限公司的修复情况进行验收和评价，确保污染地块得到治理与修复。

基金修复制度二元管理机制主要分为两部分：①强制性约束机制。一是监管机制，设计内部与外部监管机制，实现基金监督平台多元化；二是绩效评价机制，科学测量土壤修复程度，计算资金投入—产出比；三是风险控制机制，引入风险管理及评估方法，有效预防潜在的威胁，建立市场化管理机制；强制性约束能够有效监督基金流向并合理预估基金使用风险和绩效，对基金使用形成有效的监督反馈机制，提高基金的使用效率。②引导性约束机制。从责任约束与权利约束两方面推动基金可持续发展。责任约束是指对各级基金管理人员、生态环境治理投资有限公司、环保修复公司、涉事污染企业及相关需要承担责任的主体进行约束。权利中的约束条件可以从两个角度展开，外部条件有环境、法律、行政约束及外部监督，内部条件有内部监督及道德约束。在土壤污染修复基金约束机制的构建当中由于牵涉主体之间关系的复杂性，因此这种责任约束显得尤为重要。总结我国多年投资体制改革和国有企业改革的经验，结合国内外土壤污染修复基金的结构和运行机制，确定承担责任主体应当遵循"两权分离""政企分开"和"政资分开"以及权责利相统一的基本原则，形成修复基金运行有机责任约束体系，解决"谁来约束"等问题。

第二节 基金强制性约束机制构建研究

土壤污染修复基金由中央基金管理中心管理,中央基金管理中心由政府部门、环保部门及财政部门共同管理。资金下拨到各个省份后,由省级基金管理中心统筹管理,具体到市县级的修复项目上,下设每个市的相关机构共同管理。到更为详细具体的基金运作事项,就由管理中心指派下去的基金管理团队执行,团队成员由环保专家、专业财务人员和专业监管人员组成(见图10-2)。

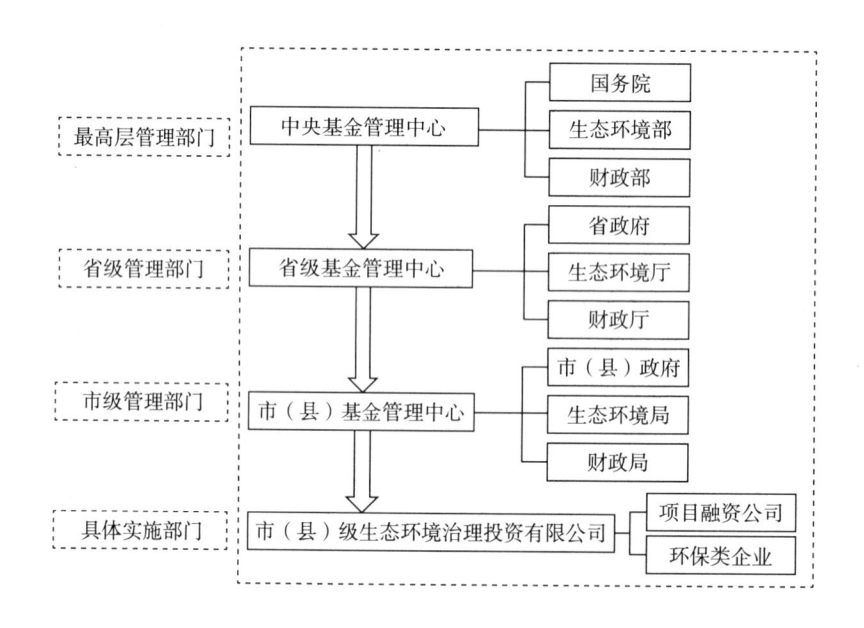

图 10-2 管理部门组成

在这个互联网信息迅猛发展的时代,土壤污染修复基金配有的土壤污染信息管理系统同样要与时俱进。基金管理中心需要开发一种应用软件，能让发现污染的举报者或是在基层巡视的研究员及时将污染地点、状态、图片和数据传送到管理中心，管理中心可根据实际情况安排人手前往污染地区进行初步调查并制订后续工作计划。

一 基金监督管理机制

基于现有土壤污染修复的相关立法和制度文件可知悉，相关法律法规在一定程度上能为土壤修复提供法律上的指示性引导，但就具体的土壤修复要求而言仍难以达到。至于土壤污染修复主体责任，除主体方政府发动外，尚未建立高效的方式去解决修复污染责任主体不明确等土壤污染修复问题。因此，急需构建适合国情的土壤污染修复制度，尤其要将焦点集聚于土壤污染修复的监督机制。从我国的现状来看，以下四道保障为土壤污染修复基金监管机制的主要防线（见图10-3）。

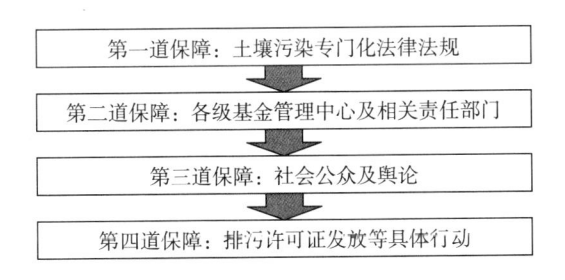

```
第一道保障：土壤污染专门化法律法规
        ↓
第二道保障：各级基金管理中心及相关责任部门
        ↓
第三道保障：社会公众及舆论
        ↓
第四道保障：排污许可证发放等具体行动
```

图 10-3 监管机制四道保障

法律是代表国家至高无上的权威，针对土壤污染的专门化法律法规是监管土壤污染修复基金的第一道保障。法律法规是该基金管理模式和运作模式的明确性、专门性法律依据，利于保障修复资金稳定性。例如，《中华人民共和国固体废物污染环境防治法》《土壤污染防治行动计划》及地方政府出台的一系列法规和条例等在监管土壤污染修复项目行动方面能发挥一定的作用。

在经法律设立土壤污染防治基金后,需要有相应的机构对其进行管理,以促进基金的健康运行。基金主要是通过一定的经济手段激励土壤污染治理行为,在运行的过程中,对资金的使用存在各种各样的风险,基金所要达成的环保目标需要评价,这都需要有严格的管理机构。由此,各级基金管理中心成为了第二道保障,由政府、环保和财政三个部门共同管理的基金在一定程度上能提高基金使用效率。不仅是以上三个大部门监管,自然资源部门、农业农村部、水利部门也有义务、责任配合及监督基金的运作管理。

监督检查和综合评估土壤污染防治基金使用的进展成效,需要定期组织开展基金资金使用评估和监管工作,将评估与监管结果向全社会公布,并建立公众意见反馈信息体系来获得公众意见。因此,第三道保障是公众及舆论监督。政府必须要求基金管理中心定期公布土壤污染修复基金收入和支出的使用情况,在期末应公示财务报告及附注。社会公众可对公示内容向政府提出质疑或问题,基金管理中心需对公众作出解答。

生态环境部在全国范围内颁布《排污许可证管理暂行规定》,是土壤修复基金第四道保障。这是生态环境部基于国家视角来规范排污许可,旨在引导申领、核准发行等有关排污许可证的事项,并详细规范了排污工作的实施。其明确高污染行业必须持证排污,这类具有高度可行性的规定可以在很大程度上督促企业履行保护环境的社会责任,把控土壤污染并改善现有环境质量。

同时土壤污染修复基金由于其本身责任主体的多样性,使用时的复杂性以及其金额的繁多,在其征缴、支付以及进行结余计算时,应由监督机构来管理。法律规定各机构职责,各机构依照相关规定运用监督权。在该机制下,构建三个"联合",包括内外监管联合、专门与普遍行政、司法监管联合、社会公众监管与国家权利监管联合（见图 10-4）。

表 10-1　　　　　　　土壤污染防治的法律法规

年份	相关法律法规
1986	《中华人民共和国土地管理法》
1989	《中华人民共和国环境保护法》
1998	《基本农田保护条例》
1993	《中华人民共和国农业法》
1995	《中华人民共和国固体废物污染环境防治法》
	《土壤环境质量标准》
2006	《中华人民共和国农产品质量安全法》
2008	《中华人民共和国水污染防治法》
2016	《土壤污染防治行动计划》
2018	《中华人民共和国土壤污染防治法》

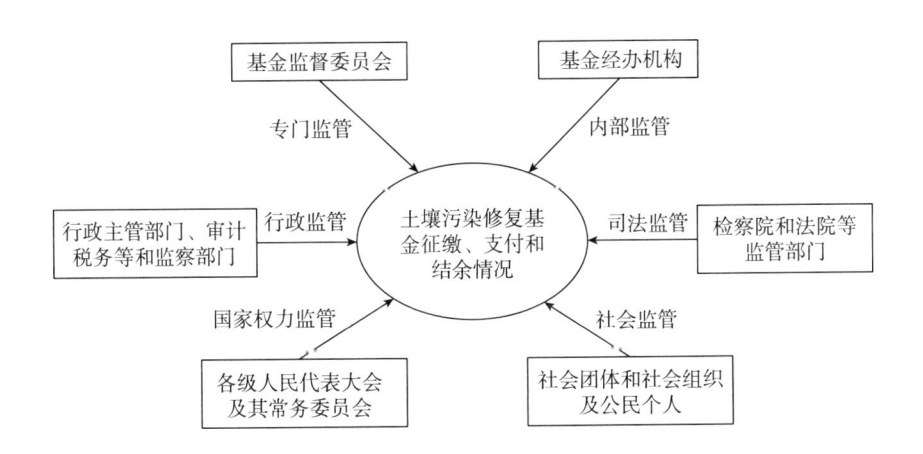

图 10-4　土壤污染修复基金监督管理机制构建

1. 国家权力机关监管

国家权力机关监管即人大监管。全国人民代表大会拥有国家最高权力，而中央和地方最高一级监管是人大监管。各级人民代表大会依法进行监督和检查土壤污染修复基金的运营模式和情况。就人大指出的有关意见，各级政府应在严谨分析的基础上采纳；就人大检查出来的问题，各级政府应当严肃地看待和处置。

2. 行政监管

行政监管属于一种外部监管形式，即依据相关职权范围，及基于政治上所属关系，由国家行政机关负责监管土壤污染修复基金的使用。主要内容涵盖了土壤污染修复行政主管部门的监督、财政部的监督、审计部的监督及监察部的监督等。

3. 内部监管

为有效保证基金符合国家法律、法规和内部规章制度的要求，并使基金的管理效率得到提升等目的，遵循合法性、规范性和科学性的原则，在单位内部建立一系列制度及管理措施。相关负责机构应建立相应的基金制度，构建各机构之间相制衡、职责和权利明晰的治理制度，同时健全内部的稽查制度。

4. 专门监管

除设置一般部门及机构的监督外，由于土壤污染修复基金性质特殊，涉及多元化的责任主体，为了防止各责任主体进行责任的推诿，从而需要有政府与企业相结合的专门监督。例如，构建由政府带头社会各界一同参加的专职监督委员会。由该专门监管机构监管基金的征收缴纳、使用和结存过程，并就问题及时给予意见，以严格贯彻落实国家的社会保险政策。

5. 司法监管

司法监管指的是对基金实施的特殊监管，是由全面的司法体系来完成的，即由检察院、法院等司法部门对基金进行监督。我国尚未建立健全土壤污染修复基金法律体系，因此急需加大对法律制度建设的力度。另外，在基金管理的具体运作过程中，尽管行政监督能及时改正一些失误，但当遇到一些超过其权限范围的情形时，其治理缺少权威性，如国家司法部门应当对基金工作人员的严重违法行为进行有力监督。

6. 社会监督

社会监督，指的是广大人民群众通过社会团体和组织（包括人民政协、工会、用人单位等）、媒体（包括电视、广播等）等途径开展的监督。土壤与人类的生活密切相关，群众会更加及时地对土壤污染情况做出反应。因此，为有效提升土壤修复效率，并确保所征缴资金合理规范使用，各经办机构要公开基金使用情况，自觉地接受社会监督。对发现的违规违法问题，由新闻媒体公开曝光，置于全社会舆论的监督之下，并及时向政府和司法部门提出处理意见。

二 基金绩效评价机制

土壤污染修复基金是一个庞杂的系统，是集政策性和市场性双重特性于一体的特殊基金。这个系统的运作是一个动态连续的过程，为保证其正常的运行就需要对其运行的相关关键节点进行监控，这些选取的节点和监控的过程就是对土壤污染修复基金进行绩效评价。基金的运作主要受政策支持和运营能力影响，所以，土壤污染修复基金绩效评价的目的应从以下三方面分析：

（1）掌控基金的发展方向。政府政策引导性基金是土壤污染修复基金的性质，而指引社会资本参与政府所规划的发展领域是其重要目的。在基金运行的过程中，要始终以政府有关土壤污染修复的最新政策导向为发展方向，实现政府的生态发展规划。

（2）优化基金的经济成本。土壤污染修复基金以市场化的方式进行运作，在成本最小化的情况下实现效益最大化是市场化运营的特点，对相关经济成本的监控是其以最优化状态运行的基础。

（3）发现基金的管理缺陷。土壤污染修复基金的管理涵盖多个运行方面，当处于宏观情形下时，如何挖掘出微观问题，以保证基金正常运营，做到防患于未然，就需要监管基金的运作过程。对基金进行绩效评价以其在政策层面和市场层面发挥引导作用的宗旨为基础，使基金保持最优成本最高效率的运行，以最大化经济效益和社会效益。

土壤污染修复基金作为一个历时长、流程复杂且庞大的基金系统，其运行效果对经济领域、社会领域和环保领域都存在着不可忽视的影响。同时，又由于修复基金的复杂性和过程性，政府以及相关部门需要对该基金的流程进行实时评价。综合考虑以上因素，在建立绩效评价体系的过程中，本书主要从经济、社会和环境的三重绩效角度上，将静态与动态评价结合，建立一个前端把控、中端追踪和末端评估的全流程动态绩效评价模型。

在设计土壤污染修复基金绩效评价具体指标时，灵感来源于财务评价。在对企业进行经营成果和财务状况评价时，资产负债表与利润表相辅相成，且不可或缺。其中，资产负债表是站在特定时点进行描述，而利润表是以一定时期为考量，二者各有侧重、相互补充。在财务报表启发的基础上，为了能够有效保障土壤重金属修复项目的效果以及其运作的效率，基于土壤重金属污染修复基金市场性和社会性相结合的特点，同时考虑指标之间的关联和内在逻辑性，依据财政部会同生态环境部于2016年颁布的《土壤污染防治专项资金管理办法》，并借鉴项目绩效"流程逻辑"评价框架和评价指标体系，本书对于土壤重金属污染修复基金的绩效评价指标采用了静态和动态相结合的方法，在经济、社会、环境三重绩效总体框架下，分离静态指标和动态指标，二者相辅相成，且又各有特色，具体指标体系如表 10 - 2 所示。

表 10 - 2　　　　　　基金绩效评价机制指标体系

一级指标	评价项目	具体内容
社会绩效指标	规划制定科学性 规划制定公众参与度	对国家、行业政策了解程度 公众知情度、利益相关方是否对土壤污染治理规划达成共识
	项目实施过程合规性	项目单位有没有制度指导、提供了必要的实施条件等情况
	公众满意度 信息披露与信息公开	公众综合满意度 公开发布信息情况
环境绩效指标	环境数据收集情况	土壤污染环境数据获得情况
	环境影响	被投资土壤的修复程度
	环境目标完成情况	项目进度完成及时性 项目验收报告
	长远影响	土壤污染修复企业的增长数量
经济绩效指标	基金到位程度	可营运资金总额 基金收缴率（实征率）
	资本运作效率	投资进度 资金使用效率
	资金管理合规性	资金管理费用率 资金支出使用与计划是否一致
	主要财务指标	营业收入增长率 净利润增长率 平均 ROE

土壤重金属污染修复基金绩效评价指标体系总体框架将静态和动态的指标相结合，将时点和时期的评价互相补充，站在一个较为完整的视角上评价整个流程。其中，该静态评价指标体系侧重于对基金进行一个全面性的评估，同时重点关注经济、社会和环境三个领域的均

衡发展，其目的在于检验修复基金运作的效果，采用的定量指标数量多于定性指标，属于结果评价；而全流程动态评价指标体系聚焦于基金运作的投入、运作以及验收的过程，注重整个运作流程的合规性，并将实际的运作过程与运作计划进行对比，其目的在于监督管理人员及时合规地进行运作，对运作方向和运作进度进行监控，及时发现和解决问题，若结果出现偏差，还可帮助评价者思考结果未达到预期的原因是由于实施过程问题还是由于规划本身缺陷，采用的定量指标较少，属于过程评价。

基金绩效评价主要通过验收评价机制来实现。验收评价制度主要是基金管理中心下设的生态环境治理投资有限公司针对环保修复公司的项目进程及修复效果所开展的一个评价机制。环保修复公司在修复项目的中期、后期会进行自我检查，检查包括资金使用状况、修复进展情况。在环保修复公司提交上报材料后，生态环境治理投资有限公司要派出第三方检测机构实地检测污染地块的修复情况，在项目收尾阶段派出小组对该修复项目实施绩效评价，出具真实可靠的评价报告。表10-3是资金使用报告提纲，生态环境治理投资有限公司和环保修复公司均可使用。

表10-3　　　　　　　　　　资金使用报告提纲

项目	具体内容
修复项目简介	—
资金落实情况	资金到位情况；自筹资金到位情况
资金支出情况	资金支出与计划是否一致，及其使用是否符合规定
项目实施过程情况	项目单位有没有管控机制，项目实施过程是否按流程进行等
预期目标完成情况	项目进度完成及时性；项目执行结果对周边地区环境产生何种影响等
项目后续工作计划	可参照的解决方案、项目难点、后续调整计划

第十章 土壤重金属污染修复基金二元约束管理机制构建研究

虽然外国学者在对土壤污染修复流程的研究成果存在语言陈述上的差异，但其主要流程包括以下五个主要程序：第一阶段，环境污染源的发现；第二阶段，就环境状况开展初步评估，并对风险进行判断和分析；第三阶段，环境损害的确认与评估；第四阶段，对损害的环境进行恢复，并履行清偿义务；第五阶段，验证和合规监控。就我国目前情况而言，对土壤污染进行大规模的修复行为尚未启动，但随着对土壤污染防治的逐步立法和完善，更多企业将担负污染区域的法定事后修复义务。基于我国的现实情形，提供土壤污染事后法定修复流程如图10-5所示。

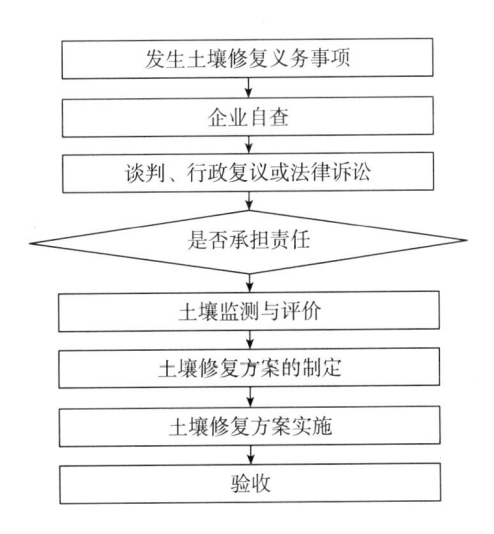

```
发生土壤修复义务事项
        ↓
     企业自查
        ↓
谈判、行政复议或法律诉讼
        ↓
    是否承担责任
        ↓
   土壤监测与评价
        ↓
  土壤修复方案的制定
        ↓
  土壤修复方案实施
        ↓
       验收
```

图10-5 我国土壤污染修复主要流程

现场验收评价报告是由生态环境治理投资有限公司派出的第三方检测机构出具的一个具有证明及效应的书面文件（见表10-4）。被评价单位也就是环保修复公司的修复项目名称，情况摘要是项目验收的一系列过程记录，后面需附上项目验收文件和检测数据。最后需要被评价单位签署意见，给出对这份评价报告属实或是不属实的意见。

表 10-4　　　　　　　　　现场验收评价报告

被评价单位：
项目名称：
情况摘要：
附件：
被评价单位意见： 　　　　　　　　　　　　　被评价单位（盖章）：　　年　月　日
现场评价组人员签名：　　　　　　　　　　　　　　　日期：

三　基金风险控制机制

为了保证土壤修复工程达到预期的目标，需要对潜在的风险进行管理，提前分辨风险，找到风险存在的根源，从而有目的地进行风险控制。风险管理包含四个环节，识别风险后进行分析及评价。风险识别是对土壤修复基金使用过程中的潜在风险进行科学系统的识别，估计风险发生的前提条件，并为下一环节奠定基础；风险分析指对修复过程可能发生的事故进行筛选分析，并得出各事故的概率分布情况，有针对性地安排预防措施；风险评价指在上一阶段的基础上通过技术模型等对搜集的数据进行定量分析，依照对修复工作的影响程度划分风险等级，明确风险防控成本；风险管理阶段是在风险评价的基础上，通过制度设计等手段设计风险方案，对可能影响修复投融资工作的风险因素进行监督和控制，从而将风险损失降到最低水平。

对于土壤修复责任的认定和划分，我国尚未从法律层面作出明确的规定和详细的解释。责任主体一旦不能确定，那么土壤修复的责任无法进行归属，对修复基金资金的来源设计就缺少了法律依据。另外，投融资主体、修复方客体及基金来源渠道等选择的不确定性，加上土壤污染修复技术不成熟，让修复过程中风险错综复杂。为了使投融资活动达到预期的效果，完成土壤修复目标，需要适时地对风险进行管理。

土壤修复基金风险主要存在于需要对土壤修复基金资金筹集和使用过程中的各个不确定因素进行识别和确认，并按照一定概率等级归类，有重点地预防风险的发生和危害。土壤修复资金风险因素的存在时期可以划分为筹资和投资两个阶段。在筹资阶段主要是责任主体的确认风险，高彦鑫等（2015）认为，目前我国土壤污染问题主要是国有工业企业的历史遗留污染问题，由于其工厂经过多次改制重组，具体的污染行为实施者无法确认或者责任主体已经存在，就无法确定污染责任人，因而难以明确修复资金的筹集和费用追索对象。主体责任原则作为环境法的基本点之一，是指主体在生产经营活动过程中造成环境损害，应秉承保护环境资源的原则，对其进行经济补偿，造成环境污染等损失的应积极承担治理费用以恢复原状；政府部门也需协同参与治理，承担环境责任。修复责任包含谁承担、何种原则承担以及为什么承担三个关键点，具体需要回答主体、归责和后果等具体内涵。王欢欢（2017）研究提出责任主体和责任范围的划分问题是土壤修复基金筹集、使用和制度构建的关键，责任认定风险的存在极容易导致利益冲突。在投资阶段或者说修复资金的使用阶段的风险主要是资金未规范使用的风险，土壤修复筹集的资金是具有政府性质的修复基金，属于专款专用，而政府和企业可能由于管理制度的缺失，造成专项资金被挪作他用。除了这两个关键性风险外，还包括来自政治、法律、修复、财务等不同方面的风险。

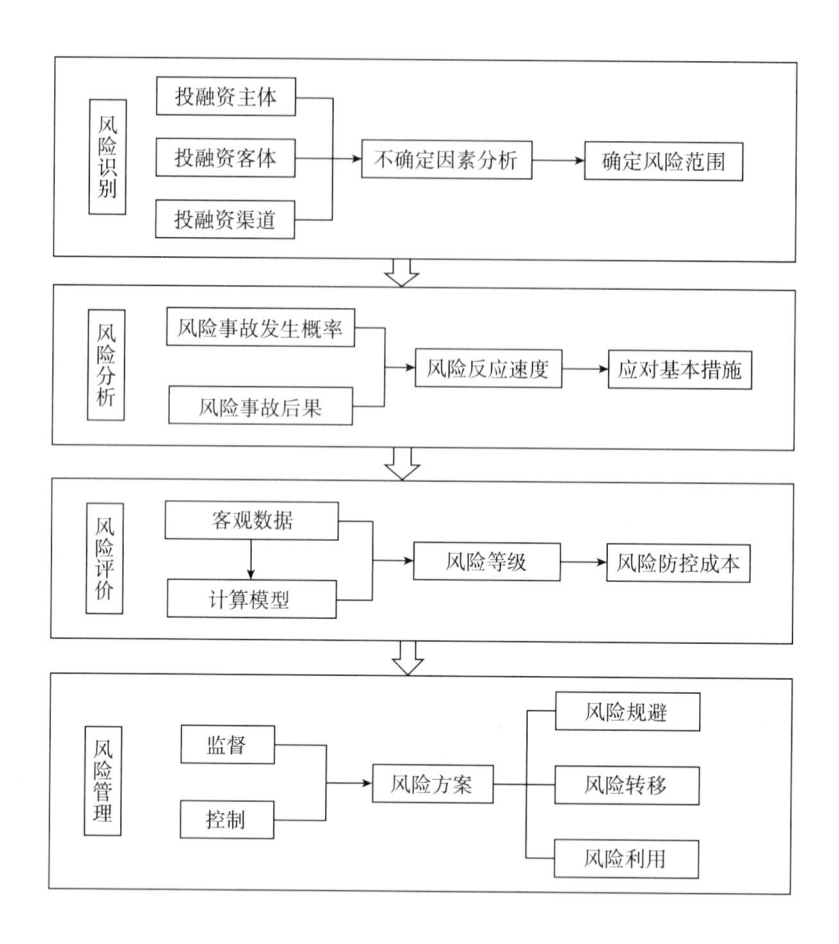

```
风险识别: 投融资主体 / 投融资客体 / 投融资渠道 → 不确定因素分析 → 确定风险范围
风险分析: 风险事故发生概率 / 风险事故后果 → 风险反应速度 → 应对基本措施
风险评价: 客观数据 / 计算模型 → 风险等级 → 风险防控成本
风险管理: 监督 / 控制 → 风险方案 → 风险规避 / 风险转移 / 风险利用
```

图 10-6　风险控制流程

如何科学地评价土壤污染修复基金风险水平，有效地反映土壤修复工作的情况进展，是土壤治理、环境保护的重点工程。超级基金项目依据美国"国家应急计划"（National Contingency Plan）从九个维度来评价工程技术方案的优劣，包含健康、持续性、适宜性、可操作性、认可度及长短期效果等。

政府承担土壤修复的治理义务，政府资金主要从四个方面影响污染场地修复过程的进展速度，分别是特定地点的定向补助金、现场危险程度、修复技术的复杂性和市政当局的影响。Huysegoms 等（2019）研究分析了政府资金如何影响四个污染场地修复过程的进展速度，采用因子分析的方法构建了土壤修复项目投资分析的基本指标，依次从政府、社会、公司声誉和利益相关者四个层面展开，包括经济支持、环境风险、修复的初始情况和实际限制、外部环境不确定性四个维度。修复项目的可持续性评估过程不仅要考虑环境和经济存在风险，社会方面如人类健康和安全、社区居民的参与等是不可或缺的重点考虑方面。除了政府资金的支持，私有资金的介入也能为污染场地修复问题注入新的活力，解决项目融资困难的问题，Han 等（2019）将项目风险按照驱动因素和依赖能力分为自主、从属、联动、驱动四个风险维度。

湖南省作为有色金属之乡，土壤背景值较高，"涉重"企业较多，土壤污染问题突出，重金属污染场地修复需求日趋紧迫。基于此，依托项目组，以湖南省长沙市、邵阳市、郴州市等地区自然资源和规划局基层工作人员为调研对象，从政治风险、法律风险等五个维度出发，采用主成分分析法，深度剖析土壤污染修复基金风险影响因素，尝试构筑修复基金风险评估指标体系，以期为我国实施修复基金提供参考。利用 SPSS 分析软件最终确定了政治、法律、修复、财务及外部五个风险维度，具体如表 10-5 所示。

表 10-5　　　　　　　　　　风险来源及具体内容

风险来源	测度指标	指标内容
政治风险	审批手续风险	A1. 土壤修复项目审批手续过多，基金修复效率降低
	项目进展风险	A2. 政府暂停个别的修复项目，启动资金无法到位
	多头管理风险	A3. 政府各部门对修复基金使用意见不一，修复方案无法制定
	政府失责风险	A4. 政府出于某种原因失责，修复基金支持力度减小

续表

风险来源	测度指标	指标内容
法律风险	主体权责风险	B1. 修复主体之间权责利不明晰，基金推进受到阻碍
	土地权属风险	B2. 污染土地权属不明确，难以评估选择
	追责机制风险	B3. 法律层面缺乏追责机制，归责存在风险
	合同执行风险	B4. 违反合同被处罚，修复项目被起诉或承担法律责任
	法律变更风险	B5. 新的法律出台或原有法律的变更，带来不利影响
修复风险	技术过新风险	C1. 修复技术过新，实际应用困难
	技术开发风险	C2. 开发新技术，增加额外成本
	技术不足风险	C3. 技术不足，基金推进困难
	项目标准风险	C4. 修复项目未达到预先制定的标准，项目完工困难
财务风险	监管机制风险	D1. 监管机制不完善，基金挪作他用
	保障机制风险	D2. 保障机制不完善，管理难度增加
	项目投资风险	D3. 修复过程中投资项目失败，无法满足增长
	项目验收风险	D4. 修复项目验收不合格，修复费用增加
	项目维修风险	D5. 修复项目运营过程中日常维护经营、大小修等超支，修复费用增加
	项目融资风险	D6. 修复项目再融资困难，影响项目后续推进
外部风险	金融波动风险	E1. 利率变动、金融风险等，增加修复资金成本
	公司招标风险	E2. 修复公司招标出现偏差，无法合理使用修复基金
	土壤地质风险	E3. 特殊的地理环境及前期对土壤地质风险的判断不够，增加项目风险
	民众反对风险	E4. 修复项目未获得民众支持或遭到抵制等，增加修复项目推进难度
	不可抗力风险	E5. 不可抗力的自然因素，增加基金运行过程中的风险

土壤污染修复基金受到一系列风险因素的影响，有来自政府、法律、市场环境等宏观层面，也有来自修复过程中的技术和财务等微观层面，彼此交织，相互影响。据此，拟采用PDCA循环进行风险管理（孟宪魁，2006）。

PDCA风险管理过程可分为风险规划、实施执行、检查反馈及管

第十章 土壤重金属污染修复基金二元约束管理机制构建研究

理评审四大步骤（孟宪魁，2006）（见图 10-7）。在土壤污染修复基金项目过程中，需要及时对风险因素进行排查、规避、反馈和评价，循环往复，环环相扣，从而有效防范风险降低项目的实施成本。

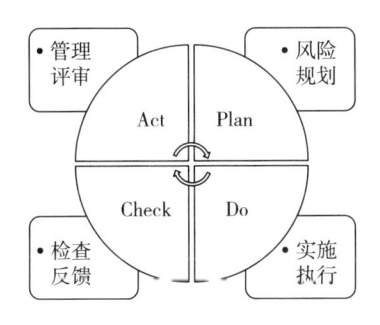

图 10-7　风险管理流程

在风险规划阶段，基金主体应分析项目生命周期过程中存在的风险和面临的不确定性，并确定其影响后果。根据土壤污染修复基金的风险因素的分析结果，在这一阶段，首先，需要从政治角度预先规避风险，节约项目成本。政府部门需要简化土壤修复基金审批流程，整合部门工作，明确相关职责，建立统一调配和联动协作的工作机制，大力重组，多元合作，提升职能部门工作效率，防范政治风险。其次，需要规避法律层面的风险。在修复基金责任认定方面，遵循"谁污染，谁治理"方式，对不合理排放重金属企业或个人，适用"污染者付费"方式，即污染方需要对环境损害做出补偿，承担治理责任。同时适用"谁破坏，谁修复"的方式，即由资源开发而导致重金属土壤污染的企业或个人承担一定的修复责任。对于不能完全认定污染企业主体的，可以实施"利用者补偿"规则，因企业已从攫取土地资源中获利，应承担相应的经济补偿责任。未能确定污染者的，由地方政府承担兜底责任，政府承担责任的资金既可以是财政预算，也可以是专项基金。在责任归因方面，政府是土壤治理的主要责任方。同时立法者也需要承担责任，保证立法完整且科学合理。在责任承担方式与范围方面，明确污染者承担责任的方式，包括赔偿损失、恢复原状、土壤修复等具体责任形式；明确污染者承担损害污染土壤评估、治理、修复、造成的人员伤害等费用，对于无法清偿或支撑土壤修复的部分由县级人民政府承担责任。

实施执行阶段，是针对项目开始实施过程中的风险管控，主要包含修复风险和财务风险。修复风险主要是修复技术不足、过新等问题，政府需要在各个研发主体之间搭建桥梁，构建政府—科研机构—环保行业的三角循环结构，政府出台鼓励环保企业加强技术创新的政策和措施，资助科研院所开设环保等相关专业、兴建技术开发与设计实训基地，培养更多的专业技术人才。环保企业也应实施科研项目、建立研发机构，与高校科研院所开展技术开发合作，接收专业技术人才，提升修复企业的技术水平及能力。环保类企业是环境治理的主体，政府应通过构建创新网络等手段推进生产技术、治污技术的提升，促使企业把治理污染和企业的技术改进结合起来。财务风险需要解决的是再融资困难的问题，需要充分发挥政府的组织、协调、引导作用以及政府信用和政策的杠杆作用，引入竞争机制，利用各种融资渠道和方式来筹集资金，分散筹资风险，降低筹资成本，降低资金筹措难度。一是积极开展以产权交易中心、股票和上市债券市场为代表的传统融资方式。二是综合运用多种项目融资方式和金融工具等。根据项目特性，灵活选用如PPP、BOT、BTO、BT等以及特许经营权、租赁、转让权等多种项目融资方式。三是优化结构，提高效益，不断完善融资体系。

检查反馈阶段，伴随着项目实施进展，主要建立风险监督和保障

第十章　土壤重金属污染修复基金二元约束管理机制构建研究

制度，安排专职人员进行风险监督、管控和处理。同时将结果反馈给修复方，对项目风险进行重新评估确认，直至风险得到全面降低，在这期间，公开项目信息，增加公众的参与度。土壤重金属污染修复基金涉及大量直接利益相关者，以政府为核心的公共权力代表难以面面俱到，公众参与是不可或缺的一部分。针对当前环境风险评估和风险补偿机制不健全，公众维权方式有限的现状，政府应该完善和健全环境信息公开制度，通过建立完善知情制度、听证会制度、公诉制度等，开辟公众参与环境治理的多种渠道。关于环境信息披露，政府应细化方法规定，规范公开的主体、内涵、方式及结果，明确公众获取信息的法律程序、途径和渠道。

管理评审通过定期开展评审环节，在保证项目科学合理前提下，保证管理系统有序运行。针对土壤重金属污染修复项目实施以及完成度，对项目是否达到预先目标进行评估方法，确保土壤修复得到真正的治理。

第三节　基金引导性约束机制构建

一　基金约束主体的确定

土壤重金属污染修复基金带有较强政治目的和环境保护目的，同时又由于修复成本高、项目时间长的特点，该项基金需要有长期的资金来源。因此在基金运行框架的设计上，需要兼顾其政治性和营利性；在基金约束主体方面应当包括政府、民间资本投资者、污染企业、环保修复机构、公众媒体、第三方检测机构等，大体可以分为基金方、修复方、污染方、监督方四个部分。资金来源及运用是修复基金运行过程中关键性环节。为了将取得的资金达到最优管理和最大效率的使用，需要对资金的划拨使用和资金的分配进行有效的规划、管理和监督，而在土壤重金属污染修复项目的具体实践过程中需要经历以下若干流程，每个流程均需要一定经费的支持，土壤污染修复基金的核算与管理机制都是一个动态的过程，是需要在应用流程当中逐步体现出来的，可划分为项目前中后期。项目前期包括污染地区的识别和项目初步调查；项目中期涵盖了对项目整体详尽的调查分析、初步的风险评价和具体修复环节剖析；项目后期则主要有项目的验收和再运用发展环节（见图10-8）。

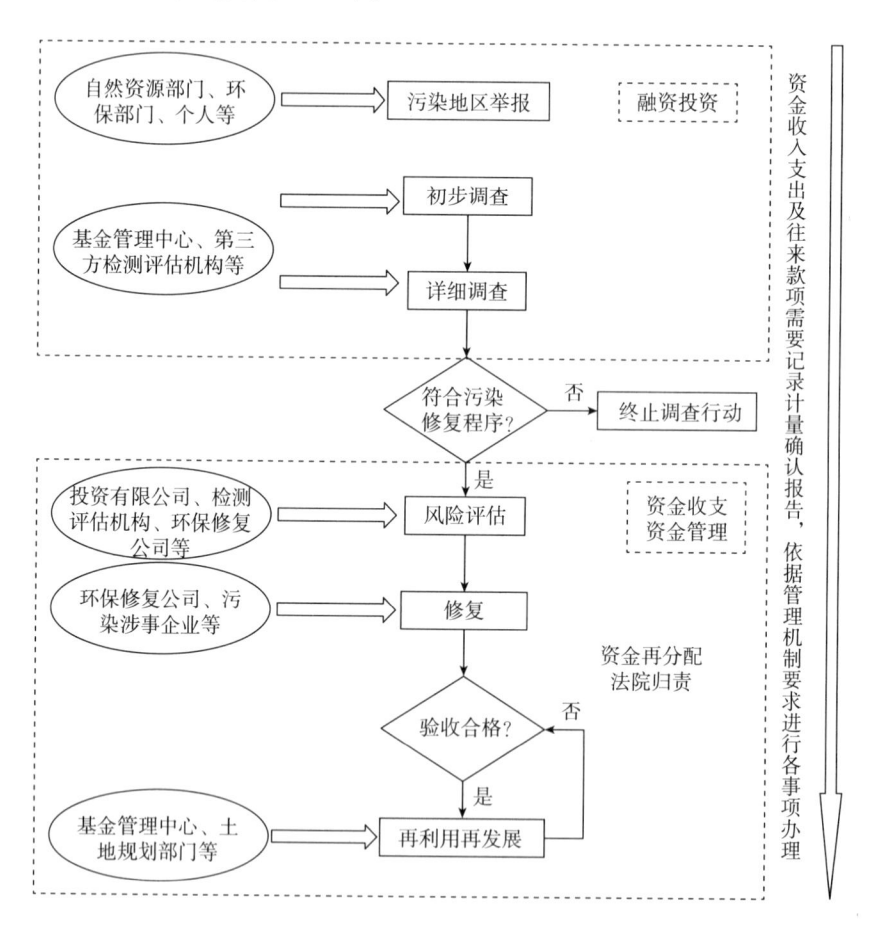

图10-8 修复应用流程

第十章 土壤重金属污染修复基金二元约束管理机制构建研究

首先由自然资源部门、生态环境部及个人等接收到污染地区举报后进行初步调查，协同基金管理中心和第三方检测评估机构开展详细调查以确定该污染地区是否符合污染修复程序，满足则进一步实施污染修复程序，否则，终止调查行动；在满足污染修复程序的基础上，由投资有限公司、检测评估机构和环保修复公司等对该污染地区开展风险评估，环保修复公司和污染涉事企业等根据风险评估结果进行针对性修复，待修复完成之后由验收公司进行验收，基金管理中心及土地规划部门等进行再利用再发展。在土壤污染修复应用的整个环节中都有不同的参与者，但本章节是基于基金管理中心的视角来构建核算机制与管理机制，因此图10-8中的融资投资、资金收支、资金管理都属于基金管理中心的范畴。修复基金的参与者包括了分配相关者，有政府、环保修复公司，也包括了资金来源的部分提供者，如污染涉事企业、赞助企业、赞助个人、公益组织及投资公司等（见图10-9）。

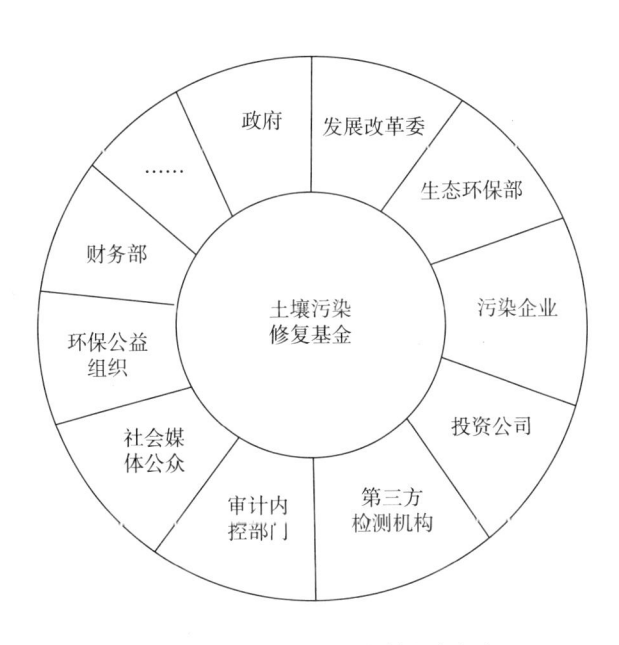

图10-9 土壤污染修复基金参与者

作为修复基金的实际执行者和运作者，政府担负着基金安全、保值增值及有效利用的使命。政府利用财政资金作为引导性资金，充分利用环保性税收及罚款，吸收民间资本及采用新型商业融资模式为修复基金引入充足的资金。政府应派人成立基金管理小组或成立专门基金公司，对基金的收入和支出进行详细的登记及公示。财政部、生态环境部、发展改革委是配合政府运作管理的协同单位，有责任有义务及时地为修复基金打开通道及划拨资金等流程。

环保修复公司是负责具体修复项目的实施者，有义务在每个阶段向政府汇报工作进展。基金绝大部分支出是给环保修复公司进行土壤修复的，因此环保修复公司要诚信经营，依照实际支出使用资金，并做好账务处理及信息披露工作。

污染涉事企业作为环保税收及环保罚款的对象，有义务对污染地块进行修复处理。若污染涉事企业不愿承担修复义务，政府有权对其进行依法追责及向上游污染源追溯。污染涉事企业缴纳了环境保护税或缴纳了罚款，并不代表对污染地块的责任已结束，该企业仍需对其污染地块承担治理责任。

民间资本的投入者属于关键的资金来源方。赞助企业、个人及各种环保公益组织可以选择无偿捐赠或是以投资方式进入基金。投资方式有多种，PPP 融资、购买政府债券、投入有前景的修复项目等。

社会媒体公众作为土壤污染修复过程中的外部监督主体，能够及时披露修复过程中的问题和成果，吸引外部投资者的注意，同时也对环保修复公司的修复行为有效约束，达到给市场和各责任主体传递信息的作用。

第三方检测机构作为一个污染责任判定的机构，所出具的责任认定书具有法律效应，判定的污染责任是由谁负责就由谁负责。污染责任的百分比、数额、责任人都可以由第三方检测机构作出决定。

二 引导性约束机制构建

土壤重金属污染修复基金涉及多方主体的协同合作，不同主体之间的责任和权利如何匹配存在一定的难点，因此引入了权责利结合的引导性约束机制，主要从责任约束与权利约束两方面推动基金可持续发展。

1. 责任约束

强化责任约束即坚持责、权、权的有机统一。责任是一种义务并伴随着权力和利益。责任约束是指对各级基金管理人员、政府、生态环境治理投资有限公司、环保修复公司、涉事污染企业及相关需要承担责任的主体进行约束。王元京（1996）认为国有资产投资的责任约束需要遵循的原则有以下四个：所有权与经营权分离；政府职能与企业职能分开；行政管理与资产经营分离；权责利相统一。那么土壤污染修复基金中责任约束应遵循的原则有资金所有权与经营权分离，责任主体相互独立、相互区分，责任主体相互之间的关系如图 10-10 所示。

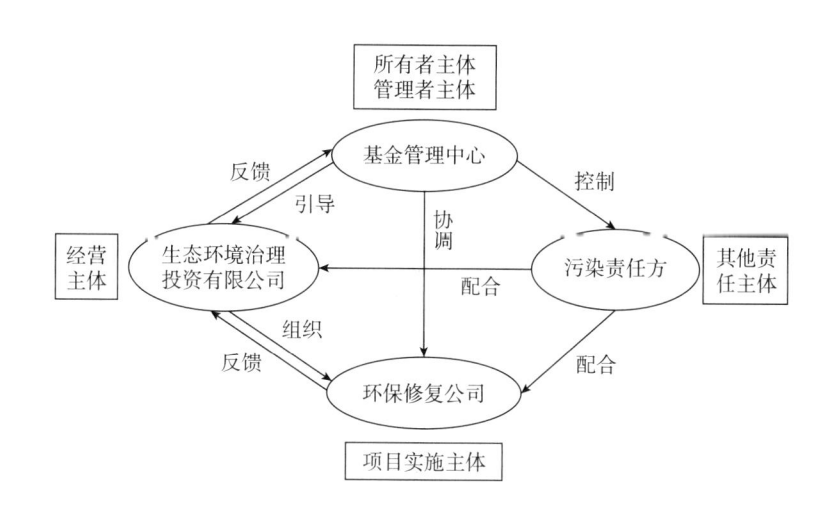

图 10-10 责任主体相互之间的关系

基金管理中心作为所有者主体和管理者主体，引导投资有限公司经营管理，控制污染责任方，协调环境修复公司与所需修复项目的关系。而基金管理中心一般受政府主导或由政府控制，政府首先要建立约束各主体的利益最大化的行为规则，保证项目的公益性，其次需要打破行业垄断和地方保护，广泛引入竞争机制，将国内外优秀的工程咨询公司、项目管理公司、监理公司、设计公司等引入项目领域，同时把权力下放到基金管理中心，由基金管理中心代行项目运行管理。投资有限公司作为经营主体，对基金管理中心负责，需要负责基金的投融资工作，并且实时反馈信息给基金管理中心，同时组织环保修复公司开展修复项目。环保修复公司是项目实施主体，全程掌握污染地块修复状况，计划安排项目修复流程，及时将项目进度、资金使用状况反馈到投资有限公司。污染责任方及其他责任主体，受基金管理中心控制，必须配合其他层级管理部门的污染地块修复行动，全程参与修复活动。

2. 权力约束

权力约束可从内外两方面看（唐立军、周佳，2009），可以分为图 10 - 11 这种情况。外部约束包含环境、法律、行政约束及外部监督，内部约束包含内部监督及道德约束。外部约束与内部约束相辅相成，从约束能力上看，外部约束能力要比内部约束能力大，但是内部约束是管理机构和管理制度当中的一部分，在最基础的权力约束上也能发挥一定作用。环境约束主要指的是外界环境对土壤重金属污染修复基金的约束，主要关注重金属污染土壤所在地区的地理环境和地质风险；法律约束包括立法和司法两方面的约束，一方面引导环保企业或其他利益相关者参与土壤重金属污染治理，另一方面强制涉事污染企业参与治理，保证土壤恢复可用程度；行政约束来源于政府方的外

第十章　土壤重金属污染修复基金二元约束管理机制构建研究

部约束，主要采用引导和监督的方式对企业形成外在约束力，保证污染企业承担修复责任，同时也允许市场对部分土壤污染修复治理进行引导约束，达到企业和社会双重利益共赢。外部监督指的是外界媒体和网络对土壤重金属污染治理过程的监督，通过政府实现公开信息的原则，外部监督能够发挥一定的作用。

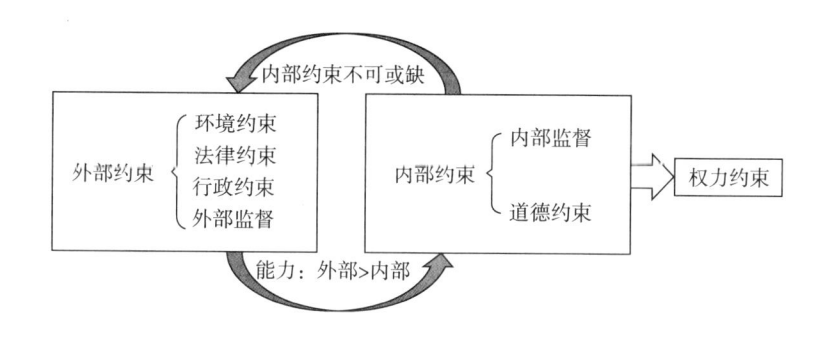

图 10-11　权力约束简

内部约束主要包含内部监督和道德约束，内部监督指的是各主体中内部机构设置健全，内部形成相互监督、相互协作的制度；道德约束通过制度化各主体道德思想，宣传正确的道德方向和判断基准，形成道德行为规范，实现管理层个人层次的权力约束。

另外，具体的权力约束可以从使用管理入手，具体流程中有提及部分内容，从污染场地的确认、初步调查开始，到项目修复、风险评估，到最后的土地再开发再利用，这都涉及土壤污染修复基金的使用。下面简要介绍基金权力约束的具体内容：

（1）市县级基金管理中心初步审批管辖地区的土壤污染修复项目，汇总后报省级基金管理中心再次审批，审批通过后进行备案登记，交由中央基金管理中心列入治理名单，受中央基金管理中心监督。

（2）环保修复企业接收项目后，设计具体修复方案预估所需资金；市县级基金管理中心在接到环保修复公司的详细工作方案后，到省级基金管理中心办理拨款手续备案，随后划拨首批修复款项到环保修复公司。

（3）省级基金管理中心经中央基金管理中心批准后有权发行环保性债券融入资金，并到期还本付息；有权与企业开展公私合营项目融资；有权将部分资金以低息贷款的方式贷给所须承担责任的污染方；有权将资金投入效益好的项目中进行保值增值等。

（4）修复基金的使用支出要有严格、系统的审批程序，可以在各级基金管理中心需要划定一个审批的金额限度，例如日常开支超10000元以上需审批，项目修复开支超1000万元需审批。金额限度是根据各级开支的金额大小来设定，审批小组由不少于3名基金管理中心高层管理人员组成。

（5）市县级基金管理中心有责任确认潜在责任方，并派请专家预估修复成本，下达土壤污染修复目标及计划；开展项目公开及邀请招标，邀多家环保修复公司积极参与投标。

（6）第三方检测机构作为一个独立公正的检测单位，可以在初步调查期间划定责任范围并预估损失及修复所需资金，政府、污染企业及相关涉事单位需各付多少责任，以便于后期资金划拨和分配事项。

第十一章 土壤重金属污染修复基金协作及配套机制构建

土壤重金属污染治理关乎国家和民众的生存发展，企业和社会的持续进步。其作为一项难度大、周期长的工程，仅依靠任何一方的努力都不能够有效解决治理问题。因此，打造多方主体良性互动的治理机制，建立配套保障体系，对我国土壤重金属污染治理修复尤为重要。本书基于多方协作视角，通过对多方主体责任认定及博弈分析，从主体协同、路径协同、目标协同三个路径，构建多方协调合作机制；从土壤重金属污染信息收集制度、土壤重金属污染危害评估制度、土壤重金属污染修复基金应急制度三个角度，构建完善有效的基金配套机制，保障修复基金的有效运作。

第一节 基金协作及配套机制构建思路

近年来，中央先后出台了《中华人民共和国环境保护法》《"十三五"规划》等多项环境领域的政治制度，充分展现出"多方协作"的基金共治理念。《土壤污染防治行动计划》（"土十条"）在报告中指出，应在2020稳定总体土壤环境质量，缓解全国土壤重金属污染加重趋势，保证农用地和建设用地土壤环境安全，防治土壤环境风险。作为土壤重金属污染修复的主体，企业理应承担相关法律责任，遵守污染与治理协同原则。然而实际中，出于自身利益推卸治污责任成为了众多企业的常态，污染治理往往收效甚微。土壤重金属污染问题已成为我国经济可持续发展所不可回避的重大问题，其治理关乎国家和民众的生存发展，企业和社会的持续进步。

党的十八届三中全会正式推行第三方治理环境污染防治。第三方治理机制的实行，提高了治污的效率和效果，但土壤污染治理仍面临现实困境。原因在于，政府多采用自上而下的治理手段，治理主体不完整，政府在投入大量时间、精力的同时，监管成本和技术的门槛，导致监管乏力，存在污染治理监控"盲区"；企业缺少有效的污染防治修复的意识，以"上有政策，下有对策"的手段进行逐利，设法同第三方治理企业寻租，违法污染土壤环境，损害公众利益；第三方治理企业为节约治理成本，与污染企业达成合谋共识，或以更隐晦的治理手段，在治污过程中弄虚作假；公众的环保意识淡薄，无法将其监督职能落实。在土壤重金属污染治理中，各利益方以其权益为重，进行利益最大化的决策选择，以期在多方博弈中获取最佳收益。因此，构建由政府、土壤污染企业、第三方治理企业及社会公众组成的多元共治的土壤污染修复模式是大势所趋。首先，多元共治机制的主体构成应当横纵交叉、贯穿始终。国家、地区、跨部门等多元主体之间应当打造相互依存、具备合作竞争结合的多元关系主体结构。此外，多元主体结构既可由相关政府部门构成，也可以由社会、市场、公众等各个跨界主体构成，应各方治理问题的需求而变化。但基金的运作与协调，仅仅依据基金协作机制，很难维持其日常运转及特殊问题的处理，因而需要配套机制作为保障。配套机制作为协作机制稳固的根基，保障协作机制的稳固运行。土壤重金属污染治理基金是各级政府用来加强对土壤污染防治的宏观调控的手段，以完善土壤污染的治理机制，带动当地经济发展为目标。从土壤重金属污染信息收集制度，土壤重金属污染危害评估制度，土壤重金属污染修复基金应急制度角度，构建完善有效的基金配套机制；从主体协同、路径协同、目标协同三个协同路径，构建土壤重金属污染修复多方协调合作机制，共同推进土壤修复基金的有效运行。

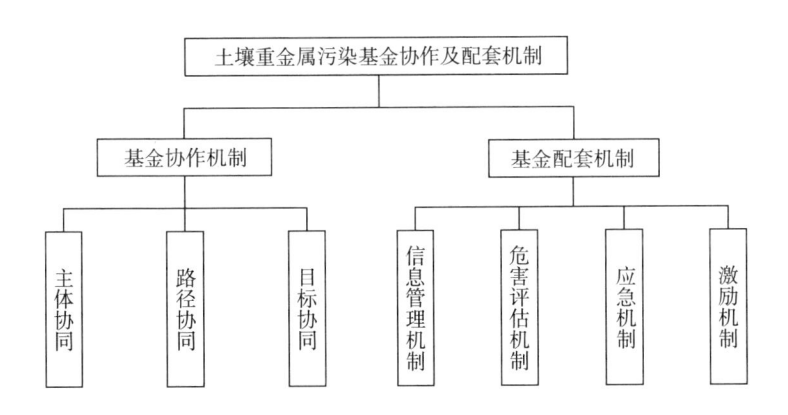

图 11-1 土壤重金属污染基金协作及配套机制构建

第二节 基金协作机制构建

随着政府职能转变和简政放权深化改革等措施的有效落实，市场空间和社会发展空间得到一定释放，多元共治模式的发展处于良好环境态势。一方面，政府与社会近些年来形成了较为有效的互动合作机制，已基本打造出共生、共荣、共谋、共存的多元合作格局；另一方面,此前单一主体的治理方式已经不能满足当前社会发展对环境治理的迫切需求,必须树立多元共治的新型环保理念,明确政府、土壤污染企业、环保组织以及社会公众的角色定位,构建我国土壤重金属污染多元共治机制。本书基于各治理主体的动态博弈关系,从主体协同、路径协同、目标协同三个协同路径,构建土壤重金属污染修复多方协调合作机制,全方位、全局域、全视角地打造多方共治的土壤污染治理新格局,具体设计框架如图 11-2 所示:

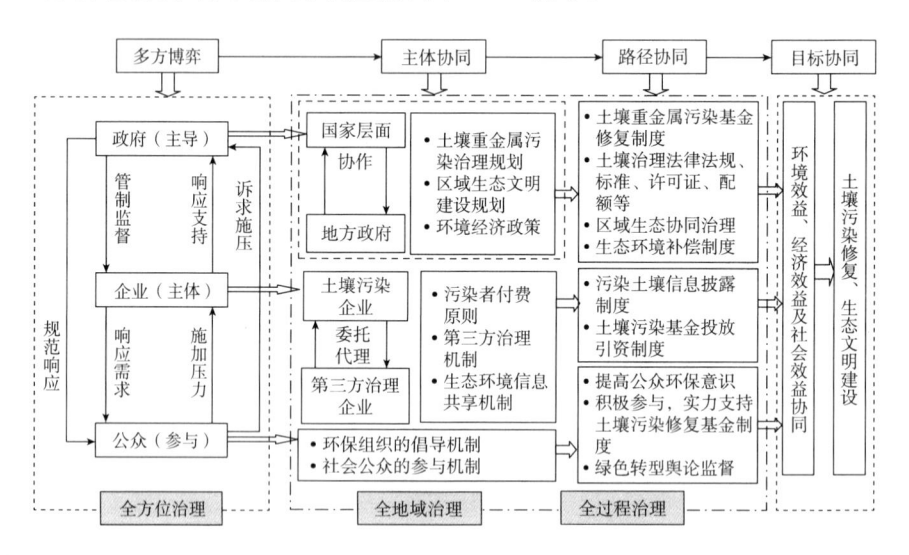

图 11-2 土壤重金属污染修复多方协作机制

一 多方主体责任认定

1. 中央及地方政府责任认定

中央部门主要负责针对整个国家的土壤污染情况制定法律法规、条例条规,并监督地方部门将中央下达的指令进行贯彻落实,同时,地方部门应针对当地的实际状况,出具符合当地情况的条款。中央和省级主要负责制定政策和审批监督,市县级主要负责政策的监管实施。对于违法违例的个人、集体污染者进行惩治,严格遵守执行制定的法律法规。中央部门加强合作，由生态环境部、自然资源部和财政部牵头构建土壤污染修复基金制度，各地方对于中央的举措进行推进落实。中央利益相关部门应加强协作，避免职能交叉，取消重复设置的机构。中央和地方征收的用于治理土壤污染的税费、罚款等应分别设立中央基金与地方基金。按照条例条规，在修复责任方空缺的时候，根据影响程度和范围，由地方基金出资履行主要修复责任，中央根据污染的严重程度地方进行拨款等援助。在土壤重金属污染修复机制中，政府仍应，基于重金属领域的相关法律法规、宏观政策和市场标准规范方面进行制度安排。

2. 土壤污染修复方责任认定

土壤重金属污染的修复治理应当遵循"污染与治理统一"的原则，造成重金属污染的单位以及个体应义不容辞地承担起治理与修复的主体责任。当先前责任主体发生变更时，作为继承主体需要延续履行相关责任。对于以往不同期间遗留下的土壤重金属污染问题而言，实际的土壤污染者或原污染土地所有者、运营者若已不存在，对当前拥有或正在使用的组织来说显失公平。政府在与土壤重金属修复责任方进行沟通博弈的过程中，需加强服务职能、管理职能的效力，落实好土壤修复的全过程。土壤污染修复责任方不仅应承担强制性的法律责任，还应当承担非强制性的社会责任。修复责任方应当以循环经济指导，以清洁生产主导，树立现代化的企业理念，实现经济效益与环境保护的双赢。

3. 第三方治理企业责任认定

在土壤重金属污染过程中，第三方治理企业担负委托治理职责。第三方治理企业应当以相关法律及合同要求为标准，主动承担相应的法律和合同约定的治理责任。如果其在有关环境治理活动中存在弄虚作假情况对造成了环境污染和生态破坏的行为未尽应有义务，政府部门除依照有关法律法规对其予以处罚外，还应当与土壤重金属污染主体共同承担治理的责任。在环境污染公共设施治理和工业园区污染治理方面，政府作为第三方治理的委托方，由于土壤污染企业违反相关法律或合同规定造成土壤污染，政府可向土壤污染治理主体责任人追责。第三方治理企业则应当按照合同规定，定时向土壤污染企业及政府报告治污状况，履行合同义务，彼此督促监督。

4. 社会公众责任认定

新《中华人民共和国环境保护法》对公众参与环境治理的程序、途径、保障做出了明确规定。公众在公共环境治理中拥有知情权、参与权、调查权和监督权等法定权利。公众作为环境治理主体之一，不但要依法行使权力，还可以为企业生产提供有益的建议，实现公众与企业之间的良性互动。由于土壤重金属污染对于社会公众的健康造成诸多不利影响，社会公众作为重金属污染中的受害者和污染治理中的监督者，应当肩负其应尽义务。在土壤修复中，社会公众应当积极监督污染治理方的土壤治理工作，关注土地开发商对于污染土壤的二次开发，配合政府的引导工作，积极响应政府的政策号召，扮演好监督者这一关键角色。社会公众与相关责任主体应当建立协作互助机制：其中最重要的是要畅通主体信息沟通路径，社会公众将监督举报信息第一时间传达给政府责任人。同时，社会公众作为污染受害者，为维护自身利益，应提高相关环保素质，提高土壤保护的意识，切身保护土壤污染，履行好监督维护土壤污染工作开展的责任，社会公众可以积极向政府建言献策，发挥主人翁精神。

二 多方主体博弈分析

外部性理论和公共物品理论充分阐述了关于土壤重金属污染治理

现状和政府监管困境问题，土壤资源常被定义为公共物品，企业在治污行为决策时表现为显著的负外部性，以污染土壤环境来实现自身利益最大化已成常态，而土壤重金属污染的治理具备显著的正外部性，于是产生了"寻租""搭便车"等问题，最终土壤污染治理效果收效甚微。由此可见，土壤重金属污染治理问题不仅是时间和技术难题，更是各利益相关者的行为导向冲突和利益诉求差异的现实困境。在土壤重金属污染治理中，政府作为国家政策的制定者、管制国土的行政机关，对企业负有立法监管、行政监督和政策扶持等关键责任。尽管多项政策出台，初步遏制了企业的土壤污染行为，但政府在环境政策的制定过程中会面临信息不对称的问题，导致土壤污染企业有机可乘，大多数污染企业具有天然逐利的动机，以自身利益为重，在污染收益与治理成本间进行权衡，通过改变自身行为决策，以实现收益最优。此外，政府不严格执法、企业所承受的高昂治污成本，会促使企业铤而走险。因此，为有效降低土壤污染企业治理成本，提高污染治理效率，仍须借助第三方之力。第三方治理企业是新兴的环境污染治理主体，本部分基于第三方治理视角探讨政府、企业与第三方治理的博弈关系，结合有限理性假说，探讨各主体策略选择相互作用的机制和不同参数变化下各主体策略选择的演化趋势，揭示土壤污染治理中多方利益主体决策行为的演化特征。

1. 演化博弈假设

由于土壤重金属污染问题的复杂性和持久性，土壤重金属污染治理仅依靠任一方努力无法有效解决，需要多方利益主体相互协作。政府作为环境规制的执法者，对污染及治理主体负有监管责任，由于其存在监管"盲区"，以自身利益为导向的污染企业产生寻租动机。而第三方治理企业作为以提供治污服务来追求利益的主体，其原始动力是盈利而非保护环境,存在与土壤污染企业合谋的道德风险。各博弈主体追求目标的差异,导致较难实现双方需求一致。因此,本书基于土壤重金属污染新型治理模式,以政府、土壤污染企业及第三方治理企业为主体,探究各主体相互影响的内在机制,构建三方概念模型。

假设1:本书博弈涉及三个参与对象:政府部门、土壤污染企业、第三方治理企业,且三方都是有限理性。政府的行为策略集 S_1 = {监管,不监管},"监管"指政府投入人力、物力、财力等对土壤污染企业的治污行为进行监督、管理,包括对第三方治理、土壤污染企业的环保补贴和行政处罚;土壤污染企业的行为策略集 S_2 = {守法,不守法};"守法"指土壤污染企业依据法律法规,认真治理土壤污染(不寻租);第三方企业的行为策略集 S_3 = {严格治理,不严格治理}。"严格治理"指第三方治理企业接受土壤污染企业委托,严格履行职责和义务,治理土壤污染。

假设2:政府部门选择监管的概率为 X($0 \leqslant X \leqslant 1$),选择不监管的概率为 $1-X$;土壤污染企业选择守法的概率为 Y($0 \leqslant Y \leqslant 1$),选择不守法概率为 $1-Y$;第三方治理企业选择严格治理土壤污染的概率为 Z($0 \leqslant Z \leqslant 1$),选择不严格治理土壤污染的概率为 $1-Z$。

假设3:土壤污染企业日常经营收入为 R_1,当其守法治理污染时,向第三方治理企业合同约定的治理费用是 C_1;当其不守法治理污染时,会选择向其向第三方治理企业进行寻租,此时合同约定的治理费用是 C_2,向第三方治理企业支付的寻租费用 C_3,$C_1 \geqslant C_2 + C_3$。

假设4:第三方治理企业治理污染的收入等于与治污企业签署治理合同上的金额。当第三方治理企业接受委托严格治理污染,治理成本为 C_4,不严格治理污染时,治理成本为 C_5,可得 $C_4 \geqslant C_5$;当政府监管时,会对严格治理污染的第三方治理企业给予相应补贴 W_1;若土壤污染企业守法，第三方企业不严格治污，被政府监管查出时，应当赔付给土壤污染企业违约金 C_6，并受到政府的罚款 F_2。若土壤污染企业向第三方企业不守法时，严格治污的第三方企业拒绝接受寻租，并将寻租费用 C_3 交由政府，此时第三方企业的公众形象得以提升，获得潜在收益 E_1，土壤污染企业会受到相应的罚款 F_1；若第三方企业接受寻租，当政府严格监管时，会发现寻租行为并对土壤污染企业会进行罚款 F_1，对第三方治理企业进行罚款 F_2。

假设5：政府监管时，会树立的良好政府形象，获得潜在的社会效益 R_2，其监管时所投入的人力、物力成本 C_7；若第三治理企业不严格治理污染时，会给政府带来额外的环境污染治理成本 C_8。

基于以上假设，本书将演化博弈相关变量列示如表11-1所示：

表11-1　　　　　　　　演化博弈相关变量及含义

变量	含义
R_1	土壤污染企业日常经营获得的收益
R_2	政府监管时，树立良好形象所获得的社会效益
C_1	土壤污染企业严格守法（不寻租）与第三方治理企业合同约定的治理费用
C_2	土壤污染企业不严格守法（寻租）与第三方治理企业合同约定的治理费用
C_3	土壤污染企业向第三方治理企业支付的寻租费用
C_4	第三方治理企业严格治理污染的成本
C_5	第三方治理企业不严格治理污染的成本
C_6	土壤污染企业严格守法时，对政府监管查处的不严格治污第三方企业索要违约金
C_7	政府监管时所付出的人力、物力成本
C_8	第三方不严格治理污染时，给政府带来的环境污染治理成本
W_1	第三方企业严格治理污染时，政府给予的补贴
F_1	土壤污染企业不守法时，政府对土壤污染企业的处罚
F_2	第三方治理企业不严格治污时，政府对第三方治理企业的处罚
E_1	第三方企业拒绝寻租时，公众形象提升的潜在收益

2. 模型构建

根据政府、土壤污染企业、第三方治理企业的博弈策略选择，可得出八种博弈组合策略,分别是{监管,守法,严格治污}、{监管,守法,不严格治污}、{监管,不守法,严格治污}、{监管,不守法,不严格治污}、{不监管,守法,严格治污}、{不监管,守法,不严格治污}、{不监管,不守法,严格治污}、{不监管,不守法,不严格治污},具体收益分析,如表11-2所示。

表11-2 政府、土壤污染企业、第三方治理企业的博弈策略组合及收益

策略组合	政府(X)	土壤污染企业(Y)	第三方治理企业(Z)
{监管,守法,严格治污}	$R_2 - C_7 - W_1$	$R_1 - C_1$	$C_1 + W_1 - C_4$
{监管,守法,不严格治污}	$R_2 + F_2 - C_7 - C_8$	$R_1 + C_6 - C_1$	$C_1 - C_5 - C_6 - F_2$
{监管,不守法,严格治污}	$R_2 + C_3 + F_1 - C_7 - W_1$	$R_1 - C_2 - C_3 - F_1$	$C_2 + W_1 + E_1 - C_4$
{监管,不守法,不严格治污}	$R_2 + F_1 + F_2 - C_7 - C_8$	$R_1 - C_2 - C_3 - F_1$	$C_2 + C_3 - C_5 - F_2$
{不监管,守法,严格治污}	0	$R_1 - C_1$	$C_1 - C_4$
{不监管,守法,不严格治污}	$-C_8$	$R_1 - C_1$	$C_1 - C_5$
{不监管,不守法,严格治污}	$C_3 + F_1 - W_1$	$R_1 - C_2 - C_3 - F_1$	$C_2 + W_1 + E_1 - C_4$
{不监管,不守法,不严格治污}	$-C_8$	$R_1 - C_2 - C_3$	$C_2 + C_3 - C_5$

3. 演化博弈分析

政府、土壤污染企业、第三方治理作为理性的博弈主体,在进行

演化博弈分析时，需要基于"复制动态"与"演化博弈策略"，通过分析博弈主体及各主体策略动态调整，构建各个博弈主体的复制动态模型并分析演化稳定策略。

设政府选择"监管"策略的期望收益率为 U_{11}，则选择"不监管"策略的期望收益率为 U_{12}，平均期望收益为 U_1，具体如下：

$$U_{11} = yz(R_2 - C_7 - W_1) + y(1-z)(R_2 + F_2 - C_7 - C_8) + z(1-y)(R_2 + C_3 + F_1 - C_7 - W_1) + (1-y)(1-z)(R_2 + F_1 + F_2 - C_7 - C_8) \tag{11-1}$$

$$U_{12} = y(1-z)(-C_8) + z(1-y)(C_3 + F_1 - W_1) + (1-y)(1-z)(-C_8) \tag{11-2}$$

$$U_1 = xU_{11} + (1-x)U_{12} \tag{11-3}$$

因此，政府采取"监管"策略的复制动态方程为：

$$F(x) = \frac{dx}{dt} = x(U_{11} - U_1)$$
$$= x(1-x)[(R_2 + F_1 + F_2 - C_7) + y(zF_1 - zW_1 - F_1) - z(F_1 + F_2)] \tag{11-4}$$

同理，设土壤污染企业选择"守法"策略的期望收益率为 U_{21}，则选择"不监管"策略的期望收益率为 U_{22}，平均期望收益为 U_2，具体如下：

$$U_{21} = xz(R_1 - C_1) + x(1-z)(R_1 + C_6 - C_1) + z(1-x)(R_1 - C_1) + (1-y)(1-z)(R_1 - C_1) \tag{11-5}$$

$$U_{22} = xz(R_1 - C_2 - C_3 - F_1) + x(1-z)(R_1 - C_2 - C_3 - F_1) + z(1-x)(R_1 - C_2 - C_3 - F_1) + (1-x)(1-z)(R_1 - C_2 - C_3) \tag{11-6}$$

$$U_2 = yU_{21} + (1-y)U_{22} \tag{11-7}$$

因此，土壤污染企业采取"守法"策略的复制动态方程为：

$$F(y) = \frac{dy}{dt} = y(U_{21} - U_2)$$

$$= y(1-y)[(C_2 + C_3 - C_1) + x(C_6 + F_1) + z(F_1 - xF_1 - xC_6)] \quad (11-8)$$

同样，设第三方治理企业选择"严格治污"策略的期望收益率为 U_{31}，则选择"不严格治污"策略的期望收益率为 U_{32}，平均期望收益为 U_3，具体如下：

$$U_{31} = xy(C_1 + W_1 - C_4) + x(1-y)(C_2 + W_1 + E_1 - C_4) + y(1-x)(C_1 - C_4) + (1-y)(1-x)(C_2 + W_1 + E_1 - C_4) \quad (11-9)$$

$$U_{32} = xy(C_1 - C_5 - C_6 - F_2) + x(1-y)(C_2 + C_3 - C_5 - F_2) + y(1-x)(C_1 - C_5) + (1-y)(1-x)(C_2 + C_3 - C_5) \quad (11-10)$$

$$U_3 = zU_{31} + (1-z)U_{32} \quad (11-11)$$

因此，第三方治理企业采取"严格治污"策略的复制动态方程为：

$$F(z) = \frac{dz}{dt} = z(U_{21} - U_2)$$

$$= z(1-z)[(W_1 + E_1 + C_5 - C_3 - C_4) + x(F_2 + yC_6 + yW_1) + y(C_3 - W_1 - E_1)] \quad (11-12)$$

（1）政府演化稳定策略。

对政府选择"监管"策略的复制动态方程求偏导可得：

$$\frac{d[F(x)]}{dx} = (1-2x)[(R_2 + F_1 + F_2 - C_7) + y(zF_1 - zW_1 - F_1) - z(F_1 + F_2)] \quad (11-13)$$

当 $z = \dfrac{yF_1 - (R_2 + F_1 + F_2 - C_7)}{y(F_1 - W_1) - (F_1 + F_2)}$，则任何水平均处于稳定状态；

当 $z < \dfrac{yF_1 - (R_2 + F_1 + F_2 - C_7)}{y(F_1 - W_1) - (F_1 + F_2)}$，则 $x = 1$ 为演化稳定策略；当 $z > \dfrac{yF_1 - (R_2 + F_1 + F_2 - C_7)}{y(F_1 - W_1) - (F_1 + F_2)}$，则 $x = 0$ 为演化稳定策略。

因而，政府选择"监管"的复制动态及演化稳定策略趋势如图 11-3 所示：

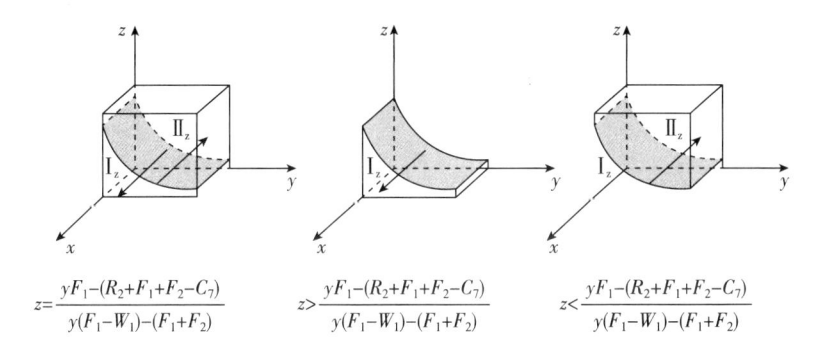

图 11-3 政府演化稳定策略

区域 I_z 的体积代表政府"监管"的概率，区域 II_z 的体积代表政府"不监管"的概率。

$$I_z = \iiint \frac{yF_1 - (R_2 + F_1 + F_2 - C_7)}{y(F_1 - W_1) - (F_1 + F_2)} dxdydz$$

$$= \frac{E_1}{F_1 - W_1} + \left[\frac{E_1(F_1 + F_2)}{(F_1 - W_1)^2} - \frac{R_2 + F_1 + F_2 - C_7}{F_1 - W_1}\right] \ln \frac{F_2 + W_1}{F_1 + F_2}$$

$$(11-14)$$

$$II_z = 1 - \iiint \frac{yF_1 - (R_2 + F_1 + F_2 - C_7)}{y(F_1 - W_1) - (F_1 + F_2)} dxdydz$$

$$= 1 - \frac{E_1}{F_1 - W_1} - \left[\frac{E_1(F_1 + F_2)}{(F_1 - W_1)^2} - \frac{R_2 + F_1 + F_2 - C_7}{F_1 - W_1}\right] \ln \frac{F_2 + W_1}{F_1 + F_2}$$

$$(11-15)$$

结论1：政府选择"监管"的概率会随第三方治理企业"严格治污"和治污企业"守法"概率的增加而降低。

证明：由政府选择"监管"的复制动态模型求偏导，可得政府进行监管的概率 x 与第三方治理企业选择严格治污的概率的相关函数：

$$x = \begin{cases} 0 & z > \dfrac{yF_1 - (R_2 + F_1 + F_2 - C_7)}{y(F_1 - W_1) - (F_1 + F_2)} \\ [0, 1] & z = \dfrac{yF_1 - (R_2 + F_1 + F_2 - C_7)}{y(F_1 - W_1) - (F_1 + F_2)} \\ 1 & z < \dfrac{yF_1 - (R_2 + F_1 + F_2 - C_7)}{y(F_1 - W_1) - (F_1 + F_2)} \end{cases} \quad (11-16)$$

当 $z > \dfrac{yF_1 - (R_2 + F_1 + F_2 - C_7)}{y(F_1 - W_1) - (F_1 + F_2)}$ 时，$x = 0$ 为演化稳定策略，及ESS（稳定）点，可以得出当第三方选择"严格治污"的动机高于某个值时，政府更倾向于不监督，节约监督成本，所选择的策略稳定于0；当 $z < \dfrac{yF_1 - (R_2 + F_1 + F_2 - C_7)}{y(F_1 - W_1) - (F_1 + F_2)}$ 时，为 $x = 1$ 演化稳定策略，可得出当第三方治理企业"严格治污"的概率低于某个值时，第三方治理企业会倾向于接受污染企业的寻租或节约成本，提高利润，政府部门就会加大监管力度，严惩第三方治理企业的不当行为，其选择的策略稳定于1。

同样，可得出政府进行监管的概率 x 与污染企业选择守法的概率 y 的相关函数。当 $y > \dfrac{z(F_1 + F_2) - (R_2 + F_1 + F_2 - C_7)}{zF_1 - zW_1 - F_1}$ 时，$x = 0$ 为演化稳定策略，当污染企业偏向于遵纪守法时，政府会放松监管，更倾向于不监管，因此，政府选择的策略稳定于0；当 $y < \dfrac{z(F_1 + F_2) - (R_2 + F_1 + F_2 - C_7)}{zF_1 - zW_1 - F_1}$ 时，$x = 1$ 为演化稳定策略，当污染企业倾向于违法时，对其违法的动机，政府部门会加大监管力度，

惩治污染企业的不当行为，其策略稳定于1。

结论2：政府部门选择"监管"的概率，会随着社会效益的增加而增加，随着监管时付出的人力、物力成本的增加而降低，随着对第三方治理企业和土壤污染企业的罚款额度增加而增加。

证明：对影响政府监管效果的社会效益 R_2、监管成本 C_7、第三方治理企业罚款 F_2 和土壤污染企业罚款 F_1 求偏导可得：$\dfrac{\partial (I_z)}{\partial R_2}=\dfrac{1}{W_1-F_1}\ln\dfrac{F_2+W_1}{F_1+F_2}>0$，说明社会效益的提升会导致政府监管的概率的增加。政府在日常工作中需要更多地向社会公众进行宣传普及教育，让公众更清楚地了解土壤污染企业的动态信息，促进政府与社会公众的双向互动，更有助于提升政府监管的社会效益和社会公众的幸福感。$\dfrac{\partial (I_z)}{\partial C_7}=\dfrac{1}{F_1-W_1}\ln\dfrac{F_2+W_1}{F_1+F_2}<0$，说明政府监管成本的提高会降低政府监管的概率。大量的人力、物力投入是政府严格监管的绊脚石，但随着人工时代的到来，政府可以通过借助互联网、大数据等手段提升监管效率，借助网络监督进而降低监管成本。

$\dfrac{\partial (I_z)}{\partial F_2}=\dfrac{E_1+W_1-F_1}{(F_1-W_1)^2}\ln\dfrac{F_2+W_1}{F_1+F_2}+\dfrac{E_1+W_1-F_1}{(F_1-W_1)(F_2+W_1)}-\dfrac{R_2-C_7}{(F_1+F_2)(F_2+W_1)}>0$，说明政府对第三方治理企业的罚款金额的增加会提高政府监管概率。同样地，政府对土壤污染企业的罚款金额的增加也会提高政府监管概率。政府可以通过对第三方治理企业和土壤污染企业的施压，抑制企业对环境的不当行为。此外，政府可以加强与第三方治理企业的合作，既可以有效地节约政府监管成本、改善生态环境，又能提升第三方治理企业的潜在收益，一举两得。

（2）土壤污染企业演化博弈策略。

对土壤污染企业选择"守法"策略的复制动态方程求偏导可得：

$$\frac{d[F(y)]}{dy} = (1-2y)[(C_2+C_3-C_1)+x(C_6+F_1)+z(F_1-xF_1-xC_6)]$$

(11-17)

当 $x = \frac{zF_1+(C_2+C_3-C_1)}{(1-z)(F_1-C_6)}$，任何水平均处于稳定状态；当 $x > \frac{zF_1+(C_2+C_3-C_1)}{(1-z)(F_1-C_6)}$，$y=1$ 为演化稳定策略；当 $x < \frac{zF_1+(C_2+C_3-C_1)}{(1-z)(F_1-C_6)}$，则 $x=0$ 为演化稳定策略。

因而，土壤污染企业选择"守法"的复制动态及演化稳定策略趋势如图11-4所示：

$x = \frac{zF_1+(C_2+C_3-C_1)}{(1-z)(F_1-C_6)}$ $x > \frac{zF_1+(C_2+C_3-C_1)}{(1-z)(F_1-C_6)}$ $x < \frac{zF_1+(C_2+C_3-C_1)}{(1-z)(F_1-C_6)}$

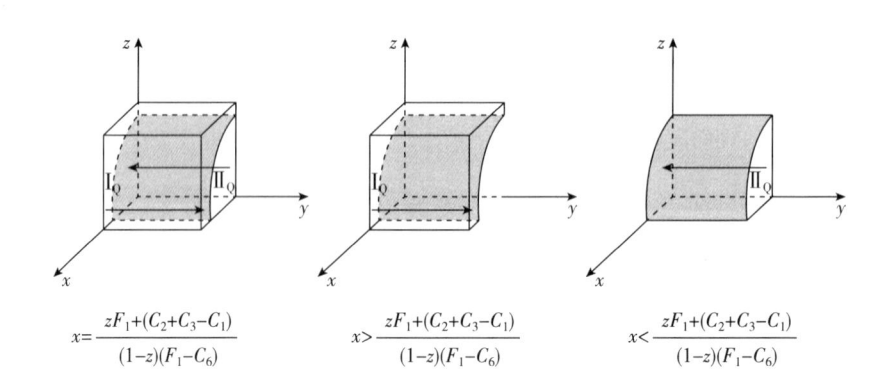

图11-4 土壤污染企业演化稳定策略

区域 I_Q 的体积代表土壤污染企业"守法"的概率，区域 II_Q 的体积代表土壤污染企业"不守法"的概率。

$$I_Q = 1 - \iiint \frac{zF_1+(C_2+C_3-C_1)}{(1-z)(F_1-C_6)} dxdydz$$

$$= 1 - \frac{C_1 - C_2 - C_3}{C_6 - F_1} - \frac{F_1 + C_2 + C_3 - C_1}{C_6 - F_1} \ln\left(1 + \frac{C_2 + C_3 - C_1}{F_1}\right)$$

(11 - 18)

$$\Pi_Q = \iiint \frac{zF_1 + (C_2 + C_3 - C_1)}{(1-z)(F_1 - C_6)} dxdydz$$

$$= \frac{C_1 - C_2 - C_3}{C_6 - F_1} + \frac{F_1 + C_2 + C_3 - C_1}{C_6 - F_1} \ln\left(1 + \frac{C_2 + C_3 - C_1}{F_1}\right)$$

(11 - 19)

结论3：土壤污染企业选择"守法"的概率会随政府选择"监管"和第三方治理企业"严格治理"概率的增加而增加。

证明：由土壤污染企业选择"守法"的复制动态模型求偏导，可得土壤污染企业守法的概率 y 与政府监管的概率 x 的相关函数：

$$y = \begin{cases} 0 & x < \dfrac{zF_1 + (C_2 + C_3 - C_1)}{(1-z)(F_1 - C_6)} \\ [0,1] & x = \dfrac{zF_1 + (C_2 + C_3 - C_1)}{(1-z)(F_1 - C_6)} \\ 1 & x > \dfrac{zF_1 + (C_2 + C_3 - C_1)}{(1-z)(F_1 - C_6)} \end{cases} \quad (11-20)$$

当 $y > \dfrac{zF_1 + (C_2 + C_3 - C_1)}{(1-z)(F_1 - C_6)}$ 时，$y=1$ 为演化稳定策略，可得出当政府选择"监管"的动机高于某个值时，在严格的监管环境下，企业寻租成功的可能性较低，且企业为避免政府查处所带来的罚金，企业会选择"守法"策略并稳定于1；当 $x < \dfrac{zF_1 + (C_2 + C_3 - C_1)}{(1-z)(F_1 - C_6)}$ 时，$y=0$ 为演化稳定策略，可得出当政府选择"监管"的动机低于某个值时，政府部门放松警惕，土壤污染企业有机可乘，向第三方治理企业进行寻租，治理成本大幅降低，此时企业的"守法"策略稳定于0。

同理，可污染企业选择守法的概率 y 与第三方治理企业 z 的函数关系。当 $z > \dfrac{x(C_6+F_1)+(C_2+C_3-C_1)}{F_1+xF_1+xC_6}$ 时，$y=1$ 为演化稳定策略，当第三治理企业偏向于"严格治污"时，污染企业对第三方治理企业进行寻租费会被第三方治理企业上交给政府，并且企业会遭受政府的处罚，因此，为避免该风险，污染企业选择"守法"的策略稳定于 1；相反，当第三治理企业"严格治污"的概率低于某个值时，污染企业与第三方治理企业合谋的动机更大，污染企业向第三方治理企业进行寻租，双方均节省了成本，污染企业选择"守法"策略稳定于 0。

结论4：企业选择"守法"的概率，会随着与第三方治理企业合同约定的治理费用的增加而降低，随着对第三方治理企业寻租成本和违法遭受政府罚款金额增加而增加。

证明：对影响土壤污染企业守法概率的影响因素，向第三方治理企业支付的治理费用 C_1、向第三方治理企业寻租成本 C_3、违法遭受的罚款 F_1 求偏导可得：$\dfrac{\partial(I_Q)}{\partial C_1}=\dfrac{1}{C_6-F_1}\ln\dfrac{F_1+C_2+C_3-C_1}{F_1}<0$，说明随着第三方治理企业要求的治理费用提高，企业守法的概率会降低。为有效降低企业不守法的概率，政府部门可加大对土壤污染企业和第三方治理企业的补助，规范第三方治理企业的收费标准，同时土壤污染企业和第三方治理企业应当加强合作交流，互利共赢。$\dfrac{\partial(I_Q)}{\partial C_3}=-\dfrac{1}{C_6-F_1}\ln\dfrac{F_1+C_2+C_3-C_1}{F_1}>0$，说明随着对第三方治理企业寻租成本的增加，企业守法的概率会提高。政府可通过严格规范第三方治理企业行业规范，对接受寻租的第三方企业进行严格惩治，在政府网站上对违法的第三方治理企业进行实名批评,提高了土壤污染企业的寻租成本,减少土壤污染企业不守法行为。$\dfrac{\partial (I_Q)}{\partial F_1} = \dfrac{C_2 + C_3 - C_1}{(C_6 - F_1)^2} - \dfrac{C_6 + C_2 + C_3 - C_1}{(C_6 - F_1)^2} \ln \dfrac{F_1 + C_2 + C_3 - C_1}{F_1} - \dfrac{C_1 - C_2 - C_3}{F_1(C_6 - F_1)} > 0$,说明随着政府对土壤污染企业的罚款金额的增加,企业守法的概率会提高。加大政府惩罚力度,从政府罚款和社会声誉惩罚角度对土壤污染企业进行施压,积极引导公众参与"监管",做到对土壤污染企业的污染行为零容忍。

(3)第三方治理企业演化博弈策略。

对第三方治理企业选择"严格治污"策略的复制动态方程求偏导可得:

$$\dfrac{d[F(z)]}{dz} = (1 - 2z)[(W_1 + E_1 + C_5 - C_3 - C_4) + x(F_2 + yC_6 + yW_1) + y(C_3 - W_1 - E_1)] \quad (11-21)$$

当 $y = \dfrac{-xF_2 - (W_1 + E_1 + C_5 - C_3 - C_4)}{xC_6 + xW_1 + C_3 - W_1 - E_1}$,任何水平均处于演化稳定状态;当 $y > \dfrac{-xF_2 - (W_1 + E_1 + C_5 - C_3 - C_4)}{xC_6 + xW_1 + C_3 - W_1 - E_1}$,$z = 0$ 达到演化稳定状态;当 $y < \dfrac{-xF_2 - (W_1 + E_1 + C_5 - C_3 - C_4)}{xC_6 + xW_1 + C_3 - W_1 - E_1}$,则 $z = 1$ 为演化稳定策略。

因而,第三方治理企业选择"严格治污"的复制动态及演化稳定策略趋势如图 11-5 所示。

区域 I_S 的体积代表第三方治理企业选择"严格治污"的概率,区域 II_S 的体积代表第三方治理企业"不严格治污"的概率。

$$y = \frac{-xF_2-(W_1+E_1+C_5-C_3-C_4)}{xC_6+xW_1+C_3-W_1-E_1} \qquad y > \frac{-xF_2-(W_1+E_1+C_5-C_3-C_4)}{xC_6+xW_1+C_3-W_1-E_1} \qquad y < \frac{-xF_2-(W_1+E_1+C_5-C_3-C_4)}{xC_6+xW_1+C_3-W_1-E_1}$$

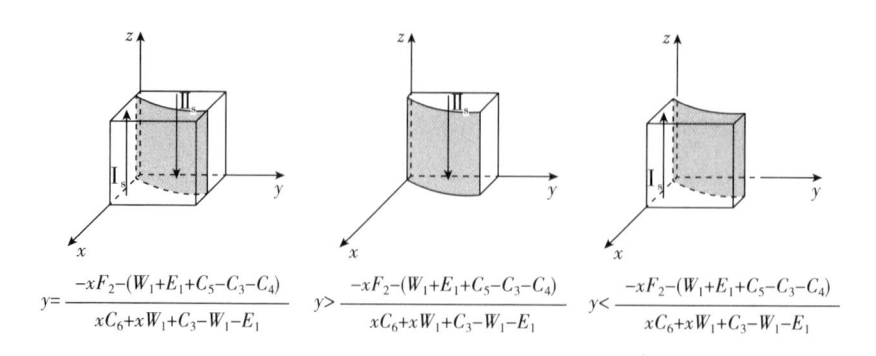

图 11-5　第三方治理企业稳定策略

$$
\begin{aligned}
I_S &= 1 - \iiint \frac{-xF_2-(W_1+E_1+C_5-C_3-C_4)}{xC_6+xW_1+C_3-W_1-E_1} dxdydz \\
&= 1 - \frac{W_1+E_1-C_3}{C_6+W_1} + \left[\frac{W_1+E_1+C_5-C_3-C_4}{C_6+W_1} + \right.\\
&\quad \left. \frac{F_2(W_1+E_1-C_3)}{(C_6+W_1)^2}\right] \ln\left(1+\frac{C_6+W_1}{F_2}\right) \qquad (11-22)
\end{aligned}
$$

$$
\begin{aligned}
II_S &= \iiint \frac{-xF_2-(W_1+E_1+C_5-C_3-C_4)}{xC_6+xW_1+C_3-W_1-E_1} dxdydz \\
&= \frac{W_1+E_1-C_3}{C_6+W_1} - \left[\frac{W_1+E_1+C_5-C_3-C_4}{C_6+W_1} + \right.\\
&\quad \left. \frac{F_2(W_1+E_1-C_3)}{(C_6+W_1)^2}\right] \ln\left(1+\frac{C_6+W_1}{F_2}\right) \qquad (11-23)
\end{aligned}
$$

结论5：第三方治理企业选择"严格治污"的概率会随政府选择"监管"增加而增加，随企业"守法"概率的增加而降低。

证明：由第三方治理企业选择"严格治污"的复制动态模型求偏导，可得第三方治理企业严格治污的概率 z 与企业守法的概率 y 的相关函数：

$$z = \begin{cases} 1 & y < \dfrac{-xF_2 - (W_1 + E_1 + C_5 - C_3 - C_4)}{xC_6 + xW_1 + C_3 - W_1 - E_1} \\ [0, 1] & y = \dfrac{-xF_2 - (W_1 + E_1 + C_5 - C_3 - C_4)}{xC_6 + xW_1 + C_3 - W_1 - E_1} \\ 0 & y > \dfrac{-xF_2 - (W_1 + E_1 + C_5 - C_3 - C_4)}{xC_6 + xW_1 + C_3 - W_1 - E_1} \end{cases} \quad (11-24)$$

当 $y < \dfrac{-xF_2 - (W_1 + E_1 + C_5 - C_3 - C_4)}{xC_6 + xW_1 + C_3 - W_1 - E_1}$ 时，$z=1$ 为演化稳定策略，当企业选择"守法"的动机低于某个值时，企业随意排污，对土壤环境造成严重威胁，则提高了被政府监管的概率，第三方治理企业在这种情况下会选择"严格治污"策略并稳定于1，进而避免被政府处罚；同理，当 $y > \dfrac{-xF_2 - (W_1 + E_1 + C_5 - C_3 - C_4)}{xC_6 + xW_1 + C_3 - W_1 - E_1}$ 时，$z=0$ 为演化稳定策略，当企业选择"守法"的动机高于某个值时，企业严格治污，树立了良好的公众形象，政府放松对企业的监管，第三方治理企业基于自身利益最大化，倾向于选择"不严格治污"策略并稳定于1。

同样地，可得第三方治理企业 z 与政府 x 的函数关系。当 $x > \dfrac{y(W_1 + E_1 - C_3) - (W_1 + E_1 + C_5 - C_3 - C_4)}{F_2 + yC_6 + yW_1}$ 时，$z=1$ 为演化稳定策略，当政府偏向于"监管"时，第三方治理企业会避免遭受政府的处罚，拒绝企业的寻租行为，其"严格治污"的策略稳定于1；相反，当政府"监管"的概率低于某个值时，第三方治理企业与企业合谋的动机增加，第三方治理企业会基于自身利益考虑，接受企业的寻租以节省治理成本，提高自身收益，因而第三方治理企业选择"严格治污"策略稳定于0。

结论6：第三方治理企业选择"严格治污"的概率，会随着土壤污染企业的寻租费用的增加而降低，随着遭受政府罚款金额、政府给予的补贴以及公众形象提升的潜在收益的增加而增加。

对上述影响第三方治理企业严格治污概率的影响因素求偏导，此处省略求导过程。可得第三方治理企业严格治理的概率 I_s 与土壤污染企业的寻租费用 C_3 负相关，与违法遭受的罚款 F_2、政府给予的补贴 W_1、公众形象提升的潜在收益 E_1 正相关。可以看出第三方治理企业的决策与土壤污染企业和政府的决策密切相关。为促进第三方治理企业更好地履行严格治理义务，政府应当赏罚分明，建立合理的政策制度，加大对寻租行为的处罚，对严格守法的第三方治理企业予以表彰和资金扶持。此外，应积极引导社会公众参与，帮助政府实施监督，共同打造优良的治理环境。

三　多方协作机制构建

多元共治的治理模式在提高各主体的参与度、提高治理效率及解决跨区域环境治理的难题等方面有极大优势。基于多元共治主体视角，土壤重金属污染需要多元主体参与治理，即协作共治。从主体协同视角，需要政府部门支持，第三方治理企业治理，土壤污染企业守法以及公众的有效监督；从路径及目标协同视角，各协同主体基于正式或非正式的规范手段，统一路径，形成对话、协商、互助行动的治理模式，实现环境效益、经济效益、社会效益间的目标协同。

1. 主体协同

在修复基金的构建中，各方都扮演着重要的角色，为促进污染修复进程，需要多方协调配合，共同实现修复基金的全区域治理，实现环境保护与经济发展的协同。

针对土壤重金属污染修复，政府主体发挥着主要作用，要对重金属领域的相关市场标准和宏观政策等明确予以制度上的落实，积极发挥管制职能。同时为多元化管理的发展建立合适的制度规则体系。政府通过设立土壤重金属污染治理规划、区域生态文明建设规划、环境经济政策，来提高企业及社会公众的重视程度。

企业主体在重金属污染修复过程中，不仅应遵循"谁污染，谁治理""污染者付费"原则，承担着"硬性"法律责任，还应当承担"软性"社会责任。土壤污染治理方应当发展清洁生产，树立现代化的企业理念，实现经济效益与环境保护的双赢。此外，企业应建立生态环境信息共享机制，通过公开企业污染信息，让政府、社会公众、环保组织享有知情权。

第三方治理企业，作为企业委托治理污染方，应当充分发挥环境污染治理的作用。将土壤污染治理的任务从生产企业部分转移，令具有专业治污资质的企业来有偿承担，打造更加多元化和高质量的治理方案。同时，第三方治理企业应创建一个污染治理的信息公开平台，公开展示本企业的基本情况、治污的项目以及最终的治污验收结果等，实现信息共享，更有助于推动治理工作顺利开展。

社会公众是污染治理中的利益相关者，同时也是行动者。建立社会公众参与机制，促使社会公众主动去监督相关政府部门的治理情况并提出相关意见和建议，公众也可结合自身在技术和知识上的能力，为企业的经营和生产提供建议，以便于实现公众与企业之间的良性互动。

环保组织作为政府、企业、公众三者互相沟通的桥梁，起到"润滑剂"的作用。建立环保组织倡导机制，积极倡导多方协同共治，针对不同的角色主体开展污染治理宣讲，进行土壤重金属污染防治、受害方维权等知识的宣传普及，积极引导社会公众广泛关注土壤重金属污染的治理问题，提升国民环保意识。

2. 路径及目标协同

在多元共治的机制下,各治理主体的治理路径需要协同,各司其职。政府的首要任务是完善修复基金的法律制度,加强环境经济政策和投融资政策的运用,并积极完善投融资政策,从资金上对污染治理进行支持。同时政府应当做好如下任务部署:针对重点行业,控制和减少重金属污染物的排放;针对污染源,利用综合手段来严格监管,并积极推行清洁生产;采用多方位多角度逐步解决重金属污染的历史遗留问题;进一步提升监管能力和水平。

造成土壤重金属污染的企业都要义不容辞地承担污染治理与修复的主体责任。为实现共同目标,企业应当定期披露污染土壤信息,同时积极践行土壤污染基金投放引资制度,多渠道多方式引进资金投入到污染的治理中。

第三方治理企业作为污染的治理者,应当与造成土壤重金属污染的企业建立合作共赢、风险共担的关系。另外,第三方治理企业应当充分利用"互联网+"技术,将有效的污染治理技术应用到土壤污染修复中,在区域、城镇、社区等单位推进垃圾渗滤液处理、城市资源能源回收利用等先进技术的研发,推广废弃物循环利用等,为推动土壤重金属污染助力。

公众参与正是多元共治机制的需要,其中有民主、合作以及公众利益的表达,因此共治的精髓就是保障公众的参与权。加强公众监督,提高社会公众参与度,动员和激励公众参与到修复基金建设中。通过扩大和落实公众对环保情况的知情与监督的权利,激励公众对污染行为进行关注,充分发挥民众作用,以期实现治污目标。

环保社会组织作为独立的第三方,应当充分发挥其在环境保护方面对政府部门的辅助作用。可以通过组织环保交流会等形式,及时向地方政府提供土壤重金属污染治理方面的决策、意见和建议。同时，环保组织也可以通过多种形式向公众普及土壤保护的知识，广泛动员社会力量，积极参与到土壤污染治理当中。

打造资源节约型、环境友好型的绿色生态环境是土壤治理的协同目标。为实现这一目标，建立全方位无死角的协同模式尤为必要，不仅对内必须接受内部专业人员、技术专家路径协同，对外还必须接受社会管理，从而实现内外监督、上下监督和公众监督的有机统一，进一步提高协同治理的有效性。多方主体应各司其职，共同致力于多元共治、目标协同的土壤重金属污染治理模式，实现环境效益、经济效益、社会效益间的协调统一，打造健康优质的土壤环境。

第三节　基金配套机制构建

近一段时间以来，为缓解土壤重金属污染风险，不少地方政府和金融机构纷纷从股权和债权两方面入手，设立专项纾困或发展基金。应当指出的是，基金从设立到最终退出，期间的运作和管理都应当遵循市场化原则。土壤重金属污染治理的建立和运行需要构建完善的基金配套机制，土壤重金属污染治理基金是各级政府为加强对土壤污染防治的宏观调控宏观调控手段有助于加强土壤污染治理，发展地方经济。一个完善有效的基金配套机制，可从以下几个方面展开，土壤重金属污染信息管理制度、土壤重金属污染危害评估制度和修复基金应急制度和激励制度。

一　土壤重金属污染信息管理机制

在进行土壤修复前必须先了解土壤环境质量，因此必须先设立完善的土壤污染信息情况收集体系，实时了解土壤污染的具体情况。对土壤重金属污染信息收集需要做好资料整理、人员安排等前期准备工作，并从基本信息核实、资料收集、现场勘查、信息整理与填报等阶段获取完整的土壤重金属污染相关信息。欧美许多国家已经建立起土壤质量监控体系和配套的数据库，实现了对土壤污染实况的信息掌控。所以，环保部门应完善土壤生态日常监管体制、实现污染场地信息控制与土地利用信息同步，构建共享信息库，实时获取土壤污染与修复状况。

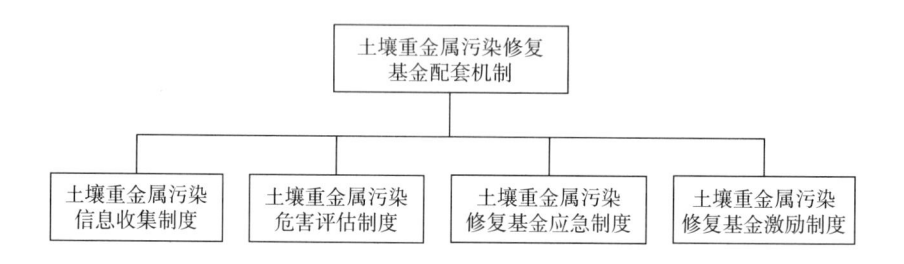

图 11-6　土壤重金属污染修复基金配套机制

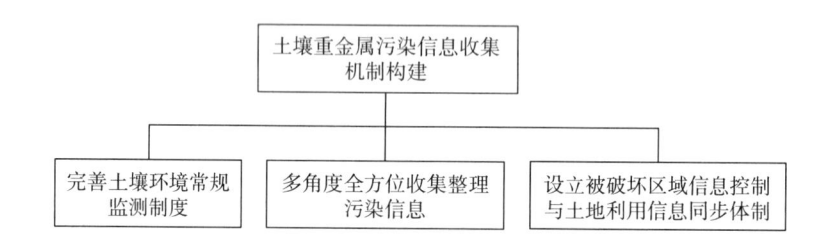

图 11-7　土壤重金属污染修复基金信息收集机制

（1）完善土壤环境常规监测制度。生态环境部等相关职能部门调查、监测和掌握污染场地的基本情况是土壤污染修复活动的前提，包括污染情况（如污染物类型、污染程度、污染范围）、污染责任人、环境危害状况等重要信息。能否全面、细致、较早掌握被破坏区域土壤的相关信息，直接关系到后续土壤修复活动的开展。对土壤环境的监测点需要广泛覆盖，凡对公众健康和财产存在实质性威胁或已发生伤害的场地污染问题，均纳入处理范围。设立全面的土壤质量日常监控点布置、样本采集、测量和把控的技术规则，从而可以实时、综合地了解土地品质变动情形，在这些信息的基础上确定切实可行的土壤修复指标。设立污染区域数据库，包含其范围、类型、等级和重污染地区等方面。

（2）对污染信息进行多角度、全方位整理。对专业人员通过资料收集、现场勘探、人员访谈获得的信息与相关资料进行整理分析。分析企业的产品、原材料、辅助材料、储藏品是否为危险化学品，产生的废弃物是否是污染土壤物质。根据实际情况分析工业地块的特征污染物；通过跑冒滴漏、污染痕迹等异常现象分析土壤重金属污染区，计算污染面积；分析污染土壤地块附近敏感受体的数量、离疑似土壤重金属污染区的距离等；并根据已收集调查的数据土壤污染风险筛选值或地下水环境质量标准分析是否存在土壤重金属污染及地下水体污染。

（3）设立被破坏区域信息控制与土地利用信息同步体制。凡是工业用地或者可能被工业污染源污染的土地，均应应予以持续不间断的监测，且发现土地破坏或者有受破坏的可能，即应根据相应的指标对土地情况进行调查评估。信息控制与土地利用同步便于环境执法部门第一时间掌握土壤污染情况，尽可能在土壤污染尚不严重的情况下，对污染场地土壤进行管理。调研结果显示我国环境执法力量普遍不足，主动上报、社会监督等手段有利于执法机关掌握污染场地土壤信息。污染场地相关责任人（包括所有人、使用人、管理人等）有义务就污染情况向环境保护主管部门进行报告；环境执法机关可以依法主动就被破坏区域的情形采取调查检测；进一步发扬群众的力量，人民群众可以对污染场地情况进行举报监督。

二 土壤重金属污染危害评估机制

近些年来，欧美等国越发聚焦于土壤污染的预防与危害评估，土壤环境质量评估不仅是局限于"达到标准"或"达不到标准"，而是根据风险评级方式进行土壤污染控制和整治。基于维护人类生命安全的视角，我们可以科学辨别各类土壤和各种污染破坏原因，并修改土地环境质量指标和土地污染的危害评级系统（包含土地污染对生态系统的破坏和对于生物的生命安全威胁评级）。

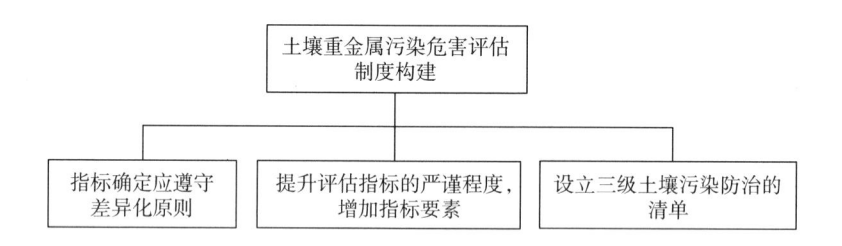

图11-8 土壤重金属污染修复基金危害评估机制

（1）土地生态质量指标确定应遵守差异化原则。土地环境质量指标体系的构建需要基于各地的土壤原有情况，由于各地具体情况不同，对于其土壤的评价指标也应该有所差别。基于各地实际情况，面对给定地区土地污染类型、等级、土地开发利用情况以及地区地质水源情况方面的种种差别，促使各地政府确定当地的土壤环境质量指标体系。

（2）提升评估指标的严谨程度，增加指标中包含的要素，从而符合各个地区的土地保护要求。比如，由于地理情况的多样性，南方的许多岩溶地貌影响了取样密度,不能准确地判断合适的污染区域。对于生态更为敏感、重金属含量高、破坏严重的地区,应根据当地情况认真执行当地生态标准。在针对土壤生态体系实施调研、监督和质量评级之后,对被破坏区域的范围、类型、数目、破坏等级和污染散布区域等数据实施收集、处理和建立档案等措施,并对土壤的使用情况进行跟进记载,特别是对于曾经爆发过事故的地区和涉及土壤破坏高危物质的工作区域,要更加清晰地确定土壤质量责任承担者,使其承担土壤修复的责任。

(3)设立三级土壤污染防治的清单。环境保护单位利用掌握的各地土地破坏具体信息,依据污染物质的数目、性质、被影响人群的位置、污染物的转移和转换等因素对被破坏的土壤实施风险评级。根据土壤风险评级的成果判断能否把污染区域写进国家、省、市的重点清单,针对清单内包含的污染区域应该马上实施预防和控制措施,修复受污染区域。设立三级土壤污染防治清单,提升土壤修复的成效,保证各级土壤污染的优先重点清单不会重复,也就是说,当某土壤污染防治区在进入一级优先级列表清单后就不会出现在另外的优先级列表清单内,归入该级的受污染区域就归该级政府修复。

三 土壤重金属污染修复基金应急机制

土壤环境污染有时会引起突发事故,这时就急需充足的资金资源支持以进行救援。一般应急经费需要由应急指挥部根据土壤污染程度及应急需要,将经费预算报给相应的财务部门审批后执行,当前来自政府财政支持的土壤修复资金缺乏单独的核算体系,由于只能通过财政支出的严格审核批准,难以应对突发事故,缺乏即时支付能力。土地污染治理基金应建立土地污染治理基金应急制度,建立土壤污染紧急拨款通道,保证基金的即时支出能力与对突发情况救济和补偿的实时性。

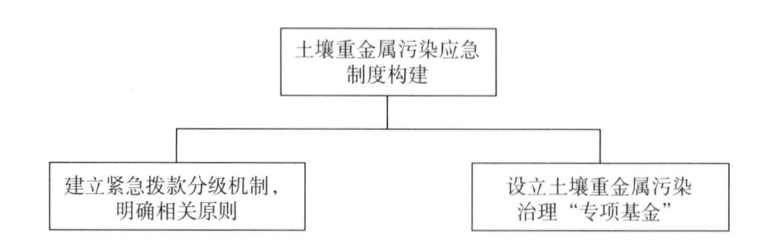

图 11-9　土壤重金属污染修复基金应急机制

（1）建立紧急拨款分级机制，明确相关原则。按土壤污染事故爆发的比率、破坏水平和影响范畴，对爆发的土壤污染事故进行等级划分，根据土壤污染事故级别制定相应的紧急拨款额度，以加强对土壤污染修复基金的管理。针对突发紧急情况，应当遵循及时性原则，确保在基金管理过程中各个环节可以准确且连续地对突发事件及时处理；遵循完备性原则，应尽可能充分考虑到公司基金管理运作各个环节可能出现的突发紧急情况，清楚界定相关部门和岗位的责任，并准备相应的处理办法；遵循规范性原则。建立应对处理突发紧急事件的规范性文件，各相关部门和岗位在实施时应严格按照本制度规范操作。

（2）设立土壤重金属污染治理"专项基金"，为突发事故发生做准备，通过拓宽资金的来源和渠道，比如税收、财政拨款、高污染企业提交的保证金、罚款、对责任方的追偿费以及社会组织的援助资金等，加大资金的投入和支持，增加相应的资金储备。对于资金的使用，应该做出明确规定，针对土壤污染事故的爆发比率、破坏水平、污染程度，对资金使用额度进行明确划分，确保资金使用精准到位。

四　土壤重金属污染修复基金激励机制

修复基金就其性质而言是财务保障和支持下具有公益性质的基

金，但目前我国的修复基金激励制度尚未确立，构建科学合理的修复基金激励制度，才能保证修复基金的更有效运作。

```
              土壤重金属污染激励
                 制度构建
          ┌─────────┴─────────┐
   提高社会资本参与度，      发挥政府财政资金对土壤重金属
   细化社会资本参与          污染的"引导"和"撬动"作用
```

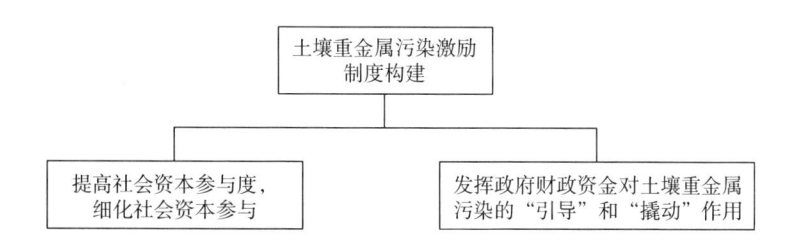

图 11-10　土壤重金属污染修复基金激励机制

（1）建立修复基金激励机制，首先要提高社会资本参与度，细化社会资本参与土壤重金属污染修复项目的财政贴息办法、补贴办法、税收优惠政策、项目优先准入等优惠政策。确保公众在参与土壤重金属污染修复时，能够获得应有的补偿。社会公众作为土壤修复工作的监督者，势必要以自身健康为重，切实尽到监督主体义务，政府部门对其监督进行有效激励，更好地推动土壤重金属污染治理的实现。

（2）充分发挥政府财政资金对土壤重金属污染的"引导"和"撬动"作用。政府部门应当在土壤重金属污染中主动作为，中央政府与地方政府目标、行为等应协调一致。对于地方政府而言，可以向环保节约型企业给予"绿色税收"优惠政策，将某些项目纳入国民经济和社会发展规划，设立多种专项资金，加大财政直接投入，在考核评价、资源配置、差异化授权等方面需探索建立激励约束机制，提升社会公众参与的积极性。

第十二章 土壤重金属污染修复基金保障机制构建

第一节 保障机制构建思路

保障机制不仅是"保障"与"机制"两者简单的相加，其主要是为确保制度体系能够正常运行并发挥预期效果的一个有机结合体，具体包括一系列相关的组织、政策、法规等。土壤重金属污染修复基金保障机制的核心在于确保基金的高效运转，是对政策制度之间相互联系、相互作用方式与过程进行的一种系统设计，或又表现为运作过程。

在土壤重金属污染修复实际运作过程中产生的困境和矛盾，极有可能使修复基金在落地见效上面临社会资本参与度偏低、市场化运作程度不高、绩效评价机制不健全等严峻考验。因此，构建以政府引导为前提，社会治理为核心，按需规划为导向的土壤污染修复基金制度势在必行。从现行的政策制度出发，不难发现促进基金健康平稳运转有两大突破口。一方面，简化基金筹集与投入的各项审批程序，厘清政府权责，激发市场主体活力和发展内在动力；另一方面，创新引入社会资本的治理模式，鼓励市场主体积极参与到土壤修复这一回报周期长、投资风险高的领域。

近年来，我国各级政府先后通过法制建设、财政补贴、税收优惠等法律与经济手段为环保产业发展营造了健康良好的政策环境，但仍然存在一些不足，突出表现在政策持续性与过程专业化方面。首先，支持我国环保产业发展的相关优惠政策缺乏系统性和协调性，大多散见于各地的政策法规中，不利于从整体上推动环境友好型社会建设，保障土壤重金属污染修复基金的可持续发展；其次，现阶段的财税政策未能有效激励多方社会主体参与到土壤污染修复中去，无法充分调动和发挥社会资本力量来推进专业化、市场化的土壤修复治理。因此，我国政府应当制定专门性单行法规，具体界定土壤重金属污染的法律责任，完善各项财税政策，形成"国家引导、政企治理、市场配置、全民参与"的多元化治理机制，以实现土壤污染修复基金的良性循环。

随着生态科学的发展和信息化水平的提高，土壤重金属污染修复技术的理论成果与实践案例不断丰富。在治理技术上，从传统的物化方法过渡到常规的微生物、植物生态修复法，再到超声波、渗透反应墙等概念技术的理论突破。在信息管理方面，有关土壤重金属污染修复的数据需求日益增多，既有政府部门、企业单位实施治理的分析需要，又有社会公众监督基金使用的查询需要。各类环境数据套叠复杂，客观上要求一个集成化的数据管理平台来保障修复工作的顺利开展。土壤重金属污染修复基金的信息化建设可以通过建立基金网上监控系统解决信息的不对称、不透明问题，还能通过与外界数据之间的链接实现各种查询功能，提供更为广泛的监管渠道，满足不同监管主体多样化的数据需求，降低搜集成本，提高工作效率。此外，土壤重金属污染修复基金的技术支持在提高社会资金使用效率的同时还应当有效降低资金投入的成本,这需要制定统一规范的标准来保障技术的经济性。通过分析环境投入费用与产出收益,使有限的基金发挥出最大的治理效益。技术发展的同时,还需培养一批高素质的人才队伍,为土壤修复和生态环保注入新活力。

在我国,土壤重金属污染修复基金制度尚处于初步发展阶段,有关的理论实践仍在探索过程中,全面的监管不可或缺,从而保障基金的正常运行。不同主体对于基金保障机制的构建有着不同的思路,对于基金的性质、基金与投资者之间的法律关系、基金管理人的责任义务也可能存在不同的看法,所以在实践中必须要保持客观清醒的认识。应当进一步拓展基金监管主体,强化立法与司法监督,充分发挥社会监督和舆论监督的积极作用,并保证监管机构的独立性。尝试建立土壤污染修复基金管理的内控机构,将内外部监督有机结合,形成保障基金规范使用的合力作用。

基于以上分析,本章主要从法律制度、财政税收、技术与人才、监管制度四个维度设计了一套系统的保障机制,结合动态发展的角度,提出土壤重金属污染修复基金保障机制的完善方向。

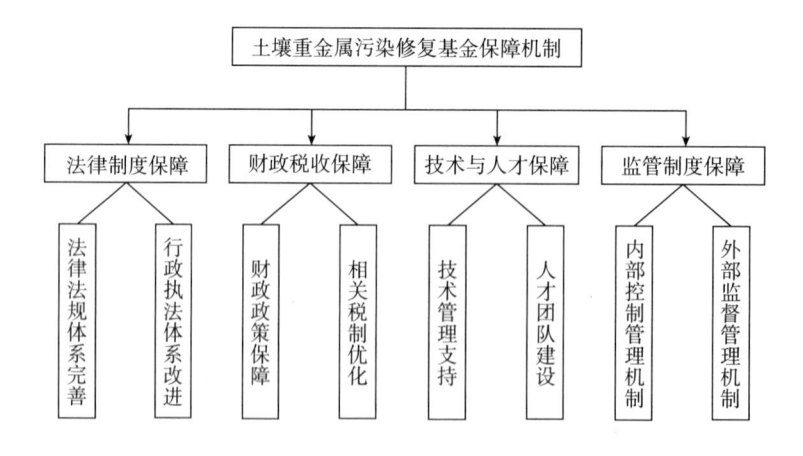

图 12-1 土壤重金属污染修复基金保障机制的框架思路

第二节 法律制度保障

土壤重金属污染修复基金的法律保障机制是防治土壤污染的关键环节，具有丰富的内涵与外延。与一些发达国家和地区相比，我国在土壤重金属污染防治方面明显落后，突出表现在法制建设上。基于国内现状与国外先进法治经验，我国当下亟须构建完整规范的法律法规体系，以确保土壤修复基金的正常运转。其设计原则是要从立法、执法两个视角进行审视，以制度杠杆引导土壤污染修复基金资源优化配置，最大化基金的产出效益。

一 法律法规体系完善

面对土壤重金属污染现状，需要采取多种有效的治理措施，其中，以法律为手段是保护土壤资源的治本之策。欧美发达国家已积极立法加强对土壤污染行为的法律约束，逐步建立起一套完备的土壤重金属污染防治法律体系。然而，目前我国在土壤重金属污染防治领域不仅缺乏专门的法律制度，而且在现行的法律体系中也只制定了一些原则性的零散条例，并未详细界定土壤污染的治理标准、实施步骤与责任追究程序。表12-1梳理了国内土壤重金属污染相关法制的现存问题。

表12-1　我国土壤重金属污染防治的法制问题

法律名称	相关条例	现有缺陷
《中华人民共和国宪法》	任何人或组织用地不能采取不合理的形式	"合理"的准则定义不够清晰
《中华人民共和国固体废物污染环境防治法》	污染者付费原则	企业变更档案缺乏、污染企业无力承担高昂的修复成本等

续表

法律名称	相关条例	现有缺陷
《土壤污染防治行动计划》（"土十条"）	土壤重金属污染修复基金的筹备与运转可采用"财政支持＋社会资本"的合作模式（PPP）	缺乏对修复基金PPP投融资模式的框架思路和具体内容的构建
《中华人民共和国环境保护法》	规定了环境质量标准、制定主体、预防污染及违规处罚（条例：15—16、44、49、60）	只是援引式的立法、没有对重金属土壤污染修复治理标准进行统一规定
《环境标准管理办法》	规定环境标准的制定主体、制定原则与实施办法（条例：3、10、18）	将土壤重金属污染修复标准交给其他主管部门制定、修复标准的具体参照物不明确

法律制度的缺陷使责任体系、基金机制与治理标准等问题日益突出。同时由于缺乏可操作性、监管力度和威慑力，法制在实施过程中的实际效果往往大打折扣，土壤重金属污染修复的物质保障也失去了依托。因此，要建立和完善土壤重金属污染修复基金制度并保障其平稳运行，应着眼于土壤保护修复的相关法律制度，通过出台指向清晰的单行法规，进一步规范和明确土壤污染治理的责任体系与具体措施。

首先，制定和完善有关土壤修复治理的法制体系，为修复基金制度的确立构建坚实长效的法律保障。应制定《土壤重金属污染修复基金管理法》，完善《中华人民共和国环境保护法》《中华人民共和国土壤污染防治法》等涉及土壤修复治理标准和程序的法律法规，同时出具配套的相关条例，确保在实施过程中根据实际情况对污染土壤的企业施以刑事处罚，将罚金作为基金的一项重要来源。

其次，为有序推进土壤污染修复基金制度的顺利实施，在立法过程中，应明确土壤污染后的修复基金补充机制，运行机制以及事后追偿渠道，推动法律法规体系的健全完善。只有畅通这些机制或渠道，保证资金安全，才能鼓励更多市场主体、社会资本参与污染土壤的修复与开发。

此外，除针对土壤修复治理的法律法规，制度引导、个人行为规范条例也应当起到监督与配合的作用。值得注意的是，每一个社会成员在面对土壤重金属污染时，应对自身的角色有清晰的定位。我们不能保证每一个社会成员都是环保事业的热衷者或美好环境的追求者，但可以预见的是通过一定的制度设计，可以使大部分的社会公众主动趋向成本与利益的平衡处，参与社会治理，减少污染，保护土壤环境。

二　行政执法体系改进

立法是基础，执法是关键。法律制度能否得到执行，不仅关系到立法宗旨的实现，对于土壤重金属污染修复基金的运营管理也至关重要。基于此，必须认真落实执法岗位培训制度，不断优化执法队伍的素质结构，要求执法人员自觉做到执法必严，违法必究，禁止滥用执法权力；逐步推行执法绩效考核制度，推进执法责任制的深入落实，积极探索强化土壤重金属污染修复基金管理执法的有效手段；同时，监管部门要加强执法监督，及时有效地发现并解决执法过程中出现的违法违规问题，增强自我纠错能力。

我国的土壤污染修复基金应是政府专项基金，生态环境部、财政部和自然资源部应作为该项基金管理的主体，执法过程中还须制定一套完整的修复基金管理体系以规范专项基金的运作，包括尽快制定《土壤重金属污染修复基金管理办法》，提高专项基金管理的法律层级，并出台一系列完整的基金管理法律执行办法，从各个层面规范和保障土壤污染修复基金的健康运行。同时，土壤重金属污染基金制度的法律保障需要国家各个部委各个行政区划有针对性地进行规划，积极出具专项修复基金的融通政策，提升全社会对于修复基金制度的重视和关注程度。进一步提高公众的社会责任意识，积极倡议土地使用者不断改进土地的使用方式，推广清洁能源的应用，引导社会资金流入土壤污染修复领域，拓宽基金的来源渠道，提高基金的运行效率。

此外，应采用独立核算的央地分权管理体系。中央部分由自然资源部、生态环境部、财政部等部门协同建立土壤重金属污染修复基金制度，地方按照行政区划设置省一级的办事机构，配合中央工作并对土壤污染者进行违规罚款处理，强化中央与地方的分权协作机制。

第三节 财政税收保障

土壤污染修复代价巨大，需要投入大量资金，许多待修复的土壤作为公共产品，只能依赖财政投入进行修复。政府作为公共管理主体，有义务采取各项措施推动社会可持续发展。因此，发挥政府土壤污染治理主体作用，需要完善财政税收政策为修复资金提供充足的物质保障，保证土壤修复资金在财政支出中占定额比重。财政税收保障主要包括制定土壤污染修复预算、提供多种形式的财政补贴、完善多样化的财政激励政策、加大财政转移支付力度、优化调整相关税制等。

一 财政政策保障

1. 制定土壤污染修复预算

政府对土壤修复的大量资金投入，体现了政府对土壤污染治理的坚定信心，也与财政收入最终用之于民的根本原则相符。首先，土壤

第十二章　土壤重金属污染修复基金保障机制构建

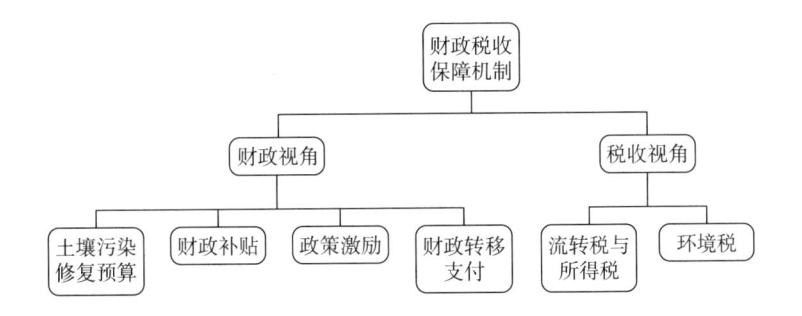

图 12－2　财税保障机制框架

修复治理应当得到公共财政的大力支持。作为当前我国土壤修复的主要承担者，政府的财政支出在土壤修复资金的来源中占据相当的比例。但是若缺乏土壤治理的专项固定资金，那么土壤治理将难以深入开展。鉴于此，可由各级人大会议审核决定，抽取固定比例的年度财政收入作为土壤修复的财政预算，以保障土壤污染治理的持续进行。作为土壤污染治理修复资金的最重要来源，固定的财政投入代表了政府的意志，有利于发挥政府的牵头和引导作用。

与此同时，真正贯彻执行好环保预算，并在考核中促进土地资源更好地管理，需要严格落实领导负责制，定期检查工作执行情况，对阶段性成果进行考察，直到领导干部树立起土壤保护的意识，使之在决策过程中，正确处理好生态建设与经济发展的关系，实现经济效益与社会效益的统一。

2. 提供多种形式的财政补贴

借鉴国际经验并结合我国国情，政府可以给参与土壤修复的企业提供各种形式的财政补贴，以调动企业保护土壤的积极性。一是物价补贴。对于那些初次进行土壤污染减排而引进、开发环保设备的企业进行物价补助，以弥补其减排项目的成本支出；二是企业亏损补贴。

对于那些由于开始实施土壤污染减排而投进大量资金导致短期亏损的企业，进行亏损补助；三是财政贴息。政府帮助企业承担全部或部分借贷利息支出，使企业的利润增加；四是税前还贷。在计量企业应交税费时，提前扣减应还贷款，以减少企业纳税基数。

3. 完善各类财政激励措施

政府可以采取多项措施来推动土壤污染治理与节能减排产业的发展。一是对企业中的土壤污染减排或者治理污染的设备进行加速折旧，以此作为企业的新型补贴；二是鼓励污染工业企业迁移出去，并给予一定的补贴；三是颁布各种激励办法推动污染减排与土壤修复行业的蓬勃兴起。

4. 加大财政转移支付力度

首先，建立一个有利于土壤污染修复的财政转移支付制度，需要增加土壤保护影响权重，加强对生态保护区的资金支持，特别是中西部一些贫困区域的财政转移资金，以减少当地政府改革的压力和阻力。其次，设立土壤治理的基金专款。为确保土壤污染修复基金制度的健康运转，要从两个方面加以考虑：一方面，提高人民福祉的同时减轻企业负担；另一方面，将经济发展过程中的外部成本内部化，寻找新的款项来源。换言之，财政改革要在资源有偿使用的前提下寻找新的渠道。

二 相关税制优化

土壤污染治理相关税制的优化与改革，可以从两个角度来思考：一是完善我国现行流转税与所得税制；二是完善环境税制及优惠政策。

1. 完善相关流转税与所得税政策

首先，依据各类消费品对环境的不同影响程度建立差异化税制。

可以针对易造成土壤污染破坏的品类征收消费税，增加其污染成本，以此制约该品类的制造和销售，达到环保减排的目的。其次，减免参与土壤污染修复企业的所得税费。当前国家给予环保企业的税收优惠主要集中于技术研发上，且政策力度不强。可以适当拓宽税费减免的范围，包括在土壤污染治理项目上的劳务所得，技术服务收益，允许环保设备购置费用税前列支等。

2. 完善环境税的相关制度与优惠政策

环境保护税制度的实施是重要的生态文明制度创新，使企业对环境造成的破坏内部化。环境保护费改税，以更高的法律效力与有效的征管手段，推动节能减排，经济结构调整，促进产业转型升级。在环境税的实施过程中，需要明确其用途，精准征收，并根据实情动态调整，以助力其落地生效。

（1）明确环境税的征税对象与用途。环境税的征税对象广泛，主要来自易对土壤造成污染破坏的传统制造业，结合"谁污染，谁治理"和"谁受益，谁治理"的原则，可对征收对象加以调整。税务机关和环保主管部门要加强工作协调与配合，以精准的监测数据支撑征税，保证环境税尽可能用于污染治理与生态保护，不被滥用或挪用。同时，环境税应与其他环保措施（诸如"土十条"、排污许可、环境影响评价等）协同实施，对污染行为须处以重罚。

（2）实行差异化的环境税征收原则。实际上，除了大型企业对土壤进行破坏，很多小型企业由于缺乏减排技术和设施，也会对土壤造成严重破坏。我国小型企业数目众多，其中相当一部分企业对"三废"的处理技术达不到政府的要求，假如置之不理，将会严重影响土壤安全。基于美国超级基金的前车之鉴，我国征缴环境税时不能只针对大规模企业，同时应当注意小企业对土壤的破坏。此外，并非所有对环境造成污染的企业都按同一标准征税，应采取阶梯税制，按其排污数目为基础计量。如此，既能促进企业加快向绿色生产转化，又不至于使小型企业难以存活。

（3）动态调整环境税率与税额。作为一种环境经济政策，环境税应保持时效性。应做好动态调整环境税的预案，如一个地区以前年排污量100万吨，通过课征环境税进行有效调控后，排污减少至10万吨。对此变化，当地政府需要调整税收总额，保障政策的实施达到最佳效果。

（4）完善环境税的税收优惠政策。可对循环利用"三废"，采用先进环保设备生产的企业实行低税率政策，对于从事绿色技术研发的企业所设立的技术研发准备金允许税前扣除，给予环境税减免优惠。

第四节 技术与人才保障

土壤修复基金制度配套技术的研究和应用在土壤污染防治中发挥着引领性和推动性的作用，治理技术与信息系统的迭代创新使土壤质量的实时监测、趋势预测成为现实。与此同时，技术方案的经济性和技术标准的规范性对基金投入的效益也会产生重要影响。因此，应深入研究与完善土壤修复技术，搭建土壤数据信息平台，制定技术经济管理标准，建设一批高素质的专业人才队伍，为污染防治提供科学全面的智力支持。

一 技术管理支持

1. 应用土壤墒情自动监测系统

土壤墒情变化是土壤环境质量评价的重要因素。墒情监测系统的原理在于利用无线传感器网络技术将监测数据快捷地传递到处理中心，监测人员通过访问数据中心在线监测土壤的参数与特性。技术基础、架构原则与平台搭建保障了系统分级管理、实时监测墒情等功能的实现。土壤墒情监测系统的应用有助于进一步提高土壤管理工作的自动化和信息化水平，快捷准确地获得墒情监测数据，为有关部门及时掌握当前土壤墒情，预测变化趋势和推进生态治理决策提供科学有效的指导。在实际应用中需遵循以下几点要求：

（1）结合天气预报，做好土壤墒情预测预报工作，根据当前的土壤状况及发展趋势及时调整不合理的土壤利用结构。

（2）采用自动化、信息化、网络化等现代高新技术手段，引进土壤污染风险识别、快速检测阻隔等先进技术和管理经验，突出土壤墒情监测的关键技术环节，明确布点、精准建点、合理取样，以保障长期有效的定点、定期监测。

（3）分析、汇总、审核土壤墒情数据，结合实际评价作物需水情况，及时提出应对措施，并撰写定期报告，披露实时信息，归档整理。

（4）建立规范标准的墒情定期会商和报告制度，提高时效性和结果表达的可视化程度，包括土质评估、监测效果、修复实践、基金运作等多个项目环节。

（5）建立科学合理的评价体系，指导土壤污染修复。不同于一般意义上的土壤墒情评价，探索人为因素和重金属污染潜在条件下的土质和墒情变化规律，需要建立和完善系统灵活的墒情评价体系，强化监测数据应用，在此基础上开展基于联合杂交、绿色生物、环境功能等新技术的土壤改良修复试验。

（6）鼓励科研单位开展土壤环境基准、土壤环境容量的基础性研究，在土壤质量诊断、风险防控、治理修复等关键技术研究上取得突破性进展,并转化到墒情检测系统的性能改善中。

2. 搭建土壤质量数据库与信息管控平台

当前我国土壤质量数据库尚处于初级发展阶段,多部门、多源数据缺乏有效融合。因此,开展基于不同尺度数据融合的土地破坏情况与土壤质量调查,建立典型地区、核心地区县—乡尺度土壤质量数据库尤为必要。以国外相关经验和近年来土壤数据管理现状为参考,依据不同的应用目的提出相应的措施。

表 12-2　　　　主要欧美发达国家与我国土壤信息化
管理时间及措施比较

国家（部门）	开始年份	土壤信息化管理举措
加拿大	1972 年	最早建立全国土壤数据库
英国麦考利土壤研究所	1975 年	建立全国土壤数据库
荷兰	20 世纪 80 年代	土壤污染场地数据管理系统 土壤修复决策工具箱
美国农业部土壤保持局等（USDA-SCS）	20 世纪 80 年代	超级基金场地管理信息系统（高级阶段） 危险分级系统、国家优先清单 州与国家两级地理数据库系统
中国生态环境部、中国科学院等	21 世纪初	土壤质量数据库（初级阶段） 中国土壤信息系统（土壤科学数据库） 《全国土壤污染状况调查公报》 《土壤污染防治行动计划》

建立健全土壤质量数据库和标准体系是土壤资源管理水平的重要衡量标准。应建设并完善包含信息获取、传递、储存、研究、利用、公开等功能的国家土壤数据管控平台,并根据不同的土地利用形式,制定土壤质量的地方标准。欧洲国家先进的治理模式可提炼为以下三点:一是根据土地的用途对土壤特性进行描述;二是对潜在污染地块

进行排查筛选,根据调查结果开展风险评估,制定技术方案和实施土壤修复;三是建立污染土地的数据库,向所有相关部门开放。我国可以借鉴类似的经验,基于土壤质量数据库与信息管控平台,实施高效的土壤动态化管理,让公众及时了解到身边的土壤污染问题。另外,土壤质量数据资源的透明化也易引发被滥用和误读的风险,数据的安全保障不容忽视。针对土壤数据库平台的建设管理提出以下建议:

(1)利用最新的科学技术扩增信息来源渠道。对数据轨迹进行全面覆盖,将大数据、地理信息等掌握在可控范围内,实时更新,使土壤修复活动能够得到充足的数据支持。

(2)设立专门机构集中汇总各类信息并整合到数据管理中心。根据需要公布相关数据,并提供给决策部门、职能部门和治理机构进行参考和有限使用,以便实时了解土壤质量的变化趋势,评价修复措施的有效性。

(3)通过数据管理平台开展土壤质量大数据分析,推动各类同构、异构数据的大融合。着力于分析数据内在规律和发展趋势,为土壤污染防治工作和服务经济发展提供有力支撑,帮助相关责任单位科学落实和执行具体工作。

(4)加强对土壤数据的有效管理和保护,防止基础性、战略性数据出现安全隐患。要提高安全意识,制定安全策略。从前端土壤调查、中层信息整理、后台数据库建设出发,打造本土治理技术清单。

(5)制定明确清晰的信息公开制度与流程。在健全土壤数据系统和保证国家安全的基础上,进行土壤标本信息的收集和监管,对关乎公民切身利益的土壤数据适时、适度公开,接受群众的监督和反馈。

(6)推进土壤污染先进修复技术的试点应用与示范推广。积极引进和借鉴欧美国家土壤修复的治理经验,加快研制最佳适用技术清单。结合系统观测数据,定期摸底土壤污染环境信息,以污染程度为标准,实施分类和分级管理。

(7) 实施精细化调控,健全修复参与主体的资质管理。着力提升污染治理效果和水平,特别是强化数据库系统的风险评估功能,如污染土壤对人群健康的影响程度、污染场地的环境风险水平等。

3. 制定技术与经济标准

技术设备与信息平台是土壤污染修复的软硬件设施保障,而技术标准规范则是一种无形约束,保障专项基金能够获得有效乃至超额的投入回报。通过建立和比较各种可行的修复技术方案,分析不同方案对生态环境、土壤质量、社会经济等方面的影响,综合考量技术方案的经济性与实效性,选择环境费用效益比最优的方案,让有限的基金投入发挥出最大可能的治理效益。当前我国土壤重金属污染治理的行业标准、产业标准与技术标准仍存在缺项与短板,需要加强技术导则、评价指标的系统化建设,配合专门性的土壤监测与基金运作规范,为土壤污染防治构筑全面的技术支持体系。

二 人才团队建设

我国虽然已出台了土壤质量监控的从业标准,如"土十条"规定,每个省(区、市)一年内应最少进行一次土壤质量监控人员的培养训练,地市级以上的土壤质量监控者都需要考取相关证书,但这些标准中很少涉及土壤质量监控团队的建设要求,距离高水平多层次的人才体系建设目标仍相较甚远。因此,有必要对现有标准加以修订和完善,从而构建科学长效的人才保障机制。

(1) 以人才培养为导向,引进高端人才、盘活现有人才、培育本土人才。推动土壤质量监控专业化团队的构建,加快培养一批土质监控技术领域的专家人才,以技术研发和生态安全为导向,对标国际先进标准。

（2）建立长期有效的激励机制和约束机制。团队可采用绩效考核的方式，根据质量监控的过程和成果实施奖惩。通过设计合理的薪酬体系和表彰制度，激发监控人员的工作积极性，保持核心骨干相对稳定。

（3）明确分工，分组管理并设立总负责人。对责任组长实施生态审计，建立严格的土壤监控责任机制，推进团队自觉开展实践调查、质量监控和治理修复工作的跟进监督。

（4）鼓励深耕土壤污染治理调查、评估和修复治理领域，打造土壤污染防治与修复的产学研合作模式。凝聚团队精神，明确土壤修复的共同目标与人地和谐的生态价值观，促进团队成员形成强而有效的合力，推动研究成果转化为技术保障的内在动力。

（5）注意日常行为规范，保持密切沟通与有效协作。项目负责人必须要注意自身素养的提升，带领团队提高技术水平，不断开拓发展；团队成员间要互相尊重，密切合作，坦诚沟通，在组织内部形成上级支持下级，下级服从上级管理的效率机制，高质量地完成各项土壤质量监控和治理技术研发任务。

第五节 监管制度保障

推动土壤重金属污染修复基金制度的顺利实施，营造健康有序的土壤修复市场环境，有必要建立健全相应的基金运行监督管理制度，让专项资金真正投入到土壤污染的修复治理中。监督体系设计主要从内外部两个角度着手，内部监督表现为基金委员会自设的监管机构，外部监督则需要行政部门与社会公众两大主体共同参与。内外部监督有效融合，发挥出监管机制的"合力"作用。

一 全过程监管模式设计

构建长效的监管保障机制需要从前期投入、过程控制、成果评价三个阶段对基金使用的全过程进行审核，监督与评价。

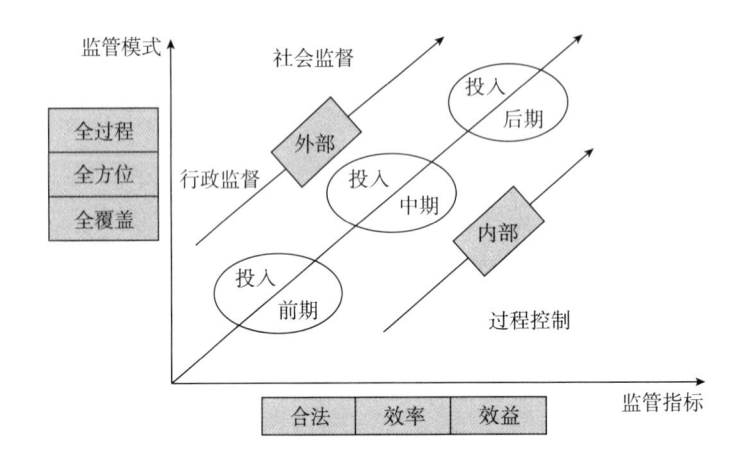

图12-3 修复基金投入全过程监管体系

（1）前期投入阶段：严格实施对污染修复的立项审核，充分评估立项依据的充分性、合理性，修复方案的可行性，测度风险并制定预算编制、分配与管理计划，发挥事前监督的预防性作用。

（2）过程控制阶段：落实和修订基金投入规范与实施细则，在借鉴发达国家成熟经验和结合国内生态、经济实际的基础上，建立健全项目预算执行和资金过程监督机制，保障基金使用过程的公开透明，严防滥用挪用，促进各项修复工作平稳高效运行。

（3）成果评价阶段：完善修复效果评估的指标体系，积极探索并建立效率与效益并重的修复评价机制，使定性与定量有机结合。同时配套建立项目问责制，若修复结果未达预期，造成基金损失浪费，须追究参与主体的经济、法律责任。

二 内部控制管理机制

内部控制是基金委员会规避风险、维护资金安全的自律机制。内控机制的健全与否,关系到修复基金的管理效率和投入成效。从源头遏制潜在风险,则需保障基金委员会内部监督机构的独立合法地位。因此,完善内控管理机制对于加强土壤重金属污染修复基金的科学管理至关重要,应做好以下工作:

(1)基金内控机构应重点防范涉及法律、财务、道德方面的各类风险,包括资金管理不善、项目主管贪腐、治理权责不明等。

(2)建立科学权威、透明规范的土壤修复质量评价体系,在尽职调查的基础上,于项目实施的不同阶段分别进行资金投入的立项评价、资金使用的过程评价和资金效益的综合评价,提高基金营运的整体质量水平。

(3)确保基金使用与基金监督分离,即基金内控机构不直接参与土壤修复项目。

(4)加强内控队伍建设,注重内控管理机制的弹性设计。根据污染土壤区域、参与修复企业、治理技术等的变化,不断调整内部控制系统,并与基金委员会组织之间上下、左右形成协调关系。

(5)建立信息获取、识别、沟通和反映的有效机制,推行内部控制审计。促进各部门之间信息的对称和透明,按照基金使用的成本效益原则优化内部控制结构。

三 外部监督管理机制

(一)行政监督

行政监督是监管土壤重金属污染修复基金的主要形式,这种以行政部门为主导的监管行为将影响社会、其他监管单位的监管行为及效果。但应注意,在行政监管工作中,可能存在腐败、以权谋私等问题,如此将直接影响基金使用的安全性。唯有提升行政监督管理机制的权威性和有效性,才能促进土壤重金属污染修复基金的良性运作。

(1) 建立规范公开的土壤重金属污染修复基金信息披露制度。确保一切不涉密的土壤环境信息、土壤治理方案等向公众公开,如实公布修复基金的投入、实施进度与成效等信息,可采取听证会、论证会、座谈会、媒体发布等多种形式,保障基金运作的安全稳定,推动污染修复工作按计划执行。

(2) 落实中央和地方政府辖区土壤环境质量负责制,对区域负责领导开展年度生态审计,建立严格的土壤生态质量与基金绩效评价机制。以生态安全、保卫净土、公众健康为基本导向,划分责任范围,出台责任清单,健全和完善多层次责任体系[①]。

(3) 将企业环境信用纳入新时代我国社会征信体系中。如出现违规使用基金或造成环境污染事故,则将涉事单位纳入环境信用账户备案,通过信用管理体系建设与严格的行政规制,对企业生产过程中的排污行为进行动态监管和实时调控。

(4) 重视完善环境公益诉讼制,对因基金投入不当或挪作他用等行为引起的土壤污染恶化加大行政处罚力度,同时为受害的利益相关方实施救济和补助。

(二) 社会监督

社会监督是对土壤重金属污染修复基金有效监管的重要方面。社会监督的主体不仅涵盖社会各民主党派、工会组织、群众代表,同时也包括新闻媒体代表、法律与审计专家等。监督主体可定期检查和监

---

① http://huanbao.bjx.com.cn/news/20161123/791226-2.shtml。

督基金的使用情况,并收集群众对基金运作的反馈意见。

1. 规范社会监督体系基本原则

加强土壤重金属污染修复基金的社会监督,需遵从以下四个原则。一是独立性原则。社会监督机构与其他机构属于平行关系,行使监督权利时不受行政干预;二是全面性原则。社会监督工作需贯穿于整个土壤重金属污染修复基金的运行过程;三是协作性原则。社会监督体系中的每位成员均需充分发挥自身优势,加强协作,提高监管效率及效果;四是公开性原则。社会监督机构需及时向群众公布监督结果,保障基金使用信息的安全与透明。

2. 明确社会监督的主体、对象与方法

第一,明确社会监督的客体与内容。社会监督客体主要包含:基金的经办机构、基金的征收机构、基金管理人员、基金服务机构等,监督内容为这些部门的工作职责及主要义务;第二,明确社会监督的主体及内容。社会监督主体主要包含:企业、社会组织、媒体、专业人员等,每位监督人员需充分调动主观能动性,及时发现基金运行过程中存在的问题,并敦促相关部门即刻解决,改善现状;第三,多种形式的社会监督方法相结合。可采用专家论证、听证会、检举热线等多种监督方式;第四,强化互联网在监督治理中的运用。网络在人们工作与生活中得到了广泛应用,人们可利用网络快速获取各种信息。因而,加强土壤重金属污染修复基金的社会监督,还需充分利用网络平台,在我国相关法律规定范围内监督基金的运行情况,保证基金在阳光下运行。

3. 完善社会监督运行体系

为保证社会监督机构的稳定运行,需构建均衡有效的社会监督运行体系,主要可采取以下措施:

（1）制定社会监督的整体协调制度。为提升社会监督效率及质量，需保证社会监督机构与行政监督、审计监督、内部控制机构等部门相互协调，加强信息沟通与共享。

（2）制定社会监督的权威支持制度。为加强土壤重金属污染修复基金的社会监督，国家权力需为社会监督机构提供支持，设立举报机构与信访机构，加强对相关检举及控告的处理，严格惩处挪用基金等违法违规行为。此时需注意的是，在为社会监督提供权威支持的同时，需保证社会监督机构的独立性，以免影响监督结果的准确性及客观性。

（3）提升土壤重金属污染修复基金社会监督的法律地位。在当前建设法治社会、法治国家这一战略背景下，应进一步提高社会各界对土壤重金属污染修复基金社会监督工作的重视程度。

（4）基金分配使用信息公开主体须划分为土壤污染修复基金管理部门和修复项目实施部门两大主体。基金管理部门应明确公开土壤修复基金分配原则、额度和使用要求；项目实施部门应明确公开土壤污染修复项目实施方案、环境绩效目标等信息。

（5）鼓励公众对基金使用进行民主评议，保障公众的知情权、监督权和环境权益，防止政府决策过程中的错误应用。此外，须配套出台社会治理指导手册，为公众依法参与基金监督提供基本指引。

第十三章 案例应用

本章梳理了湖南省湘潭市竹埠港工业区土壤重金属污染修复现状，基于前文研究思路，对竹埠港工业区土壤污染修复基金的组织与资金架构、运行管理机制进行设计及分析应用。其中组织与资金架构层面的应用包括组织架构应用、资金架构应用、PPP融资模式应用，运行管理机制层面的应用包括会计核算与预算管理机制应用、绩效评价体系应用以及二元约束管理机制应用，最后对竹埠港工业区修复基金保障机制进行了分析，确保修复基金有效运行。

第一节 竹埠港工业区简介

一 园区土壤重金属污染修复现状

20世纪60年代初期，湖南省湘潭市竹埠港老工业区沿湘江东岸建立，共有26家化工企业，呈狭长分布状态。2000年，该地区成为国家新材料成果转化及产业化基地，被列入湖南四个示范区之一。然而随着工业的发展，竹埠港区域的环境也受到了严重的污染。根据调查，竹埠港区域所有1000个钻探点都存在被污染的情况，在进行土壤重金属污染修复工作之前，竹埠港区域每年排放约264吨废水、2000吨二氧化硫及3万吨工业废渣。包含镉、锰、铅等重金属污染离子的废弃物，引发了湘江流域重金属污染事件，同时带来了土壤污染问题。图13-1展示了竹埠港老工业区部分地区土壤重金属污染状况。

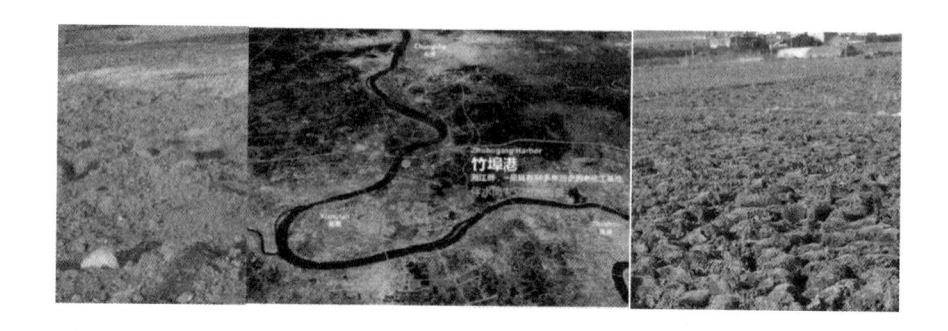

图13-1 部分地区土壤重金属污染状况

表13-1、表13-2和表13-3具体展现了老工业区的污染情况，表13-1中的COD是指生活废水，氯氟表示氯、氟及其化合物导致的环境污染，来源包括铝冶炼、磷肥生产、钢铁冶炼以及煤炭燃烧时产生的排放物。表13-2中的二氧化硫污染大部分从煤、石油的燃烧，含硫矿石的冶炼、炼油以及硫酸厂等化学化工作业中产生。如表13-3所示，由于该工业区的生产影响，竹埠港到长沙的湘江流域河段底泥中铅、锌、铬以及镉等重金属元素含量大幅超标。本区工业企业排放烟尘、工业粉尘、氨氮、镉、砷、铅等，造成严重大气污染、水污染和土壤污染，导致该区域的植物难以生长，在重金属含量超标的状态下培育和种植农作物，严重危害当地居民的身体健康。

表 13-1　　　2009—2014 年湘潭市竹埠港老工业区
主要水污染排放情况　　　　　单位：吨

年度	COD	氯氟	石油类	汞	镉	铅	砷
2009	67846	14468	435.34	1.34	2.34	11.45	10.44
2010	68215	14570	426.53	1.57	2.31	11.57	10.23
2011	67432	11390	398.45	0.97	1.87	10.31	6.78
2012	63331	9717	347.68	0.67	1.9	9.78	6.77
2013	64210	9120	269.32	0.35	1.55	4.45	4.51
2014	58000	9220	201.21	0.34	1.32	2.45	3.35

表 13-2　　　2009—2014 年湘潭市竹埠港老工业区
主要大气污染排放情况　　　　单位：万吨

年度	二氧化硫	烟尘	工业粉尘
2009	9.51	3.55	2.57
2010	7.68	3.32	2.58
2011	7.32	2.14	2.13
2012	6.53	2.11	1.56
2013	4.21	1.78	0.98
2014	3.22	1.75	0.65

表 13-3　　2014 年湘潭市竹埠港地区土壤常规检测结果

单位：mg/kg，pH

地点	PH	总铜	总锌	总镉	总铅	总汞	总砷	总铬
易家平村	5.67	45.78	268.35	4.57	125.79	11.73	7.45	48.34
	5.34	36.79	278.45	3.98	124.65	10.45	6.79	50.34
	7.67	37.58	245.86	3.45	179.57	9.87	6.87	51.55
（GB15618—2000）二级标准	—	50	200	0.3	250	0.3	30	250

在土壤重金属污染修复制度层面，国家已经出台一系列政策法

规，包括 2016 年发布的《土壤污染治理行动计划》与《污染地块土壤环境管理办法（试行）》，以及 2018 年通过的《中华人民共和国土壤污染防治法》，"十三五"规划也首次将加强生态文明建设纳入五年规划，全面实施环境保护与污染治理行动。为响应国家和政府的号召，长株潭地区也加快了对土壤污染防治的立法工作，2014 年年初，湖南省环保工作会将重金属防治项目的完成情况列入绩效考核中，2018 年，湘潭市政府发布了《湘潭市"净土保卫战"实施方案（2018—2020 年）》。在此之前，竹埠港被列为湖南省保护和治理湘江"一号重点工程"的五大重点区域之一，在该区域开展土壤重金属污染治理项目中成为了重中之重，竹埠港工业区进入"退出第二产业，开发建设第三产业"的转型期，原有的六十余家化工企业全面停产，并在全国率先探索 PPP 模式治理重金属污染，治理污染土壤近 3 万立方米，约 38685 吨。

湘潭市在 2013 年发行了省级重金属污染治理债券，由某生态治理投资有限公司代为管理，筹集到的资金主要用于企业搬迁退出、历史遗留废渣治理、土壤修复等项目。截至 2016 年 6 月，竹埠港老工业区土壤治理项目已通过发行债券的方式融资 5.5 亿元。同时，湘潭市岳塘经济开发区成立了湘潭发展投资有限公司和湘潭竹埠港重金属污染治理公司两个融资平台来解决资金短缺问题，但是要将该污染片区全部修复到正常状态，专家估计所需资金达到百亿元，这中间的缺口亟待政府通过加大财政支持力度、提供环保税收优惠政策、扩充民间资本及拓宽融资渠道等方式来填充。

二 园区土壤重金属污染修复问题分析

虽然国家和地方政府高度重视土壤重金属污染修复工作，出台了相关的行动方案、政策法规等，但竹埠港地区的土壤重金属污染问题仍然如同一柄"利剑",高悬在湖南省土壤治理工作的上空。在竹埠港土壤重金属污染修复项目的实施过程中,政策、经济以及技术水平方面存在的问题对项目的有效实施产生了一定的影响。

(1)在政策制定层面,与竹埠港区域土壤重金属污染修复项目有关的政策保障仍然存在缺陷,包括管理协调机制问题频发、修复法律制度尚不健全、监督执法力度不强、风险管控机制不完善、责任追究机制尚未落实这五个方面。具体表现为项目责任主体的职责划分缺乏规范、具体、明晰的操作规定,造成管理"碎片化";湖南省土壤污染防治行业缺乏准入机制、内部自律准则、事前管理体系和日常监管抓手,对从业者的技术水平也未提出明确要求;政策监控主体对土壤重金属污染治理政策的监管不够重视,执行不够彻底,惩治不够强硬,有待加强和完善;在项目实施过程中,项目整体风险管控比较含糊,缺乏实操性的细则及有威慑力的追责条款;项目对不同类别污染者的责任划分模糊,忽视"社会主体"的责任。

(2)在经济保障层面,竹埠港土壤重金属污染修复项目资金体系构建依然存在瓶颈,资金严重匮乏,土壤污染治理难以全面开展;项目融资模式单一,土壤污染修复工作滞后;修复融资渠道堵塞不畅,严重制约各项环保行动执行力度。修复项目持续时间长,资金需求量大,利润率偏低,且未建立有效的资金管理控制模式,竹埠港区域的绿色金融政策和多元化资金筹集机制难以有效运作。

(3)在技术水平层面,竹埠港土壤重金属污染修复项目缺乏持续有效的动力推动,具体体现在竹埠港区域内的场地修复装备应用步伐缓慢,关键设备和修复药剂主要从国外进口,自主生产的修复设备大部分还停留在开发或实验样机阶段;耕地污染修复体量极大,而目前耕地修复项目明显偏少;耕地修复技术尚处于试点状态,当下普遍使用的固化、稳定技术的长期有效性尚需验证，这些先进技术暴露出的不高效、不经济、不绿色的缺陷，都需要科研工作者持续不断地开展新技术研发来进一步解决。

第二节 组织与资金架构设计应用

本节基于前文中的研究思路，对竹埠港工业区土壤污染修复基金的组织与资金架构设计进行分析应用。对于组织架构部分，从国家和地区两个层面出发进行设计应用；对于资金架构部分，从资金来源、使用及管理三个维度进行设计应用；此外，本节对竹埠港区域进行了PPP融资模式应用及探索。

一 组织架构应用

在土壤重金属污染修复基金的组织结构中，国家层面和地方层面的职能和责任范围均有所不同，然而政府对自然资源所有者与生态保护监管者间的身份权限界定比较模糊，所以构建一个权利与责任明晰的组织架构将有利于土壤重金属污染修复基金的高效运行。

中央部门制定相关法律法规、条例条规，并监督地方部门将中央下达的指令进行贯彻落实，同时，湘潭市政府应针对当地的实际状况，制定符合当地情况的规章制度。土壤污染修复基金由中央基金管理中心管理，各个省份收到资金后，由地方基金管理中心统筹管理，具体到市县级的修复项目上，下设每个市的市政府、财政局、生态环境局等机构共同管理。中央部门将对地方部门基金运行进行外部监管，一方面由市基金管理中心监察部定期公布湘潭市修复基金具体工作进展报告，由财务部提交年度项目执行情况的财务信息报告及项目开支明细，方便政府、财政局、生态环境局、社会舆论等外部监督方对的运作情况进行监督。另一方面可以聘请专业的社会审计机构对湘潭市修复基金收支情况、管理运行情况进行审计，保证湘潭市土壤修复基金透明高效运行。同时，根据研究出台的《关于违反土壤污染修复基金管理运行机制的行政处分规定》等规范性文件，加大对于违规违纪等行为的查处力度，对于与基金有效运行相关规章制度相斥的行为进行严正处理，保障基金管理中心工作纪律。

湘潭市是一个相对成熟的工业城市，在湖南省已经推动实施了重金属污染地块治理的背景下，基金运作模式可以选用"政府＋信托"运作模式，由湘潭市发展投资有限公司及生态环境局组织建立湘潭市生态环境治理投资有限公司。该公司隶属于湘潭市政府的管辖范围，受到政府基金管理中心的管理监督。资金来源方实际上作为委托人，将资金托付给湘潭市基金管理中心，再交由生态环境治理投资有限公司进行具体资金收支等操作。信托公司作为中介机构不会要求过高的佣金，又有政府起到监督管理作用，因此基金使用效率将会得到提高。

湘潭市土壤污染修复基金管理中心由湘潭市政府、财政局、生态环境局共同组建，是湖南省基金管理中心下属的管理机构，下设决策、法律、财务、监察等部门，管理并监督湘潭市生态环境治理投资有限公司。湘潭市土壤污染修复基金各责任主体关系如图13—2所示。

湘潭市基金管理中心决策部在修复项目开始前须确认潜在责任方，由湘潭市生态环境治理投资有限公司下的环保部门团队预估修复成本，决策部下达土壤修复目标及计划；开展项目公开及邀请招标，其中多家环保修复公司受邀并积极参与投标活动。招标工作完成后，湘潭市基金管理中心对环保修复公司的详细工作方案进行评估，并向湖南省基金管理中心进行拨款手续报备，划拨首批修复款项到环保修复公司，由环保修复公司进行污染土壤的修复。

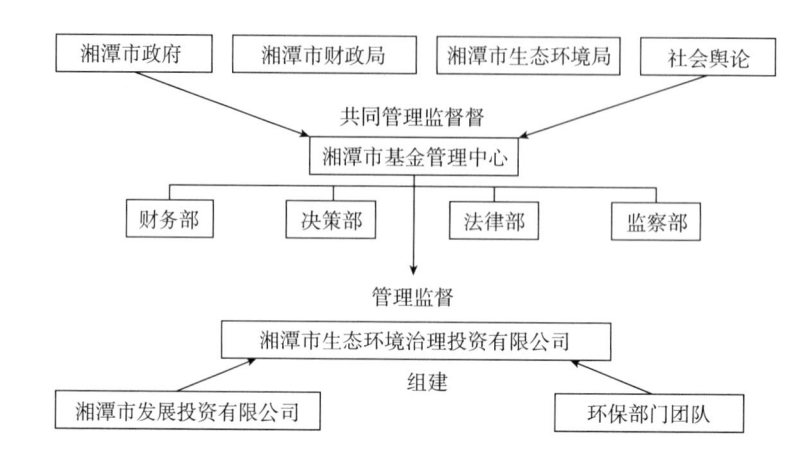

图 13-2　湘潭市土壤污染修复基金各责任主体关系

二　资金架构应用

（一）资金来源

按照"市统筹、区实施、市场化"的原则以及"政府主导、企业参与、国省补助"的 PPP 模式，竹埠港区域的土壤污染修复以"土壤修复 + 土地流转"为核心，通过修复完成之后的第三方开发，取得土地增值收益，尝试消除传统土壤修复治理中存在的资金瓶颈，引进社会资本参与。

近几年来，竹埠港区域在化工企业关停、征拆等综合治理和土壤修复方面共投入资金 20 余亿元，PPP 模式在项目中的资金来源主要可以分成三个部分：一是专项资金。依托国家关于流域治理、污染土壤防治、国家老工业区搬迁与改造、棚户区改造等政策，通过科学的项目包装与策划，共争取和调剂政策性专项资金 3.58 亿元。二是积极开展政策性融资工作，拟争取上级专项建设基金和专项资金18亿元，争取政策性项目资金2.4亿元。三是通过招商引资，引入社会资本，截至目前，共计引入社会资本1.35亿元。岳塘区政府投融资平台湘潭发展投资有限公司积极申报了环境污染第三方治理项目，并获得国家发改委批复。同时，为尽快突破融资瓶颈，化解融资压力，保障资金链和现金流顺畅，提升经济运行质量，湘潭发展投资有限公司（政府平台公司）以增信评级为手段、发债增资为目的，完成了资产注入和评级等相关工作，正在筹备发行环保专项债并力争达到8亿—10亿元。资金来源、方式及数目情况如表13－4所示。

表13－4　　　　　　　资金来源、方式及数目情况

资金来源	资金来源方式	资金数目
专项资金	依托国家政策，通过科学的项目包装与策划	共争取和调剂政策性专项资金3.58亿元
政策性融资	积极开展政策性融资工作	拟争取上级专项建设基金以及专项资金18亿元，争取政策性项目资金2.4亿元
招商引资	引入社会资本	共计引入社会资本1.35亿元，筹备发行环保专项债并力争达到8亿—10亿元

（二）资金使用

竹埠港工业区区域在进行治理前，共有工业企业近30家，污染物具体情况如表13－5所示。大量的工业废水废渣的排放，导致周边的农田已经无法进行正常种植活动，造成农民的收益受损，且该区域的工业废水将流入湘江，造成的后果不堪设想。因此，该区域的治理势在必行。

表 13-5　　竹埠港工业区区域在进行治理前污染物情况

项目	排放量
排放废水量（万吨/年）	264.2
重金属含量（斤）	536
化学耗氧量（吨）	1200
二氧化硫含量（吨）	6000
生产产生的工业废渣（万吨）	3

从治理产生的经济效益这一角度来看，在竹埠港工业区区域治理的第一阶段，便有土地606亩可以恢复使用。按照岳塘区竹埠港区域的土地价格180万/亩计算，这片区域的土地修复工程完工后，将会产生约10.91亿元的土地增值收益；土地修复工程完工后，将进行第三方房地产开发，投入资金24亿元，可产生经济收益34.5亿元，企业可从中获得6.38亿元的经济利润，其中有4.05亿元上交给国家税收。经济效益流动情况如图13-3所示。

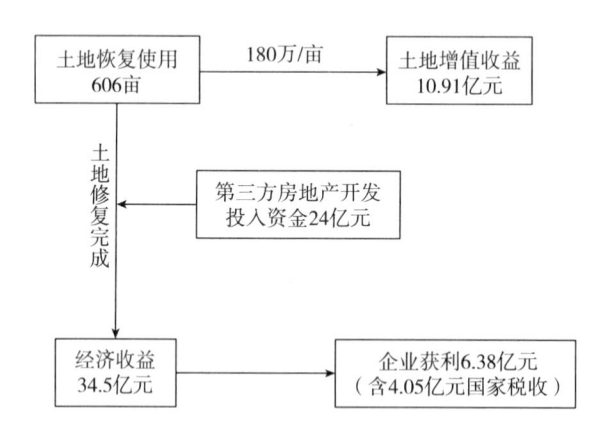

图 13-3　治理产生的经济效益流动

可见，该区域的修复治理完成后，可以从源头上解决湘江流域的重金属污染的问题，从而使该地区对长沙市水污染造成的威胁大大降低，其对于提高政府公信力以及服务口碑方面的推动作用重大。总体来说，土壤修复项目给项目公司带来巨大的经济利润和信誉，除此之外，还给当地财政以及国家税收带来一定的收益，当地居民的生活水平就业状况也将得到较好的改善。

（三）资金管理

湘潭市人民政府授权的实施单位（湘潭市环境保护局）作为该污染修复项目发起方及项目实施主体，成立项目工作小组，将竹埠港工业区湘江流域化工企业污染综合治理项目以PPP模式建设与运营并开展咨询服务工作。2014年，湘潭市竹埠港区域发行了总额约为18亿元的土壤重金属污染修复债券，土壤重金属污染修复项目得到4亿元的资金支持。同时项目也获得了国家拨付的环保专项资金约1亿元，用于加强该地区土壤修复项目的治理。

由于前期发行债券得到良好反馈，竹埠港区域在2015年发行了总额约为20亿元的土壤重金属污染修复二期债券。该债券的发行保证了充足的资金使用量，缓解了该地区土壤修复项目资金短缺的问题。地方政府另外拨款8千万元作为竹埠港区域修复项目的启动资金，帮助项目顺利开展；政策性金融机构和商业银行依据相关法律规章，给予修复项目借贷资金的优惠，提供项目启动资金3亿元以解决当前面临的困境，给予落户企业优惠政策，鼓励企业上新三板、创业板，拓宽融资渠道。

修复基金需要加大社会资本的投入，政府应鼓励当地企业实行股份制，扩大资金规模，鼓励当地民众积极入股相关企业，共同致富，提高群众生活水平；政府财政担保建立土壤修复项目基金，要做到资金的专项投入和支出，为其使用效率提供保障，同时可以充分利用世界银行关于环境保护治理的优惠政策进行贷款。

三 PPP融资模式应用

湖南省湘潭市竹埠港区域是一片工业区，占地面积只有1.74平方千米，但是该地区长期的工业废弃物的排放导致土壤重金属污染超标，成为了湖南省湘江流域甚至国家重点治理的土壤污染区域。针对该片区域的治理，湖南省岳塘区生态环境局方局长指出，这次的污染属于综合治理与以往单个污染源的治理有所不同，治理过程将更为复杂，周期更长，因而要将竹埠港区域内的全部工业企业关停。当治理结束，土地达到可使用状态之后，将原本的工业用地转为第三方开发，整体建设成生态新城。因而在2014年9月，根据湘江流域土壤重金属污染治理以及湖南省政府的要求，竹埠港区域内原来的28家化工企业，全部关停，为该片土地的治理做好了前期准备工作。

针对该片区域的治理由岳塘区政府发出招标公告，采取PPP模式进行，永清环保公司参加招标，于2015年4月中标。这一模式的流程包括：首先，政府与企业双方共同成立了合资公司"竹埠港生态环境治理投资公司"作为该项目的投资和实施平台，该公司主要负责竹埠港区域的企业的拆除与关停，土壤修复工作以及日后的基础设施建设工作。其次，由于PPP项目治理土壤周期较长，所需资金较多，要求有多方的资金来源才能保障项目资金充足，因而政府和企业又共同出资为该项目设立了PPP产业基金，其目的在于满足基础设施建设的需求，共同实现产业目标。

根据岳塘区政府的部署，该工业用地在修复完成之后，将转让给第三方进行投资开发，参与治理的各方将从治理后的土地增值收益中获取经济利益。在2015年8月27日，永清环保公司出资3亿元，成立了全资子公司"永清产业投资"，该公司将作为永清环保参与该

PPP项目的财务投资平台，主要负责为该项目筹集资金，保障该项目的实施顺利。刘正军董事长表示，公司将通过永清产业投资来为项目成立环保产业投资基金，或者通过股权投资的方式来拓展公司的业务领域，增加公司的新的利润增长点，并请相关财务人员，为公司设立一套符合公司运营的财务投资方式，来进一步整合资源，使该项目在实施期间顺利开展。其具体模式如图13-4所示。

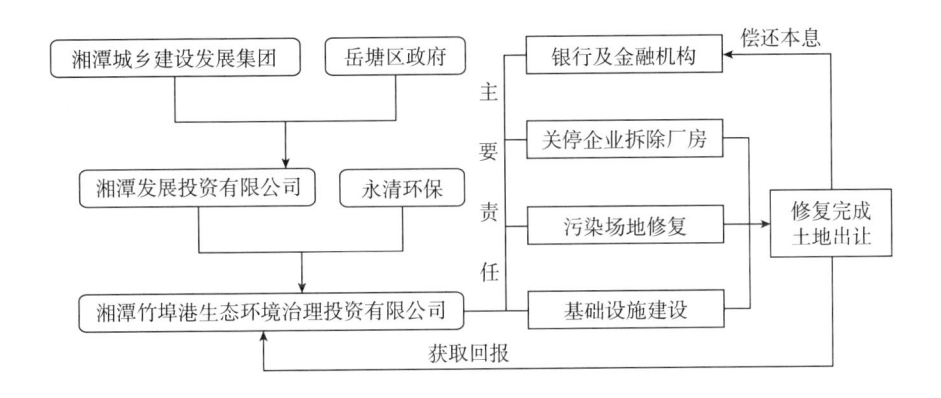

图 13-4 竹埠港重金属土壤修复 PPP 模式结构

其中，湘潭竹埠港生态环境治理有限公司由湘潭发展投资有限公司和永清环保公司共同出资成立，湘潭发展投资有限工资占比65%，永清环保公司出资35%。

由于土壤修复项目持续时间过长，项目投资过高并且项目收益具有不确定性，因而很少有企业愿意参与土壤修复项目。然而针对该项目制定的PPP模式却得到了不少环保企业的青睐，这可能是由于土壤修复至今都未能形成一个明确的商业治理模式，而岳塘区政府在招标时提出，将修复后的土地用作第三方开发建设，这让社会资本看到了可获得的项目收益，调动了社会资本参与的积极性。并且PPP项目资金量巨大，引入社会资本是必要的。项目包含很多步骤，例如土壤修复修复完成之后的道路回填、绿化建设、公共设施建设、土地整理等，这需要多方的合作才能完成，考虑到 PPP 模式本身就是利益共享、风险共担的合作模式，这有利于和督促项目参与方更加认真、负责、高效地完成各方的工作。

永清环保和岳塘区政府的合作模式是对土壤重金属污染修复运用 PPP 模式进行治理的探索，想要让修复项目与 PPP 模式合作更加契合，必须更加注重完善相关法律政策，建立好责任归责机制，这才能让土壤修复运用 PPP 模式更有说服力。

第三节 运行管理机制应用

基于前文中的研究思路，本节对竹埠港工业区土壤重金属污染修复基金的运行管理机制进行分析，主要包括基金会计核算与预算管理应用、基金绩效评价应用、基金管理机制应用以及保障机制分析四部分。

一 基金会计核算与预算管理应用

（一）会计核算与信息披露

1. 会计核算

基于一致性原则，省级土壤重金属污染修复基金要与项目基金保持相同的会计口径，因此本章将竹埠港的土壤重金属污染修复基金归于地方土壤重金属污染修复基金类别，并针对其业务特点对会计核算流程进行分析。

竹埠港工业区土壤修复过程的周期比较长，最初修复场地由于存在污染，尽管土地所有权归于湘潭市政府，拥有控制权，但污染土地价值很低，未来能带来的经济利益无法进行可靠的计量，无法确认为资产。经过污染修复治理，预期土壤污染场地恢复价值，只要经检测验收合格，风险因素消失，符合湘潭市基金管理中心的土壤恢复标准，可以重新投入使用，便能确认为基金方的资产。土壤修复项目形成的有形和无形资产均可按照历史成本法、公允价值法等方式计量。

对负债确认和计量的重点在于对竹埠港土壤重金属污染场地修复义务的确认和计量。修复责任的金额估计应包括直接归因于修复活动的成本，并且要求在污染之前使该场地达到湘潭市政府规定的最低标准，或者用于预期的使用用途，以较少者为准。将污染修复地提升到更高水平所包含的成本将被视为"改善"并且应该被资本化。直接成本包括但不限于工资和福利、设备和设施、材料以及法律和其他专业服务，通常不包括与自然资源损害有关的费用。修复成本应包括在将场地重新分类为污染场地后制定和实施补救策略的成本，还包括最终确认抽样和最终报告的成本。

竹埠港土壤重金属污染修复基金收入的确认需要法律、行政法规及有关文件保障，而且只能专项用于土壤重金属污染修复业务，通常根据实际收到的金额予以确认。费用通常根据土壤重金属污染修复基金未来可能发生的费用，设置业务活动费用、管理费用、财务费用等几大分类。业务活动费用专门核算湘潭市基金管理中心因实现土壤修复的目标，依法履行职责而开展各项土壤修复活动及其辅助活动而发生的各项费用。管理费用是指湘潭市政府、湘潭市财政局、湘潭市生态环境局等展开相关管理活动发生的各项费用。财务费用是指为筹集土壤重金属污染修复所需资金而发生的费用。计量基础包括历史成本、现行成本、可变现价值及现值。

竹埠港老工业区作为湘潭市重点污染地区治理对象，该区开创生态环境综合服务试点新模式。区发改局有关负责人介绍，区政府探索"环境污染整治+土地开发整理"打捆运营模式，即土地的治理、整理、出让及招商开发同步进行。根据区域规划用地的性质，市政府划拨了部分土地作为融资抵押物，为公司吸引社会资金的投入提供担保。相关企业将地块治理好后，可以从地块的招商引资或项目开发中获利，从而弥补公司前期的治理投入。

竹埠港老工业区在2013年、2014年获得了4亿元"湘江流域重金属污染治理专项债券"，从A银行获得3亿元的债券配套融资，B银行融资3亿元，并争取了各级重金属污染治理资金1.6亿元；2014年10月，该区政府与某环保修复公司签署公私合营PPP模式合作协议，共同投资1亿元成立了"某生态治理投资有限公司"，作为重金属污染项目的投资、实施平台。区政府持有该公司65%的股份，并通过这个平台向银行贷款融资。资金缺口问题主要通过市场化方式解决，某市级融资平台将通过发行债券、私募等融资30亿元[①]。假设在2016年国内已建设完成土壤重金属污染修复基金，该市区政府积极通过土壤重金属污染修复基金来进行土壤污染项目修复行动及其融资活动，则2016年的相关经济事项会计处理如下：

（1）2016年5月8日，湘潭市收到国家财政专项拨款1.8亿元，纳入该市级土壤重金属污染修复基金银行账户。

借：银行存款　　　　　　　　　　　　　180000000

　贷：基金收入——政府财政补助　　　　　180000000

---

① 数据来源于绿网《湘潭竹埠港区：绿色蜕变》，http://www.czt.gov.cn/Info.aspx?ModelId=1&Id=28549。

（2）6月18日，湘潭市政府组织发行重金属污染治理专项债券3亿元，债券期限为一年，半年付息一次，计入该市级土壤重金属污染修复基金银行账户。

　　借：银行存款　　　　　　　　　　　　　　300000000

　　　　贷：债务收入　　　　　　　　　　　　　　300000000

　　同时，借：待偿债净资产——应付短期环保性债券 300000000

　　　　　　贷：应付短期环保性债券　　　　　　　300000000

（3）7月31日，湘潭市收到A银行债券配套融资2亿元，作为修复项目专用资金。

　　借：银行存款　　　　　　　　　　　　　　200000000

　　　　贷：基金收入——A银行融资　　　　　　　200000000

（4）8月1日，划拨首批E修复项目资金给某环保修复公司，首期付款资金为5000万元。

　　借：项目支出——E项目首期　　　　　　　　50000000

　　　　贷：银行存款　　　　　　　　　　　　　　50000000

（5）9月10日，湘潭市收到财政部门上缴的环保性罚款税收3000万元。

　　借：银行存款　　　　　　　　　　　　　　 30000000

　　　　贷：基金收入——环保性罚款税收　　　　　 30000000

（6）10月8日，预拨土壤污染Y修复项目经费1000万元到某环保修复公司。

　　借：预拨经费　　　　　　　　　　　　　　 10000000

　　　　贷：银行存款　　　　　　　　　　　　　　 10000000

（7）10月24日，湘潭市基金管理中心对一家环保修复D公司股权投资4000万股，共计4000万元，占环保修复公司10%的股权，公允价值与实际支付价格相同。

  借：基金投资支出——环保修复公司   40000000
    贷：银行存款   40000000
  同时，借：股权投资——D 企业   40000000
    贷：资产基金——股权投资   40000000

（8）11 月 15 日，土壤污染 X 修复项目中期验收合格，付中期款项 3200 万元给该环保修复公司。

  借：项目支出——E 项目中期   32000000
    贷：银行存款   32000000

（9）12 月 18 日，湘潭政府组织发行的重金属污染治理专项债券到半年付息期，年利率为 4.2%。

  借：利息支出   6300000
    贷：银行存款   6300000

（10）12 月 24 日，湘潭市基金管理中心收到 D 公司宣告发放现金股利股权收益 0.15 元/股。

  借：应收股利   6000000
    贷：资产基金——应收股利   6000000
  同时，借：资产基金——股权投资   6000000
    贷：股权投资——损益调整   6000000

（11）12 月 31 日，支付本年度湘潭市基金管理中心应付托管费 1500 万元。

  借：应付托管费   15000000
    贷：银行存款   15000000

（12）12 月 31 日，计算应付未付的债券利息。

  借：待偿债净资产——应付短期环保性债券 6300000

贷：应付短期环保性债券 6300000

（13）12月31日，年末结转基金收入和债务收入至专用基金结余科目。

借：基金收入 410000000
　　债务收入 300000000
　贷：专用基金结余 710000000

（14）12月31日，年末结转项目支出和基金投资支出及利息支出至专用基金结余科目。

借：专用基金结余 128300000
　贷：项目支出 82000000
　　基金投资支出 40000000
　　利息支出 6300000

2. 信息披露

当年年末，湘潭市基金管理中心需上报当年财务报表等信息，年初无数据，因此2016年度该市土壤重金属污染修复基金收支表和财务报表见表13-6、表13-7。土壤重金属污染修复基金有一套独立的会计报告体系，指的是基金管理中心发生的各项经济活动事项，参考现行的政府会计财务报表及基金会计财务报表，利用连续系统且严谨的会计确认、计量和记录活动，编制一套会计报告，该报告能反映修复基金的"流动资产""专用基金结余""资产基金"等情况。湘潭市基金管理中心在列明其详尽的基金收支信息时要制定单独的资产负债表、收入支出表、相关附表和附注等。制定新的专门针对土壤重金属污染修复治理的会计准则能进一步完善和发展现有的土壤重金属污染修复的相关会计制度，提出新的修复目标和计划，推动现有环保修复公司和环保产业继续扩大发展，从而更好地落实构建两型社会和走可持续发展道路的目标。

表 13-6　湘潭竹埠港污染场地土壤重金属污染修复基金收支表

编制单位：竹埠港修复基金小组　　2016 年 12 月 31 日　　　　单位：万元

项　　目	本月数	本年累计数
收入		
地方税收收入	250	3000
地方财政拨款	0	1000
地方债券收入	0	50000
转移性收入 中央基金调入收入	0	1800
责任方追偿所得收入	500	5000
地方捐赠收入	100	1000
地方利息收入		600
收入合计		
支出		
地方基本支出	2	24
地方债务支出	2	25
项目支出		
污染调查支出	100	1000
居民补偿支出	0	4000
监测、评估支出	0	8000
清除危害支出	8000	30000
修复费用支出	700	10000
执法支出	1	12
支出合计		
本期收支差额		

表 13-7 资产负债表

编制单位：湘潭市土壤重金属污染修复基金管理中心　2016 年 12 月 31 日

单位：元

资产		负债和净资产	
项目	期末	项目	期末
流动资产：		流动负债：	
银行存款	586700000	应付托管费	15000000
预拨经费	10000000	应付短期环保性债券	306300000
应收股利	6000000	负债合计	321300000
股权投资	34000000	专用基金结余	581700000
		资产基金	40000000
		减：待偿债净资产	306300000
		净资产合计	315400000
资产合计	636700000	负债及净资产合计	636700000

湘潭市基金管理中心应及时进行年终清理结算，包括核对本年土壤重金属污染修复预算、清理本年预算收支、核对本年拨款支出、核实股权及债权债务、清理各类往来款项。经核对无误后，将该结转至下一年度的余额计入新年度账中，以免出现错计、漏记情况。

非财务信息披露将依据实际的不同情况和重要性原则对前章所述内容进行披露，污染责任人信息，包括污染责任人初步识别、污染责任初步判定、污染责任确定；污染修复信息，包括永清环保修复企业基本信息、污染场地信息及修复方案、污染场地修复现状及影响，在此不做多余赘述。

（二）预算管理机制应用

土壤重金属污染修复基金以政府性基金为主，民间资本参与为辅,因此对竹埠港土壤重金属污染修复基金的预算管理要依托湘潭市土壤重金属污染修复基金,并且根据项目情况做出调整。

预算编制部分,首先,湘潭市政府应根据土壤重金属污染修复计划与方案编制预算收支计划数并逐层上报湘潭市财政局、湖南省财政厅和财政部;其次,湘潭市财政局、湖南省财政厅和财政部应逐级审批上报的预算收、支数,然后下达相应的预算收、支控制数至湘潭市政府部门;再次,市政府部门据此修改调整该预算收、支计划数并重新逐级上报,形成最终预算数;最后,由财政部将最终预算数上报国务院和全国人民代表大会审批,形成最终预算方案并下达湘潭市政府。

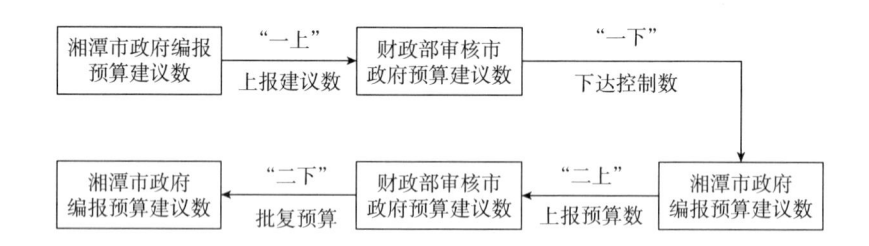

```
┌─────────────┐  "一上"    ┌─────────────┐  "一下"
│湘潭市政府编报│ ────────→ │财政部审核市 │ ────────→
│  预算建议数 │ 上报建议数 │政府预算建议数│ 下达控制数
└─────────────┘            └─────────────┘

┌─────────────┐  "二下"    ┌─────────────┐  "二上"    ┌─────────────┐
│湘潭市政府   │ ←──────── │财政部审核市 │ ←──────── │湘潭市政府   │
│编报预算建议数│ 批复预算   │政府预算建议数│ 上报预算数 │编报预算建议数│
└─────────────┘            └─────────────┘            └─────────────┘
```

图 13-5　湘潭市土壤重金属污染修复基金预算编制流程

预算执行应在预算编制的基础上进行,湘潭市政府应加强对湘潭市竹埠港老工业区高排放、高污染企业的相关税收征管力度与惩罚力度,与此同时,湘潭市政府部门还应加强对债券收入、民间捐赠及 PPP 项目收入的管理,利用市场化机制多方吸引资金流入。湘潭市政府部门应根据基金收入情况严格遵守基金预算,按照各项修复计划、方案及土地污染程度对土壤进行修复,保障基金使用效率。由于基金预算与基金实际执行情况会产生一定偏差,因此,湘潭市政府、生态环境局十分有必要在基金预算执行过程中对预算方案进行调整,从而保障基金预算的科学合理。

湘潭市政府应在每年度末对土壤重金属污染修复基金进行预算决算。在决算过程中,政府相关部门应严格依据凭证审核所记录的各项项目支出,并向湖南省政府相关部门上报资产负债表、基金预算收支决算表和决算说明书,总结湘潭市当年度土壤重金属污染修复基金总体预算水平,为其以后年度的土壤重金属污染修复工作提供经验借鉴。

二 基金绩效评价应用

通过对竹埠港工业区进行实地调研,采访湘潭市政府、湘潭市基金管理中心及竹埠港工业区相关部门人员,通过网上查询等方式获得了竹埠港工业区的有关数据,并以此展开研究与评价。

根据湖南省以及湘潭市基金管理中心的相关数据,记录竹埠港修复项目的相关指标以及湖南省运作的相关项目平均指标,如表13–8所示。

表13–8　　竹埠港土壤修复项目绩效评价指标数据

一级指标	具体指标	指标重要性权重(%)	竹埠港修复项目	平均值
经济绩效 (40%)	可营运资金总额	15.00	750000000	50000000
	基金收缴率	10.00	81.31%	83.17%
	资金使用效率	10.00	6.14%	5.62%
	资金管理费用率	15.00	10.28%	10.94%
	资金实际支出与计划支出比值	15.00	134.63%	119.43%
	收入增长率	15.00	9.85%	14.32%
	净利润增长率	10.00	7.59%	9.95%
	平均ROE	10.00	2.33%	2.66%

续表

一级指标	具体指标	指标重要性权重（%）	竹埠港修复项目	平均值
环境绩效（30%）	环境数据获得完善度	15.00	95	93
	被投资土壤的修复进度	20.00	67%	70%
	项目完成度	30.00	70%	60%
	项目验收质量	20.00	85	85
	土壤肥度评价	15.00	70	80
社会绩效（30%）	与政策相符程度评价	15.00	95	95
	公众知情度和了解程度	20.00	70	75
	项目单位合规性	30.00	95	95
	公众综合满意度	15.00	80	80
	信息披露与信息公开	20.00	80	70

以表13-8所列的竹埠港修复项目数据为例，结合灰色系统综合评价模型，开展绩效评价工作。表13-9为以竹埠港修复项目的各个指标为例列出 Matlab 运行结果。

表13-9　　竹埠港修复项目各个指标白化权函数值

一级指标	具体指标	灰类的白化权值			
		优	良	中	差
经济绩效	可营运资金总额	0.32	0.68	0.00	0.00
	基金收缴率	0.00	0.55	0.45	0.00
	资金使用效率	0.00	0.82	0.18	0.00
	资金管理费用率	0.00	0.46	0.54	0.00
	资金实际支出与计划支出比值	0.00	0.00	0.52	0.48
	收入增长率	0.00	0.00	0.00	1.00
	净利润增长率	0.00	0.00	0.37	0.63
	平均 ROE	0.00	0.33	0.67	0.00

续表

一级指标	具体指标	灰类的白化权值			
		优	良	中	差
环境绩效	环境数据获得完善度	0.38	0.62	0.00	0.00
	被投资土壤的修复进度	0.00	0.45	0.55	0.00
	项目完成度	0.30	0.70	0.00	0.00
	项目验收质量	0.00	0.60	0.40	0.00
	土壤肥度	0.00	0.00	0.80	0.20
社会绩效	与政策相符程度评价	0.00	0.60	0.40	0.00
	公众知情度和了解程度	0.00	0.45	0.55	0.00
	项目单位合规性	0.00	0.50	0.50	0.00
	公众综合满意度	0.00	0.60	0.40	0.00
	信息披露与信息公开	0.42	0.58	0.00	0.00

表 13-10 为以经济绩效为例列出归一化的"标定聚类权"运行结果。

表 13-10　竹埠港修复项目经济绩效指标"标定聚类权"

一级指标	具体指标	优	良	中	差	指标重要性权重
经济绩效（40%）	可营运资金总额	0.0824	0.1030	0.1379	0.2151	0.1500
	基金收缴率	0.0995	0.1046	0.1120	0.1284	0.1000
	资金使用效率	0.1561	0.1403	0.1105	0.0443	0.1000
	资金管理费用率	0.0883	0.1040	0.1299	0.1881	0.1500
	资金实际支出与计划支出比值	0.0994	0.1060	0.1251	0.1675	0.1500
	收入增长率	0.1307	0.1259	0.1156	0.0928	0.1500
	净利润增长率	0.1832	0.1647	0.1296	0.0530	0.1000
	平均 ROE	0.1574	0.1516	0.1392	0.1117	0.1000

将各个指标的重要性权重与"标定聚类权重"进行加权平均，得

到混合加权聚类矩阵。将"优"灰类量化为 95 分,"良"灰类量化为 80 分,"中"灰类量化为 70 分,"差"灰类量化为 50 分,则可计算出竹埠港修复项目运行绩效的各个维度评分以及综合评分。具体聚类系数向量及评分如表 13-11 所示:

表 13-11　竹埠港修复项目绩效评价灰色系统综合评价结果

指标维度	聚类系数向量	综合评分
经济绩效	$B_{经济} = (0.0532\ \ 0.3408\ \ 0.3364\ \ 0.2696)$	69.35
环境绩效	$B_{环境} = (0.1510\ \ 0.4893\ \ 0.2928\ \ 0.0669)$	77.33
社会绩效	$B_{社会} = (0.1042\ \ 0.5048\ \ 0.3910\ \ 0.0000)$	77.65
综合绩效	—	74.23

从综合评价结果来看,竹埠港土壤重金属修复基金运行项目还存在较大的发展空间。由于资金来源结构带来资金缺乏的问题,新型污染带来修复成本的提高以及劳动力短缺等因素,该项目遇到了财务方面的挑战,在经济绩效方面的表现还存在改进和提高的空间,主要从改善资金来源结构和提高资金利用效率方面着手。从环境绩效的表现来看,竹埠港土壤重金属修复项目具有不可置否的环保意义和价值,需要进一步加大投入。从社会绩效分析,该项目的公众参与度与信息披露程度存在较大的提升空间。

三　基金管理机制应用

二元约束管理机制主要包括强制性约束管理机制与引导性约束管理机制,本节探讨的强制性约束管理机制主要从监督管理机制和风险控制机制两方面进行分析,而引导性约束管理机制,主要为各责任方(包括作为实施对象的修复园区、作为所有者主体的基金管理中心以及作为修复主体的环保公司等）权责利结合下的管理机制。当前我国对土壤重金属污染修复基金的管理主要以强制性约束管理为主，引导性约束管理为辅，基金管理机制尚不成熟，还存在一些缺陷，应加强引导性约束管理，完善各部门主体的职能。

（一）强制性约束管理机制应用

1. 基金监督管理机制应用

在项目修复过程中，由内部和外部机构共同对基金运行进行监管，湘潭市基金管理中心有多个监督方，分为内部监督和外部监督。

内部监督一方面由湘潭市基金管理中心下设的监察部对财务管理、法律追讨等内部活动进行监督，另一方面由湘潭市生态环境治理投资有限公司对环保修复公司的修复工作进行监督，保证土壤修复基金的使用效率。外部监督由聘请的专业社会审计机构对湘潭市土壤重金属污染修复基金收支情况及运行管理情况进行审计，确保湘潭市土壤重金属污染修复基金能够有效运行。

项目实施结束后，中央政府对地方政府的基金运作进行绩效评价，环保修复公司向湘潭市生态环境治理投资有限公司提交总结报告，由湘潭市生态环境治理投资有限公司的专业技术人员根据项目最终文件、总结报告以及现场验收报告对项目效果进行评估，并形成评估报告，提交给基金管理中心。

以 E 修复项目为例，湘潭市生态环境治理投资有限公司在结算 E 修复项目尾款前，对 E 修复项目进行验收评价，出具了一份资金使用报告和现场评价验收报告，如表 13-12、表 13-13 所示。

表 13-12　　　　　　　　　　资金使用报告

资金使用报告	
项目名称	湘潭市竹埠港工业区 E 修复项目
资金落实情况	专项修复资金于 2016 年 8 月 1 日拨付款项 5000 万元，于 2016 年 11 月 15 日拨付款项 3000 万元
项目实施过程情况	见该环保修复公司项目工作进度表
目标完成情况	项目完成较好，达到恢复工业用地生产水平
项目实施单位意见（签章）：　　　年　月　日	
湘潭市生态环境治理投资有限公司（签章）：　　年　月　日	

表 13-13　　　　　　　　　现场验收评价报告

现场验收评价报告	
被评价单位	某环保修复公司
项目名称	湘潭市竹埠港工业区 E 修复项目
情况摘要： 1. 专项经费报销欠规范 查看财务凭证发现，在专项经费使用过程中，部午餐费、工时费、固定资产等费用支出没有相应说明或申请，如 2016 年 11 月 235 号凭证后附的餐票均没有相应的说明或招待说明，无法核实费用支出是否属于修复项目需要。 2. 土壤修复项目经第三方评估验收合格 经检测重金属污染指标符合国际《GB15618—2008 土壤环境质量标准》中的工业用地标准，达到预期可使用水平。	
附件：项目进度表	
被评价单位签署意见： 　　　　　　　　　　　　　　　被评价单位（盖章）：　年　月　日	
现场评价组人员签名：　　　　　　　　　　　　　　日期：	

在表 13-12 中提到的工作进度表，是环保修复公司最初对该项目规划的一个进度时间表，根据每个项目的难易程度、人员工时等多方面因素来计划，如表 13-14 所示。

表 13-14　　　　　　　　　　　工作进度

序号	工作项目	完成日期	执行人	完成标准	工作时间进度（3月）				检查人	签字确认
					1	2		31		

2. 基金风险控制机制应用

对基金的风险控制包括风险识别、分析、评价以及管理四个阶段。首先，竹埠港工业区开展全区域初步调查，在初步明确污染物种类、污染程度、污染分布的基础上，调整区域规划。其次，开展详细调查，进一步明确污染程度和范围，结合规划要求，确定场地用地的环境风险。再次，通过实地调研与问卷发放的形式到竹埠港进行实地考察，以湘潭市及竹埠港工业区基层工作人员为调研对象，使用主成分分析法，对基金风险的影响因素进行实证研究，构筑土壤重金属污染修复基金风险评估指标体系。最后，对竹埠港土壤重金属污染修复基金风险管理提出合理化建议。

根据前文的研究基础，本章节设计了一份"土壤重金属污染修复基金风险影响因素"的问卷调查表。该调查表首先通过了预调研及测试，除了包含风险因子的题项，还涉及调研对象的年龄、性别和受教育水平等基本信息。问卷中量表采用的是李克特五级量表，分数为1—5分，分别对应"非常不同意、不同意、一般、同意、非常同意"。问卷形式包括线上和线下填写。

信度能够准确反映问卷数据的一致性及稳定性,因此利用SPSS 22.0对政治风险、法律风险、修复风险、财务风险和外部风险五个主要指标的各个子构面进行信度检验,信度检验一般用Cronbach's α系数进行判断,一般而言,当Cronbach's α系数的数值大于0.65,认为问卷的信度是可以接受的,各子构面标准化后的Cronbach's α系数均大于0.8,且通过重复度量方差F—test结果的P值在0.01水平上具有显著性,因此我们判断,本章所采用的量表和设计的问卷信度良好。

表13-15　　　　　　　　　问卷子构面的信度检验

子构面	政治风险	法律风险	修复风险	财务风险	外部风险
Cronbach's α	0.817	0.852	0.809	0.872	0.837
项数	4	5	4	6	5

主成分分析前需进行适应性检验,以测试主成分分析法是否切实可行以及统计结果是否准确可靠。本书应用SPSS 22.0来分析调研所得数据的适用性,主要是进行Bartlett球形度检验及KMO检验,KMO值为$0.950 > 0.5$,因此可以进行主成分分析。Bartlett球形度检验值为3423.778,显著性水平$P = 0.00 < 0.05$,因此检验结果显著。

应用主成分分析首先需要进行模型验证与主成分矩阵确定。从表13-16中可以看出,前3个特征值大于1,所以只选择了前3个主成分。这三个主成分的方差贡献率分别为48.939%、5.969%及5.189%,方差占了所有主成分方差的60.097%。因此,选择前3个主成分足以替代原来的变量。

表 13-16　相关关系矩阵的特征值、贡献率和累计方差贡献率

成分	初始特征值		
	合计	方差贡献率	累计贡献率
成分 1	11.745	48.939	48.939
成分 2	1.432	5.969	54.907
成分 3	1.245	5.189	60.097

应用主成分分析法确定指标权重，需以主成分的方差贡献率为权重，对该指标在各主成分线性组合中的系数进行加权平均归一化处理。因此，确定指标权重需要指标在各主成分线性组合中的系数、主成分的方差贡献率（见表 13-17）、指标权重的归一化。具体计算结果如表 13-18 所示。

表 13-17　　　　主成分矩阵

	成分 1	成分 2	成分 3		成分 1	成分 2	成分 3
A1	0.689	0.301	0.095	C4	0.683	0.167	0.413
A2	0.634	0.265	0.295	D1	0.225	0.730	0.152
A3	0.717	0.352	0.158	D2	0.250	0.778	0.161
A4	0.458	0.405	0.423	D3	0.380	0.549	0.208
B1	0.587	0.137	0.595	D4	0.491	0.569	0.211
B2	0.465	0.357	0.469	D5	0.523	0.562	0.084
B3	0.473	0.293	0.550	D6	0.632	0.300	0.323
B4	0.263	0.182	0.786	E1	0.312	0.452	0.265
B5	0.127	0.484	0.625	E2	0.031	0.606	0.554
C1	0.642	0.133	0.375	E3	0.297	0.632	0.383
C2	0.510	0.397	0.318	E4	0.317	0.092	0.742
C3	0.706	0.130	0.130	E5	0.676	0.329	0.200

表 13-17 为主成分矩阵，在第一主成分中，多头管理风险 A3、技术不足风险 C3、审批手续风险 A1、项目标准风险 C4、技术过新风

险 C1、项目进展风险 A2、项目融资风险 D6、技术开发风险 C2、政府失责风险 A4 的变量系数都比较大，且主要集中在政治风险和修复风险上，方差贡献率为 48.939%。在第二主成分中，保障机制风险 D2、监管机制风险 D1、土壤地质风险 E3、公司招标风险 E2、项目验收风险 D4、项目维修风险 D5、项目投资风险 D3、金融波动风险 E1 的变量系数比较大，主要集中于财务风险上，方差贡献率为 5.969%。在第三主成分中，合同执行风险 B4、民众反对风险 E4、法律变更风险 B5、主体权重风险 B1、追责机制风险 B3、土地权属风险 B2 变量系数比较大，主要集中在法律风险上，方差贡献率为 5.189%。3 个主成分的方差占所有主成分方差的 60.097%，土壤重金属污染修复基金风险影响因素指标体系的各个指标所组成的变量之间具有一定的相关关系。

表 13 - 18 为各指标综合系数与权重，从中可以得出，多头管理风险 A3、项目标准风险 C4、项目融资风险 D6 这 3 个因素对土壤重金属污染修复基金风险的影响系数最大，而公司招标风险 E2、法律变更风险 B5、监管机制风险 D1 这 3 个因素对土壤重金属污染修复基金风险的影响系数最小。

表 13 - 18　　　　　各指标在主成分中的系数与权重

指标	成分 1	成分 2	成分 3	综合系数	权重
A1	0.243	-0.033	-0.162	0.196	0.049
A2	0.175	-0.069	-0.029	0.195	0.049
A3	0.228	-0.023	-0.141	0.212	0.053
A4	0.021	0.029	0.065	0.175	0.043
B1	0.111	-0.17	0.173	0.197	0.049
B2	0.025	-0.005	0.098	0.176	0.044

续表

指标	成分1	成分2	成分3	综合系数	权重
B3	0.025	-0.053	0.151	0.179	0.044
B4	-0.109	-0.094	0.355	0.138	0.034
B5	-0.214	0.123	0.250	0.119	0.029
C1	0.193	-0.152	0.035	0.193	0.049
C2	0.074	0.028	-0.006	0.179	0.044
C3	0.128	-0.072	0.034	0.186	0.046
C4	0.195	-0.15	0.041	0.208	0.052
D1	-0.111	0.298	-0.081	0.126	0.031
D2	-0.112	0.315	-0.090	0.136	0.034
D3	-0.002	0.157	-0.060	0.152	0.038
D4	0.048	0.138	-0.089	0.180	0.045
D5	0.097	0.146	-0.168	0.177	0.044
D6	0.158	-0.054	-0.018	0.200	0.050
E1	-0.025	0.115	0.004	0.132	0.033
E2	-0.305	0.237	0.230	0.101	0.025
E3	-0.107	0.193	0.048	0.153	0.038
E4	-0.049	-0.147	0.330	0.140	0.035
E5	0.131	0.142	-0.211	0.178	0.044

(二) 引导性约束管理机制应用

引导性约束机制以权力约束和责任约束为主，基金约束的各个主体要权责分明，本节的约束主体主要是上文组织架构中所提到的职能部门。

决策部负责湘潭市基金管理中心的管理决策工作，包括重大事项决议，修复基金目标和计划制订，项目公开招标等工作。法律部根据"谁污染，谁付费"的原则，对湘潭市竹埠港工业区内受污染土地的责任方进行修复资金追偿。财务部负责基金的会计、审计、投资及其他财务工作，并对基金的资金使用方案进行审核。监察部负责湘潭市土壤修复基金内部的监管工作,包括对内监督法律部、财务部的日常工作,保证其合规性,对外公布基金修复工作的最新进展,让公众参与监督。

湘潭市生态环境治理投资有限公司是湘潭市基金管理中心的具体实施者,也是污染治理与修复的实施平台与主体。负责对湘潭市竹埠港工业区进行具体的调查、评估工作以及修复项目的验收评价工作。部门职能分工如表13-19所示。

表13-19　　　　　　　　　　部门职能分工

	部门	职能
湘潭市土壤重金属污染修复基金管理中心	决策部	制定湘潭市基金具体管理办法;制定基金发展战略规划;对基金的各项决定做最后的决策。包括:基金经费的筹集问题、修复费用的发放标准和程序、基金是否发放的决定等
	法律部	负责基金民事追偿方面的活动
	财务部	筹集基金资金;编制并组织实施基金的年度财务收支预算与决算;审查项目资金的使用情况
	监察部	监督财务部门的财务管理合规性;监督法律部门在追讨修复资金的合规性;定期发布土壤重金属污染修复治理的进度,让公众了解情况并对土壤修复基金进行监督
	湘潭市生态环境治理投资有限公司	负责项目开展前期的资料收集、调查、评估工作;监督管理基金所支持项目的运行;对项目进行评审、后续跟踪、项目核销等

湘潭市基金管理中心下设法律部对污染土地责任方进行资金追讨,但由于竹埠港工业区的污染地区大多属于历史遗留问题,找不到污染责任承担者,因此该地区的修复需依靠财政、社会资本。

四　基金保障机制

针对竹埠港工业区土壤重金属污染治理修复工作,本节从政策制定、经济保障以及技术水平方面提出了相关对策与建议，以促进基金保障机制的完善与有效运行。

（1）在政策制定层面提出以下五个部分的对策建议：一是推动形成多方协同治理机制。湘潭市政府负责对管辖范围内污染场地进行调查评估及修复治理，建立健全多渠道、多方式筹措污染场地风险控制和治理修复的投入机制。二是健全土壤修复法律法规体系。有关部门要做到有法可依，有法必依，从根源上进行控制污染物的排放，后续进行监督并检测这些企业的责任履行情况。三是完善土壤重金属污染的治理考核体系，对竹埠港工业区的土壤环境质量进行调查与风险评估。四是建设现代土壤质量监测体系。湘潭市政府应建立相应的基础数据库和信息平台，从而实现土地土壤环境信息共享。五是建立土壤环境保护责任机制。湘潭市政府要与各部门进行充分的讨论交流，在各部门负责人的共同监督之下做到每一片土地都"有人管、有人看"，严格按照土地规划相关法律文件走程序，规划土地资源。

（2）在经济保障层面提出以下三个部分的对策建议：一是创新多元修复融资模式。其中包括构建土壤重金属污染修复专项基金，推广PPP模式，采取发行专项债券、推行环境绩效合同服务、授予开发经营权益等方式，积极推进环境污染第三方治理。二是合理拓宽修复融资渠道。湘潭市政府应将其收缴的相关税款用于支付一部分修复基金资金，对污染企业征收污染税并对严重排污企业征收罚款，社会公众作为土壤重金属污染修复治理的受益者，应承担部分土壤重金属污染修复义务并按一定的比例缴纳费用。三是科学构筑修复融资平台。科学设立土壤重金属污染修复融资平台公司，建立对其资本金持续补充机制，加强其全面预算管理、资金监管和绩效考核水平，有效控制融资平台公司的融资债务风险向政府转移。

（3）在技术水平层面提出以下三个部分的对策建议：一是重点支持修复装备的规模化发展。加快土壤淋洗、气相抽提、热脱附的专业装置设备的国产化生产步伐，为场地污染修复的大规模实施提供支撑。二是不断摸索耕地修复的可靠模式。竹埠港地区周边农用地安全利用，以风险管控为主，试点修复为辅，在实践中摸索筛选污染耕地安全利用技术及模式经验。三是不断研发经济、绿色、高效修复技术，包括土壤原位及生物修复技术及卫星遥感信息技术，以提高土壤污染防治工作效率。

第四节 案例小结

竹埠港老工业区长期排放废水、废气等，严重破坏了生态环境，影响了当地居民的身体健康，甚至制约了当地经济的快速发展，一直是湘潭市土壤重金属污染地区的重点治理对象。针对土壤重金属污染修复活动，湘潭地区政府采取了PPP模式，并成立了项目公司进行环境治理和资金管理。

本章通过将土壤重金属污染修复基金运用到土壤重金属污染修复活动全过程中，从实际操作角度出发，明确了基金的组织架构，基于组织资金分权视角确定了竹埠港地区各部门的职能和责任范围，分别从政府专项资金、政策性融资活动及社会资本三方面确认了资金来源，并对其使用进行管理约束。同时，根据竹埠港修复项目的具体情况，将基金的预算管理、绩效评价、约束机制以及保障机制进行应用，确保了土壤重金属污染修复基金的有效运行，也推动了竹埠港老工业区土壤重金属污染修复工作顺利开展。

第十四章 结论与展望

第一节 研究结论

本书通过收集整理国内外土壤重金属污染治理与修复的相关文献、政策及应用成果，从制度、体系、机制、方法等层面入手，构建了符合我国国情的土壤重金属污染修复基金制度与运行机制，并设计切实可行的保障机制，能有力促进土壤重金属污染防治的完善和我国环保产业进步，推进土壤重金属污染防治工作朝着制度化和规范化的方向发展。

本书结论有四点：一是通过与美国、欧盟、日本等土壤重金属污染修复治理制度成熟的国家对比，发现我国在土壤重金属污染修复存在的差距与亟待解决的相关问题，如污染主体责任、融资机制等。二是基于央地分权视角，构建更符合我国独特国情的土壤重金属污染修复基金制度框架。三是基于土壤重金属污染修复基金的总体制度框架，构建翔实明晰且具体可行的组织结构、资金架构、PPP融资模式及运行管理机制。四是以湖南省湘潭市竹埠港老工业区为例，验证了前文所述制度设计与运行机制的科学性、合理性及可行性。

本书具体结论如下：

（一）与美国、欧盟、日本等国家对比，我国在土壤重金属污染修复等方面还存在较大差距

美国、英国、德国及日本等对土壤污染修复的关注和实施开始较早，可以追溯到 20 世纪 80 年代。相比之下，我国起步较晚，在近些年才开始关注到土壤重金属污染修复，针对土壤污染修复治理的专门法律——《中华人民共和国土壤污染防治法》于 2019 年 1 月 1 日才开始实施。在土壤重金属污染修复领域还存在较多问题，如修复基金管理权责不清、修复责任缺乏刚性约束、基金会计核算尚未明确规定、缺乏有效融资机制、土壤修复技术相对落后、配套机制缺乏等。

（二）建立了普适于我国国情的土壤重金属污染修复基金制度框架

土壤重金属污染修复基金制度总体框架设计涵盖组织结构、资金架构、PPP 模式融资机制、运行管理机制和具体流程五个组成部分。首先，通过组织结构的设计明确基金主体之间的权责关系。其次，通过资金架构设计保障资金来源、资金使用及资金管理，以支撑基金的实际运转。此外，"组织—资金"分权式制度保障了基金的正常运行，运行管理机制构建保障了基金的有效管理和避免监管漏洞。这几大部分之间相互支撑，基础层是修复基金的基石，为基金制度提供合理有序的运行管理环境；要件层是修复基金的核心，通过对要件层的完善，从核算收支、约束管理和协作保障三方面展开，修复基金对污染地块的综合治理会更具成效。

（三）构建了适合我国土壤污染修复情况的组织结构、资金架构、PPP 模式融资机制、运行管理机制

（1）构建了基于"组织—资金"分权的土壤重金属污染修复基

金组织结构。在土壤污染修复基金的模式应用之中,应当以法律关系中的统一论为基础,污染企业与民间投资企业属于"政府+信托"模式中的委托人和受益人,信托公司与政府设立的管理公司为共同受托人,管理公司行使资金的管理权,信托公司行使保管权,实现组织与资金层面上的分权功能,基金管理人运用和管理资金。

(2) 建立了基于"组织—资金"分权的土壤重金属污染修复基金的资金构架。修复土壤污染的资金问题一直影响着土壤修复行业的发展,土壤修复资金来源的问题要通过多元化的方式来解决,要对各级人民政府相关部门进行规定,加大对土壤修复财政投入力度,此外,要建立土壤污染修复基金制度,明确规定该基金的资金来源以及使用。对政府相关部门进行调查、制定相关标准以及科学研究等工作,通过财政投入的资金来运行,以构建我国的土壤污染修复的资金使用机制和资金分层管理体系。

(3) 建立了基于PPP模式的土壤重金属污染修复基金融资机制。PPP环保产业基金由政府、精通环保项目建设运营管理的企业和具有管理金融风险特长的金融机构组成。为实现各自领域资源配置的收益最大化,三方需共同采取措施以规避不同类型的风险。本书在设计土壤重金属污染修复基金融资机制以及PPP环保产业投资基金时都贯彻合同双方的契约精神,做到权责明晰、风险分担、利益共享。在该模式下土壤重金属污染修复基金融资回报机制分为两个层面:一是作为金融工具的基金层面,二是PPP项目的项目收益。

(4) 建立了以"核算管理—功能管理—使用管理"为核心的土壤重金属污染修复基金运行管理模式。在核算管理方面,构建了修复基金收支体系,探索出我国情境下修复基金的收入来源以及支出范围,以保障基金有效运行。在此基础上探讨具体核算方式,向潜在责任方提供关于污染地的修复责任、金额估计及成本回收等高质量信息。在功能管理方面,建立了土壤重金属污染修复基金二元约束管理机制,明确各方的监督管理责任,形成绩效评价和风险控制机制,使得土壤重金属污染修复基金在运行管理过程能够得到有效的监督管理。在使用管理方面,建立了土壤重金属污染修复基金协作及配套机制,以划分土壤重金属污染修复基金各相关方的责任,明确各相关方在土壤重金属污染修复过程中应发挥的作用以及实现协调合作的机制路径,充分发挥各方协调效应,并且建立相关配套机制,从主题协同、机制协同、路径协同和目标协同四个方面构建协同治理机制。

同时,为了土壤重金属污染修复基金的使用管理能按照相关机制高效进行,建立了法律保障、财政及税务保障、信息机制及人才保障、监管机制等保障机制。构建以"核算管理—功能管理—使用管理"为核心的土壤重金属污染修复基金运行管理模式,有利于避免政府性基金管理流程缺乏系统规划,确保在长期维护建设和再开发利用环节不出现资金运作断裂。

(四)通过案例研究证实了土壤修复基金制度设计与运行机制的合理性,为其他地区实施土壤重金属污染修复基金制度提供借鉴

以湖南省湘潭市竹埠港老工业区为例,结合土壤重金属污染修复基金制度设计与运行机制,充分验证了制度设计与运行机制的可行性。结合湘潭市在湖南省已经推动实施了重金属污染地块治理的背景,基金运作模式选用的"政府+信托"运作模式,从会计账务处理、会计信息披露来构建和应用基金核算机制;从组织与设立制度、监管制度和验收评价制度来构建应用基金管理机制。从短期来看,湘潭市土壤污染修复基金能够缓解修复资金紧张的问题,为修复项目打通资金链条,从长期来看,土壤污染修复基金的核算机制、管理机制

及监管活动符合可持续发展理念,通过土壤污染修复基金的扩展,能更好地完成政府治理污染地块和再使用再发展的长期目标。

湘潭市土壤污染修复经验对各省市土壤污染治理工作提供了范本,修复基金完善和改进将为环境保护和自然资源的循环利用提供更好的推动作用。通过运用土壤重金属污染修复基金制度设计与运行机制,可以预测在较短时间内,该污染区的重金属污染基本能够降低到国家二级标准之内,对于其他省市的土壤重金属污染修复治理具有较大的参考价值。

第二节　对策建议

在分析、总结、归纳我国土壤重金属污染修复工作的现状、问题及原因的基础上,借鉴国外土壤污染治理的成功经验,立足于我国独特情境,从土壤污染修复基金制度的试点工作、配套保障机制、相关法律等方面出发,提出系统性建议,为我国土壤重金属污染治理修复工作提供借鉴。

(一) 完善土壤污染修复基金制度的相关法律

(1) 加强立法保障,建立污染土壤整治和土地利用规划相结合的协调机制。通过立法,可以明确界定污染土壤修复工作的权力分配方式、责任追溯方式、基金运作方式、冲突协调方式,使生态、经济、社会等各方面的利益得到有效平衡,使土壤污染治理工作能够高效地进行。

(2) 完善配套法律制度,实现各方主体利益协调机制。根据我国的具体国情,有关政策制定主体应坚持以利益为导向的原则,在土壤修复过程中,根据污染土地的再利用方式确认土壤的修复程度,从而使用不同的修复方式，并根据修复的实际效果来调整未来的用地规划，最大限度地发挥资金使用效益。因此，相关法律部门有必要在《中华人民共和国土壤污染防治法》的基础上，针对我国土壤污染的特点及现状，制定有针对性的实施细则，如修复行业准入标准，基金投入企业的资质标准以及基金运作执行指标等。

（3）落实责任追究程序，建立污染土壤修复开发利用的多方合作机制。在污染土地修复和利用的后续工作中，相关主体应遵循"污染者付费"和"工作共担，利益同享"的原则，加强问责机制的建设，确保对污染土壤的长期维护计划能够顺利进行。同时做好协调工作，确保中央、地方政府、修复责任方、社会公众和开发商的力量能够合理使用，保障土地修复治理和开发利用工作完成的高质量。此外，还需要考虑基金后续的使用、监管、筹资，以及污染信息举报、专家技术支持等其他相关扩展领域，以达成多方共赢的局面。

（4）加大公民的环保意识和参与度。随着文化水平的提升和环保意识的增强，我国公众可以较为自发地维护土壤的生态环境，并且在一定程度上可以支持政府进行土壤污染修复项目及修复基金的运行实施。积极开展土壤重金属污染防治知识及受害维权等宣传工作，呼吁公众关注土壤重金属污染领域的治理问题，培养公众环保意识，让社会各界参与到环境保护中来，从自己做起，从身边做起，农民合理使用农药、化肥，生产者按标准排放废水、废渣。

（二）推动建立土壤污染修复基金制度

（1）完善资金多元筹集渠道，实现信托基金保障制度。推进政府资金转化，整合专项资金拨付建设已有成果，建立土壤污染修复基金制度。拓宽融资渠道，除传统财政拨付外，将环境税、行政罚款、发行环保彩票、基金投资收益等项目纳入融资渠道。将财政拨款和环境税作为初始资金，财政拨款按照规定年数，根据财政收入情况按比例拨付；环境税根据污染严重企业的收入情况按比例进行征收；其他项目通过运作产生的收益等途径实现融资扩展。

（2）完善基金运行管理机制，实现污染土壤高效治理体系。针对基金核算管理，采取独立收支体系和核算方式，由生态环境部和自然资源部等相关部门统一建立政府性土壤修复信托基金管理中心，由财政部承担基金的会计、审计、投资等工作，保证基金实现高效运行。针对基金功能管理，其主要应用领域包括农业土壤污染、棕色地块历史遗留修复工作，产权明晰地块的修复违约风险、土壤污染突发事件事后赔偿等事项。针对基金使用管理，采取差异化支出方式，对于污染责任不能明确界定的土壤污染，政府应当承担修复资金，以补助金的形式支出；对于污染责任明确，但目前缺乏偿付能力的企业，以贷款形式预付费用，以确保修复和赔付的及时性，事后再向污染责任公司进行追讨，分期偿还贷款本息。

（3）建立有效的内外部监督机制。基金从设立到运行，每个环节都可能会出现问题，而保障土壤污染修复基金制度有效运转的难点就在于建立多方合作高效的监督机制。对土壤污染修复基金的日常运作进行动态监督，以推进土壤污染修复基金信息的公开，支撑和保障重金属土壤污染修复基金制度的持续运作。土壤污染修复基金可由政府内部、司法、公民、舆论共同监督，各监督主体相互独立，但又紧密联系，可将基金效用最大化并且督促修复项目在最短时间内完成。

（三）推进土壤污染修复基金制度试点工作

（1）严格落实准备工作，搭建统一工作平台，由生态环境部牵头，协同自然资源部、财政部、农业部、统计局等相关部门完成归责机制、核算方法和法规修订等工作的筹划与分工。在其下设立若干专家工作小组，由国务院带头统一协调部署，拟定出优先治理名单和试点工作业务流程大纲。

（2）加快建立土壤污染信息系统及负面清单。虽然我国倡导土壤污染主体承担修复责任，但是污染场地过去使用历史复杂，难以追溯和确认污染单位。因此有必要加快建立和完善土壤污染信息系统、土地使用档案及负面清单等，为土壤污染修复工作提供依据，实现污染地块信息从国家到基层多部门共享，可以快速地追溯和确认污染主体，真正做到"谁污染，谁治理"。

（3）针对优先治理名单，开展具体试点工作。利用优先治理名单，选择部分污染严重场地，率先对其基金启动、修复治理的机制应用开展试点工作，具体涵盖污染土壤初步评估、现场调研、补救调查、可行性分析、修复设计、核算管理、长期维护计划、阶段除名和再开发利用等事项。通过"大胆试验、先行先试"，检验实施该机制的可行性，为其他地区提供经验和参考。

（4）引进独立第三方评估机构，综合检测机制的有效性。针对土壤污染修复基金设立试点工作中所涉及的专业问题或技术评价问题，可由统计局、生态环境部、国土资源部等部委托给相关科研机构或高校承担，以维护核算数据、指标体系、配套建设的客观性与可行性，保证机制的践行效果。

（5）持续研发经济、绿色、高效修复技术。由于土壤污染状况不明并且缺乏有效的修复技术，导致土壤污染修复周期长、成本高、资金压力大，这也是目前修复工作的瓶颈问题。加大科研投入、开发经济高效的修复技术是缓解土壤污染修复资金压力的重要手段。例如，原位修复技术、生物修复技术、卫星遥感信息技术等，这些技术具有绿色环保的特点，其广泛应用可以降低修复成本、提高土壤污染防治工作效率。

第三节　研究局限与展望

受客观条件及笔者自身水平所限，本书未能对土壤重金属污染修复基金的相关衍生问题进行深入的分析。但是在土壤污染日益严重、土壤修复资金缺口巨大、现有修复方式难以应对、环保要求愈加严格的大背景下，对土壤重金属污染修复基金制度提出了新的挑战，有必要探索更加完善的土壤重金属污染修复基金制度。因此，笔者认为在创新、协调、绿色、开放、共享的五大发展理念下，我国土壤污染修复基金在未来仍存在巨大的发展空间。

1. 对我国土壤污染修复基金核算有待深入研究，例如基金会计、预算会计等方面。土壤污染修复基金的核算机制是依据我国的政府会计构建的，而政府会计与基金会计二者结合可以作为政府专用性治理基金核算基础与体系。因此，我国研究学者可以在基金会计方面做更深层次的研究。此外，本书主要构建了修复基金的收支体系，预算会计虽有提及，但未深入研究。对于预算会计的进一步研究有利于管理修复基金的资金活动过程，达到资金高效使用的目的。

2. 融资模式还有待进一步扩展。因为 PPP 模式在实际中已有较为广泛的应用，发展较为成熟，所以本书所构建的融资机制以 PPP 模式为主。但是 PPP 模式也存在一些问题，例如，政府失灵情况下修复企业可能发生寻租行为、市场失灵时开发商对土地缺乏了解、修复企业可能承担政策变动风险。因此，有必要继续探索更为完善的融资模式在土壤污染修复中的运用，例如 PIPP 模式，通过引入中间组织的方式在一定程度上弥补 PPP 模式的缺陷。对融资而来的资金，在土壤修复过程中如何分配、按照什么标准分配，才能使资金得到最大限度的有效利用，这也是一个值得进一步研究的问题。

3. 土壤重金属污染修复基金的效果评价方式仍有待研究。本书的主要目的是构建土壤重金属污染修复基金制度，对于修复基金在具体实施过程的效果评价未有涉及。但是修复基金效果评价不管是在土壤修复过程还是修复结束之后都十分重要。通过修复基金效果评价可以判断修复基金是否按照规划运行、运行是否有效、资金使用是否合理等。因此，在本书构建的修复基金基础之上，还可以进一步探讨如何建立修复基金评价体系。

4. 土壤修复基金制度与土壤污染治理实际情况有待融合。本书修复基金核算涉及的会计处理和修复基金体系建设仅是在当前的法律、经济环境下进行了基础的理论研究，对较为简单的事项进行了分析和相关会计处理。随着法律制度及经济环境的不断变化，修复基金制度还有待进一步完善。此外，本书未能很好地将土壤污染修复基金运行与管理机制在湖南省污染地区的应用进行深入分析。不同地区的制度环境、土壤污染实际情况不尽相同，本书所构建的修复基金难以直接应用于所有地区，相关机制还需要根据具体情况调整和完善。

总而言之，我国土壤污染修复基金仍处于起步阶段，土壤污染修复基金的研究有待后续的研究者进一步发展与创新。希望本书能为后续的研究者对湖南省重金属土壤污染修复基金制度构建的研究起到抛砖引玉的作用，继续启发后续的研究者开展进一步的发展与创新。

附　　录

湖南省土壤污染修复基金制度构建问题研究调查问卷

尊敬的先生/女士：

我们是中南大学商学院土壤污染修复基金制度研究课题组，希望了解您对土壤污染修复基金建设相关问题的看法。

您所提供的资料纯粹用于学术研究，我们保证将对您提供的信息给予保密。感谢您的合作和支持！

调查对象：省市

调查员：

调查时间：

一、基本情况

1. 您的性别：□男　□女
2. 您的年龄段：□18 岁以下　□18—30 岁　□31—40 岁

☐41—50 岁　☐51—60 岁　☐60 岁以上

3. 您的受教育程度：

☐小学及小学以下　☐初中　☐高中（包括职业技术院校）

☐本科或大专　☐研究生　☐博士及以上

4. 您的现居地：☐城市　☐农村

5. 您的月收入水平：

☐2000—5000 元　☐5000—7000 元　☐7000—9000 元

☐9000—10000 元　☐1 万元以上

二、量表

测量项目	非常不符合←→非常符合				
	1	2	3	4	5
1. 您知晓我国严峻的土壤污染环境状况吗？	☐	☐	☐	☐	☐
2. 您知晓土壤污染修复基金制度吗？	☐	☐	☐	☐	☐
3. 您了解国家土壤污染防治行动计划吗？	☐	☐	☐	☐	☐
4. 您认为政府对环境保护的监管力度较大吗？	☐	☐	☐	☐	☐
5. 您了解国家最新发布的《中华人民共和国土壤污染防治法》吗？	☐	☐	☐	☐	☐
6. 您认为现有技术能够解决土壤污染修复问题吗？	☐	☐	☐	☐	☐
7. 您认为能够准确锁定土壤污染修复的责任人吗？	☐	☐	☐	☐	☐
8. 您认为修复资金的申报流程直接清晰吗？	☐	☐	☐	☐	☐
9. 您认为基金在运作过程中，有充足的资金支持吗？	☐	☐	☐	☐	☐
10. 您认为基金的来源具有多样性吗？	☐	☐	☐	☐	☐

续表

测量项目	非常不符合←→非常符合				
	1	2	3	4	5
11. 您认为基金运作的管理机构和职能责任明晰吗？	□	□	□	□	□
12. 你认为基金的运作流程能够得到有效监管吗？	□	□	□	□	□
13. 您认为有完善的配套法律体系保障基金制度吗？	□	□	□	□	□
14. 您认为对于土壤污染修复责任具有完整的追溯和诉讼程序吗？	□	□	□	□	□

三、半结构访谈

1. 您认为土壤污染修复基金制度建设在法律上存在什么其他问题？

2. 您认为土壤污染修复基金制度建设在资金上存在什么其他问题？

3. 您认为土壤污染修复基金制度建设在管理上存在什么其他问题？

4. 您认为土壤污染修复基金制度建设还存在什么其他问题？

5. 您对土壤污染修复基金制度的建设有哪些建议？

参考文献

1. 包存宽、王金南：《面向生态文明的中国环境管理学：历史使命与学术话语》，《中国环境管理》2019年第1期。

2. 贝洪俊：《基于政府会计框架下的基金会计模式研究》，《事业财会》2005年第2期。

3. 财政部：《政府会计准则——基本准则》，2015年。

4. 财政部：《政府会计制度——行政事业单位会计科目和报表》，2017年。

5. 财政部：《社会保险会计制度》，2017年。

6. 蔡美芳、李开明、谢丹平、吴仁人：《我国耕地土壤重金属污染现状与防治对策研究》，《环境科学与技术》2014年第2期。

7. 曹兴涛、谷广锋、王新新、刘涛：《重金属污染土壤修复的二次污染与防治》，《应用化工》2019年第2期。

8. 曾福城：《刍议我国土壤修复基金来源途径——以美国超级基金制度为借鉴》，《南京航空航天大学学报》（社会科学版）2016年第3期。

9. 曾希柏、徐建明、黄巧云等：《中国农田重金属问题的若干思考》,《土壤学报》2013年第1期。

10. 陈德敏:《环境法原理专论》,法律出版社2008年版。

11. 陈思维:《关于环境审计规范化的思考》,《环境与可持续发展》2006年第3期。

12. 陈武、邹云、张占恩:《污染场地土壤修复工作过程及修复技术研究》,《山东工业技术》2015年第19期。

13. 陈真玲、王文举:《环境税制下政府与污染企业演化博弈分析》,《管理评论》2017年第5期。

14. 程玉、马越:《美国超级基金法的产生与发展及借鉴意义——〈美国超级基金法研究〉书评》,《环境与可持续发展》2015年第6期。

15. 邓秋云、邓力平:《政府性基金预算:基于中国特色财政的理解》,《财政研究》2016年第7期。

16. 董战峰、璩爱玉、郝春旭、李红祥、余晓文、Halle, M.:《中国土壤修复与治理的投融资政策最新进展与展望》,《中国环境管理》2016年第5期。

17. 董战峰、璩爱玉、王夏晖、逯元堂、王金南:《设立国家土壤污染防治基金研究》,《环境保护》2018年第13卷。

18. 董战峰、璩爱玉:《土壤污染修复与治理的经济政策机制创新》,《环境保护》2018年第46期。

19. 范利军、戴亚素、赵沁娜:《城市棕地治理PIPP融资模式研究》,《环境科学与技术》2015年第7期。

20. 冯庆革、易婕、刘峥:《浅析土壤重金属污染防范与治理的对策》,《低碳世界》2016年第16期。

21. 冯素坤:《预算调整制度的演进与政府良治》,《审计与经济研究》2017 年第 2 期。

22. 冯周卓：《组织管理机制的三维模型分析》，《商业经济与管理》2005 年第 10 期。

23. 高彦鑫、冯金国、唐磊、朱先芳、刘文清、季宏兵：《密云水库上游金属矿区土壤中重金属形态分布及风险评价》，《环境科学》2012 年第 5 期。

24. 高彦鑫、王夏晖、李志涛、李松、马睿、马薇：《我国土壤修复产业资金框架的构建与研究》，《环境科学与技术》2014 年第 2 期。

25. 高彦鑫、王夏晖、李志涛等：《我国土壤环境风险评估与预警机制研究》，《环境科学与技术》2015 年第 1 期。

26. 谷庆宝、颜增光、周友亚、郭观林、李发生：《美国超级基金制度及其污染场地环境管理》，《环境科学研究》2007 年第 5 期。

27. 郭滨辉：《PPP 项目的资产权属、会计核算及税务处理》，《财会月刊》2019 年第 3 期。

28. 郭朝先：《打好"三大攻坚战"、"污染防治与环保制度创新"系列笔谈之三多元化环保投融资体系的完善》，《改革》2017 年第 10 期。

29. 郭道扬：《绿色成本控制初探》，《财会月刊》1997 年第 5 期。

30. 郭峰：《土地基金支出效益及管理绩效评价研究——以深圳市为例》，博士学位论文，天津大学，2007 年。

31. 郭锋：《我国土地基金制度构建的风险防范》，《价格理论与实践》2010 年第 9 期。

32. 何玉、唐清亮、王开田：《碳信息披露、碳业绩与资本成本》，《会计研究》2014 年第 1 期。

33. 黄国勤、赵其国：《红壤生态学》，《生态学报》2014 年第 18 期。

34. 黄吉欣：《一个持续有效的土壤修复商业模式》，《高科技与产业化》2015 年第 9 期。

35. 贾峰：《美国超级基金法研究》，中国环境出版社 2015 年版。

36. 贾卉：《加快推进环保资金绩效评价强化资金效益管理》，《环境保护》2013 年第 7 期。

37. 柯坚、刘志坚：《我国环境法学研究十年（2008—2017 年）：热议题与冷思考》，《南京工业大学学报》（社会科学版）2018 年第 1 期。

38. 蓝虹、刘朝晖：《PPP 创新模式：PPP 环保产业基金》，《环境保护》2015 年第 2 期。

39. 蓝虹、任子平：《建构以 PPP 环保产业基金为基础的绿色金融创新体系》，《环境保护》2015 年第 8 期。

40. 李凤果、陈明、师艳丽、陶美霞、胡兰文：《我国农用地土壤污染修复研究现状分析》，《现代化工》2018 年第 12 期。

41. 李欢娟、李会霞、史兴民：《西安市主要湖泊表层沉积物重金属污染及生态风险评估》，《干旱区资源与环境》2019 年第 2 期。

42. 李健、于淑荣：《现代管理学基础》，东北财经大学出版社 2011 年版。

43. 李静轶：《我国环保领域引入 PPP 模式产业投资基金的应用研究》，博士学位论文，浙江工业大学，2015 年。

44. 李靠队、沈晓峰、刘小娴：《基于责任分散效应视角下的政府环境会计研究》，《会计与经济研究》2016 年第 1 期。

45. 李英：《地方政府预算调整的历史与现实——基于 2005—

2017 年的实证分析》,《地方财政研究》2018 年第 12 期。

46. 李云生、王浩、高妮影:《土壤污染防治投融资体系改革与基金设立研究》,《环境保护科学》2016 年第 2 期。

47. 李震宇:《我国土壤污染修复基金法律制度研究》,博士学位论文,山西财经大学,2017 年。

48. 李志涛、翟世明、王夏晖、陆军:《美国"超级基金"治理案例及其对我国土壤污染防治的启示》,《环境与可持续发展》2015 年第 4 期。

49. 林万祥:《美国资产弃置义务会计处理评述——兼议公允价值在非金融负债中的运用》,《中国管理现代化研究会·第三届(2008)中国管理学年会——运作管理分会场论文集》,中国管理现代化研究会,2008 年。

50. 林治芬、宋志华:《中美社会保险基金会计制度的比较研究》,《会计研究》2007 年第 1 期。

51. 刘春霞:《土壤重金属污染的国际治理经验及对我国的启示》,《许昌学院学报》2018 年第 3 期。

52. 刘功文:《论我国土壤污染防治法的基本制度》,《求索》2009 年第 1 期。

53. 刘静:《预防与修复:荷兰土壤污染法律责任及资金保障机制评析》,《法学评论》2016 年第 3 期。

54. 刘世伟:《基于 PPP 模式下的污水处理 SPV 公司的基础设施资产属性及其会计问题处理研究》,《当代经济》2018 年第 8 期。

55. 刘思峰:《灰色系统理论的产生与发展》,《南京航空航天大学学报》2004 年第 2 期。

56. 刘思华:《对可持续发展经济的理论思考》,《经济研究》

1997年第3期。

57. 刘薇：《PPP模式理论阐释及其现实例证》，《改革》2015年第1期。

58. 刘欣：《我国污地修复基金制度的完善路径》，《法制与社会》2019年第6期。

59. 刘志全、石利利：《英国的污染土地风险管理与修复技术》，《环境保护》2005年第10期。

60. 卢明、王志彬：《美国超级基金制度对我国土壤污染防治的启示》，《安徽农业科学》2013年第5期。

61. 罗丽、袁泉：《德国土壤环境保护立法研究》，《武汉理工大学学报》（社会科学版）2013年第6期。

62. 骆建华：《环境污染第三方治理的发展及完善建议》，《环境保护》2014年第20期。

63. 吕忠梅：《新时代环境法学研究思考》，《中国政法大学学报》2018年第4期。

64. 马妍、董战峰、杜晓明等：《构建我国土壤污染修复治理长效机制的思考与建议》，《环境保护》2015年第12期。

65. 孟宪魁：《PDCA风险管理在工程施工中的应用》，《铁道工程学报》2006年第4期。

66. 潘碧灵、罗岳平、刘妍妍：《提高城镇空气质量考核公正性》，《中国环境报》2016年1月4日。

67. 潘根兴、程琨、陆海飞、李恋卿、刘晓雨、卞荣军、张旭辉、郑聚峰、郑金伟：《可持续土壤管理：土壤学服务社会发展的挑战》，《中国农业科学》2015年第23期。

68. 邱秋：《日本、韩国的土壤污染防治法及其对我国的借鉴》，

《生态与农村环境学报》2008 年第 1 期。

69. 邵洪、张力军、张义生：《环境管理学与可持续发展》，《环境保护》1997 年第 2 期。

70. 沈费伟、刘祖云：《合作治理：实现生态环境善治的路径选择》，《中州学刊》2016 年第 8 期。

71. 沈慧：《湖南土壤重金属污染防治的探索之路》，《有色冶金节能》2016 年第 5 期。

72. 宋小杰：《我国创业投资引导基金管理机制研究》，博士学位论文，中国海洋大学，2011 年。

73. 隋易樟、王育才：《我国土壤污染修复资金保障法律机制研究》，《西安建筑科技大学学报》（社会科学版）2018 年第 3 期。

74. 孙飞：《政府性基金预算管理研究》，博士学位论文，东北财经大学，2015 年。

75. 孙飞翔、李丽平、原庆丹、徐欣：《台湾地区土壤及地下水污染整治基金管理经验及其启示》，《中国人口·资源与环境》2015 年第 4 期。

76. 孙雪娇：《地下水水源地污染应急处置技术筛选与评估方法研究》，博士学位论文，哈尔滨工业大学，2012 年。

77. 唐立军、周佳：《我国企业社会责任激励约束机制构建研究》、《中国流通经济》2009 年第 10 期。

78. 滕祥河、文传浩：《政府生态环境治理意志向度词频的引致效应研究》，《软科学》2018 年第 6 期。

79. 王爱华、陈明、曹杨：《全球环境基金管理机制的借鉴及启示》，《环境保护》2016 年第 20 期。

80. 王欢欢：《土壤污染治理责任溯及力研究》，《现代法学》

2017 年第 4 期。

81. 王金翎、方苏春：《中国台湾地区土壤及地下水污染整治基金制度》，《世界农业》2017 年第 9 期。

82. 王萌、吴越：《湖南湘潭竹埠港老工业基地生态战略恢复研究》，《中外建筑》2016 年第 2 期。

83. 王世进、魏洁琼、多元共治：《土壤重金属污染治理机制的实现路径》，《中国矿业大学学报》（社会科学版）2017 年第 5 期。

84. 王文坦、李社锋、朱文渊、黄凰、徐秀英、覃慧、宋白新：《我国污染场地土壤修复技术的工程应用与商业模式分析》，《环境工程》2016 年第 1 期。

85. 王祥君：《政府预算执行审计与决算草案审计整合研究》，《审计研究》2016 年第 6 期。

86. 王秀芝：《从预算管理流程看我国政府预算管理改革》，《财贸经济》2015 年第 12 期。

87. 王雅霖：《我国区域生态经济治理的软法之需——以制度设计为视角》，《西北师范大学学报》（社会科学版）2016 年第 4 期。

88. 王艳娜：《土壤重金属污染现状与防治方法》，《价值工程》2014 年第 35 期。

89. 王滢、张晓岚、王冉：《中国台湾地区土壤污染调查和管理情况综述》，《土壤》2018 年第 1 期。

90. 王元京、沈志群：《关于国有资产投资责任约束机制的思考》，《管理世界》1996 年第 6 期。

91. 吴德华：《孤岛油区土壤修复环境管理体系研究》，博士学位论文，山东大学，2015 年。

92. 吴志能、谢苗苗、王莹莹：《我国复合污染土壤修复研究进展》,《农业环境科学学报》2016年第12期。

93. 伍春晖、罗小兰:《土壤污染修复工程PPP融资模式研究》,《湖南科技学院学报》2016年第10期。

94. 伍春晖、谢飞:《中国土壤修复资金融资机制国外借鉴探讨》,《当代经济》2016年第16期。

95. 伍春晖、李莉:《土壤修复资金的可持续性分析》,《时代金融》2017年第20期。

96. 肖建华、袁野:《发达国家耕地污染防治法律制度对中国的启示》,《生态经济》2017年第5期。

97. 肖建华、袁野:《长株潭重金属污染耕地修复治理:探索、困境与突破》,《江西社会科学》2019年第7期。

98. 肖序:《建立环境会计的探讨》,《会计研究》2003年第11期。

99. 幸红:《土壤污染修复法律机制探析》,《广西民族大学学报》(哲学社会科学版)2015年第6期。

100. 幸红:《政府在土壤污染修复中的长效治理机制探析》,《广西民族大学学报》(哲学社会科学版)2016年第5期。

101. 幸红、林鹏程:《论广东省土壤污染修复法律机制的完善——基于美国超级基金制度之启示》,《江西理工大学学报》2016年第6期。

102. 幸红、林鹏程:《粤北民族聚居区地方政府修复治理重金属土壤污染法律机制探析》,《广西民族大学学报》(哲学社会科学版)2019年第1期。

103. 熊严军:《我国土壤污染现状及治理措施》,《现代农业科技》2010年第8期。

104. 徐丰冰、柳建设：《我国土壤重金属污染防治》，《中国环境科学学会：中国环境科学学会第五届重金属污染防治及风险评价研讨会暨重金属污染防治专业委员会2015年学术年会论文集》，2015年。

105. 徐蓉、杨柳青：《绿色蜕变》，《湖南日报》2015年2月11日。

106. 许松涛、肖序：《美国环境负债会计理论的创新、局限与启示》，《财经论丛》2012年第4期。

107. 闫海、张馨予：《我国土壤修复基金法律制度的建立与设计——基于美国超级基金立法的经验教训》，《国土资源情报》2016年第8期。

108. 严景宁、刘庆文、项昀：《基于利益相关者理论的水利PPP项目风险分担》，《技术经济与管理研究》2017年第11期。

109. 杨海琳：《土壤重金属污染修复的研究》，《环境科学与管理》2009年第6期。

110. 杨万勤、宋光煜、韩玉萍：《土壤生态学的理论体系及其研究领域》，《生态学杂志》2000年第4期。

111. 杨文进：《可持续发展经济学中的价值理论》，《生态经济》2000年第8期。

112. 袁广达、薛宇桐、王梦晨、王慧琳：《分权管理的中国环保基金制度探索——以美国"超级基金制度"为例》，《南京工业大学学报》（社会科学版）2018年第2期。

113. 原毅军、耿殿贺：《环境政策传导机制与中国环保产业发展——基于政府、排污企业与环保企业的博弈研究》，《中国工业经济》2010年第10期。

114. 曾辉祥、李世辉、周志方、肖序：《水资源信息披露、媒体报道与企业风险》,《会计研究》2018 年第 4 期。

115. 张锋、陈晓阳:《环境损害赔偿制度的缺位与立法完善》,《甘肃社会科学》2012 年第 5 期。

116. 张甘霖、吴华勇:《从问题到解决方案:土壤与可持续发展目标的实现》,《中国科学院院刊》2018 年第 2 期。

117. 张留丽:《我国土壤污染整治责任主体研究》,博士学位论文,山东大学,2015 年。

118. 张沙沙:《BOT 项目的政府主体会计确认与计量研究》,博士学位论文,中国财政科学研究院,2018 年。

119. 张伟、周根贵、曹柬:《政府监管模式与企业污染排放演化博弈分析》,《中国人口·资源与环境》2014 年第 3 期。

120. 张小敏、张秀英、钟太洋等:《中国农田土壤重金属富集状况及其空间分布研究》,《环境科学》2014 年第 2 期。

121. 张学刚、钟茂初:《政府环境监管与企业污染的博弈分析及对策研究》,《中国人口·资源与环境》2011 年第 2 期。

122. 张毅、孙洪坤:《土壤重金属污染损害赔偿实现路径研究》,《环境污染与防治》2014 年第 12 期。

123. 章瑜、贾爱玲:《土壤重金属污染治理新路径研究——以浙江省土壤重金属污染治理基金为例》,《环境科学与管理》2015 年第 6 期。

124. 赵惊涛、张辰:《排污许可制度下的企业环境责任》,《吉林大学社会科学学报》2017 年第 5 期。

125. 赵以邠:《绿色金融的中国实践:意义、现状与问题》,《武汉金融》2018 年第 2 期。

126. 周静:《污染土壤修复技术选择及策略思考》,《中国农村科技》2016 年第 10 期。

127. 周全、葛察忠、璩爱玉、董战峰：《运用市场经济手段防治土壤环境污染的国际经验分析及借鉴》，《环境保护》2016 年第 18 期。

128. 周申蓓、马炼：《组织管理机制设计框架研究》，《集团经济研究》2007 年第 10 期。

129. 周艳芳：《土壤污染修复义务会计研究》，博士学位论文，中南大学，2010 年。

130. 周志方、肖序：《土地污染会计指南与实务国际比较及借鉴——兼议我国准则体系的构建思路》，《石家庄经济学院学报》2009 年第 6 期。

131. 周志方、许松涛：《国外资产弃置会计的发展、比较及启示——兼议我国资产弃置会计的构建思路》，《兰州商学院学报》2009 年第 6 期。

132. 朱源、康慕谊：《森林资源生态学的理论体系研究》，《中国人口·资源与环境》2010 年第 11 期。

133. 庄国泰：《我国土壤污染现状与防控策略》，《中国科学院院刊》2015 年第 4 期。

134. 邹明英、苑蓉、张宇、章宝成：《不同土地利用方式下土壤重金属污染修复技术研究》，《环境科学与管理》2015 年第 2 期。

135. 《2018 年中国土壤修复市场分析报告——行业运营态势与发展前景预测》，http：//free. chinabaogao. com/gonggongfuwu/201903/031402259 2019. html。

136. Aparicio J. D. , Raimondoe E. , Gilr A. , "Actinobacteria consortium as an efficient biotechnological tool for mixed polluted soil reclama-

tion: Experimental factorial design for bioremediation process optimization", *Journal of Hazardous Materials*, 2017, 342: 408 – 417.

137. Azam M. M., "Soil Contamination and Remediation Measures: Revisiting the Relevant Laws and Institutions", *Environmental Remediation Technologies for Metal – Contaminated Soils. Springer Japan*, 2016: 99 – 124.

138. Burritt, R., Christ, K., "Industry 4.0 and environmental accounting: a new revolution?", *Asian Journal of Sustainability and Social Responsibility*, 2016, 1: 23 – 38.

139. Charnley S., Engelbert B., "Evaluating public participation in environmental decision – making: EPA's superfund community involvement program", *Journal of Environmental Management*, 2005, 77 (3): 165 – 182.

140. Christian Blanco, Felipe Caro, Charles J. Corbett, "An inside perspective on carbon disclosure", *Business Horizons*, 2017, 60 (5): 635 – 646.

141. Christiano Nogueira, "Contradictions in the concept of sustainable development: An analysis in social, economic, and political contexts", *Environmental Development*, 2019: 30.

142. Colten C. E. S. P. N., "The road to Love Canal: Managing industrial waste before EPA", *University of Texas Press*, 2010.

143. Daniele B., Wang H., Lisa P., Andrea C., Elisa G., Guo G., "Soil environmental management systems for contaminated sites in China and the EU", *Common challenges and perspectives for lesson drawing, Land Use Policy*, 2015, 48: 286 – 298.

144. Fairchild R. J., "The Manufacturing Sector's Environmental Motives: A Game - Theoretic Analysis", *Journal of Business Ethics*, 2008, 79 (3): 333 -344.

145. Feng L., Fang J., Zhang C., Hu T., "Control Approaches to Soil Pollution from Heavy Metals", *Meteorological and Environmental Research*, 2015, 6 (2): 33 -34 +38.

146. Feng Y., Arthur P. J. Mol, Lu Y., "Environmental pollution liability insurance in China: compulsory or voluntary?", *Journal of Cleaner Production*, 2014, 70 (1): 211 219.

147. Finney C., Polk R. E., "Developing stakeholder understanding, technical capability, and responsibility: The New Bedford Harbor Superfund Forum", *Environmental Impact Assessment Review*, 1995, 15 (6): 517 -541.

148. Garbera S., Hammitt J. K., "Risk Premiums for Environmental Liability: Does Superfund Increase the Cost of Capital 1", *Journal of Environmental Economics and Management*, 1998, 3 (36): 267 -294.

149. Gastineau P., Taugourdeau E. "Compensating for environmental damages", *Ecological Economics*, 2014, 97 (3): 150 -161.

150. George E. Halkos, Epameinondas A. Paizanos, "The effects of fiscal policy on CO2 emissions: Evidence from the U. S. A", *Energy Policy*, 2016, 88: 317 -328.

151. Han Q., Zhu Y., Ke G. Y., et al., "Public private partnership in brownfield remediation projects in China: Identification and structure analysis of risks", *Land Use Policy*, 2019, 84: 87 -104.

152. Hoffman M., "A Grassroots Perspective on the Brownfields and

Superfund Programs", *Cultures of Contamination*, 2007, 14: 313 – 331.

153. Hou D., Al – Tabbaa A., Guthrie P., "The adoption of sustainable remediation behaviour in the US and UK: A cross country comparison and determinant analysis", *Science of the Total Environment*, 2014, 490 (2): 905 – 913.

154. Hong Il Choi, Sung – Won Hwang, Sang Jun Sim, "Comprehensive approach to improving life – cycle CO_2 reduction efficiency of microalgal biorefineries: A review", *Bioresource Technology*, 2019: 291.

155. Huysegoms L., Rousseau S., Cappuyns V., "Indicator use in soil remediation investments: Views from policy, research and practice", *Ecological Indicators*, 2019, 103: 70 – 82.

156. Kapp, R., "Comprehensive Environmental Response, Compensation, and Liability Act, US ∗", *Encyclopedia of Toxicology*, 2005, 96 (510): 654 – 655.

157. Katsumata P. T., Kastenberg W. E., "On using residual risk to assess the cost effectiveness and health protectiveness of remedy selection at superfund sites", *Reliability Engineering and System Safety*, 1998, 62 (1): 131 – 151.

158. Keith Cuthbertson, Dirk Nitzsche, Niall O'Sullivan, "A review of behavioural and management effects in mutual fund performance", *International Review of Financial Analysis*, 2016: 44.

159. Klarer, J., McNicholas, J. and Knaus, E. M. (Eds.), "Sourcebook on Economic Instruments for Environmental Policy in Central and Eastern Europe", *Regional Environmental Centre for Central and Eastern Europe (REC)*, *Szentendre*, 2001.

160. Kowalski L., Denne J., Dyer R., et al., "Overview of EPA Superfund human health research program", *International Journal of Hygiene and Environmental Health*, 2002, 205 (1): 143-148.

161. La Bruslerie, H. and Gabteni, H., "Voluntary Disclosure of Financial Information by French Firms: Does the Introduction of IFRS Matter?", *Advances in Accounting*, 2014, 30 (2): 367-380.

162. Lawrence C. M., Khurana I. K., "Superfund liabilities and governmental reporting entities: An empirical analysis", *Journal of Accounting and Public Policy*, 1997, 16 (2): 155-186

163. Moledina, A. A., et al., "Dynamic environmental policy with strategic firms: prices versus quantities", *Journal of Environmental Economics and Management*, 2003. 45 (2): 356-376.

164. Murty M., Panda M., "Current Status of Environmental and Economic Accounting: Review of Some Countries Experiences and Way Forward for India", *Nature, Economy and Society*, 2016: 51-85.

165. Olivier Boiral, Iñaki Heras-Saizarbitoria, Marie-Christine Brotherton, "Improving environmental management through indigenous peoples' involvement", *Environmental Science and Policy*, 2020, 103: 10-20.

166. Omar A. Esqueda, Thomas O'Connor, "Corporate governance and life cycles in emerging markets", *Research in International Business and Finance*, 2020: 51.

167. Parker C., Nielsen V. L., "Corporate Compliance Systems: Could They Make Any Difference?" *Administration & Society*, 2008, 41 (1): 3-37.

168. QishiLuo, PhilipCatney, DavidLerner, "Risk – based management of contaminated land in the UK: lessons for China?" *Journal of environmental management*, 2009 (2): 1123 – 1134.

169. Reisch M., "Superfund Reauthorization Issues in the 105th Congress", *Washington, D. C. : Congressional Research Service*, 1998.

170. Rodriguesa S. M., Pereiraa M., E., Ferreirada S., Hursthousec A. S., Duartea A. C., "A review of regulatory decisions for environmental protection: Part Ⅰ — Challenges in the implementation of national soil policies", *Environment International*, 2009, 35 (1): 202 – 213.

171. Salleh K., Aziz R. A., Bakar Y. N. A., "Accrual Accounting in Government: Is Fund Accounting Still Relevant?" *Procedia – Social and Behavioral Sciences*, 2014, 164: 172 – 179.

172. Shin W., Choung S., Han W. S., et al., "Evaluation of multiple PRPs' contributions to soil contamination in reclaimed sites around an abandoned smelter", *Science of The Total Environment*, 2018, 642: 314 – 321.

173. Spengler R. F., Anderson B. E., Zenick H., "Collaboration and importance of federally sponsored Superfund research programs", *International Journal of Hygiene and Environmental Health*, 2002, 205 (1): 1 – 9.

174. Theodore L., "Superfund: apportionment of liability", *American Bar Association*, Fal, 1985 (3): 25 – 28, 56.

175. Wesseh, P. K. and B. Lin, "Optimal emission taxes for full internalization of environmental externalities", *Journal of Cleaner Production*, 2016, 137: 871 – 877.

176. Xian-Liang Tian, Qi-Guang Guo, Chao Han, Najid Ahmad, "Different extent of environmental Information disclosure across chinese cities: Contributing factors and correlation with local pollution", *Global Environmental Change*, 2016, 39: 244-257.

177. Yoshida F., "New legislation for soil environment protection", *Environmental Economics and Policy Studies*, 2001, 4 (4): 269-272.

178. Zhang L., Zhang H., Hao S., "An equity fund recommendation system by combing transfer learning and the utility function of the prospect theory", *The Journal of Finance and Data Science*, 2018, 4 (4): 223-233.

179. Zhifang Zhou, Liemei Liu, Huixiang Zeng, Xiaohong Chen, "Does water disclosure cause a rise in corporate risk-taking? —Evidence from Chinese high water-risk industries", *Journal of Cleaner Production*, 2018, 195: 1313-1325.

180. Zhong H., Song P., "Construction of Compulsory Environmental Liability Insurance System in China", *CHEN B, POWERS M R, YAN X*. 2013: 560-567.

后　记

　　窗间过马，岁月不居。本书前后历经三年时间，在众多学者、专家以及同事的勉励与悉心指导下，终于得以出版。近年来，在环境污染治理特别是土壤重金属污染修复方面的研究得到了学者们的关注，该领域旨在促进土壤重金属污染治理，推动生态文明和"美丽中国"建设，让笔者看到了研究的潜在意义，借此机会向相关领域的专家、学者推介信息，加强学术交流研讨以推动土壤重金属污染修复基金制度的研究与发展。本书是国家社会科学基金项目（18BJY085）的阶段性核心研究成果，同时也离不开湖南省社会科学成果评审委员会一般课题（XSPYBZZ062、XSP19YBC225）及湖南省国土资源厅委托课题（H201907040160001）等多个项目的资助与支持！

　　值本书出版之际，首先，要感谢众多学者和前辈的帮助，他们对于问题的敏锐观察和深入思考给本书的写作提供了重要的启发和建议；感谢中南大学科研部彭忠益副部长、罗英姿副部长，罗梦良主任；感谢中南大学商学院党委书记任胜钢教授、商学院院长龚艳萍教授及学院科研办符琳娜老师；感谢中国社会科学出版社的郭晓鸿主任、刘晓红编辑，衷心感谢你们的精心指导、大力支持、无私帮助，以及为本书出版所付出的辛勤劳动；此外，特别感谢周宏、刘烈梅、张凌燕、李瑾瑾、李祎、唐潇潇、南晨、刘金豪、聂磊、刘珂、蒋润汶、谢琦、周宁馨、徐倩昱、徐淑钰、赖宇、张明月、史琦、陆颖、王彦蔺、尚依然、马茜茜、胡逸路等硕士研究生的积极参与和有力支持，以及李明昂、商如等同学的文本校对和文献整理工作，让笔者有充足的素材去学习、借鉴和研究；最后，由衷感谢一直陪伴左右的夫人毛春华女士，感谢她所给予的理解和默默支持。回首过去，我所走过的每一步，所经历的每一个阶段，都依稀看到家人无怨无悔的付出。

作为一名长期耕耘于环境资源会计与管理领域的一线科研教学工作者，笔者深感在土壤重金属污染修复基金领域有很多新的问题需要我们认真努力地去探索、去思考、去研究。当然，由于精力及能力所限，本书还存在诸多不足之处，希望能够向各位前辈和同人学习，以期得到更多的指导，进而勉励笔者在该领域做更深入的研究。